JN102453

新 プリメール民法5

家族法 ［第3版］

床谷文雄・神谷　遊・稲垣朋子　著
小川　惠・幡野弘樹

法律文化社

第3版はしがき

　本書第2版刊行後も家族法に関係する民法等の改正は続いている。とりわけ，2022（令和4）年12月に親子法制に関する改正が成立したことが特筆される。親権者の懲戒権規定が廃止されるとともに，親権を行う者について，子の人格の尊重，子の年齢および発達の程度への配慮，体罰その他の子の心身の健全な発達に有害な影響を及ぼす言動の禁止が明記された。この部分は公布の日から施行されている。

　そして懸案であった嫡出推定の規律が修正された（この部分は公布の日から起算して1年6か月以内に施行される）。婚姻成立後200日以内に生まれたものも夫の子と推定されること，母が子の懐胎時から出生時までに複数の婚姻をしていたときは，出生の直近の婚姻の夫の子と推定することなどが定められた。夫のみにあった嫡出否認権が子，母および母の前夫にも認められ，嫡出否認の訴えの出訴期間は，子の出生を知った時から（子，母は子の出生の時から）3年に伸長された。さらに，父子間に3年以上の同居関係がない場合は，父の利益を著しく害しない限り，子は21歳まで提訴することができる。この嫡出推定の改正に伴い批判のあった女性の再婚禁止期間は廃止された。事実に反する認知についても認知者からの認知無効の訴えは，認知の時から7年以内，子および母は認知を知った時から7年以内とされた。ただし，認知後に3年以上の同居期間がないときは，子は，認知者の利益を著しく害しない限り，21歳まで認知無効の訴えをすることができる。

　2022（令和4）年12月には，「家族法制の見直しに関する中間試案」も公表されている。離婚後の親権，養育費および面会交流に関する法整備に加えて，未成年養子縁組さらには離婚による財産分与制度の見直し等が検討されている。

　相続法の関連では，2021（令和3）年4月に成立した所有者不明土地の発生防止を目的とする民法等の一部改正により（2023年4月1日施行），特別受益または寄与分を考慮した具体的相続分の主張が相続開始から10年間に限定され（904条の3），遺産分割の促進が図られた。共同相続人は5年以内の期間を定めて

遺産分割をしない旨の契約をすることができるが，更新を含め相続開始時から10年以内に限られる（908条）。相続財産「管理人」は相続財産「清算人」と改称され（936条，952条～958条），相続人の不存在の場合の相続人捜索等の手続にも修正が加えられた（952条・957条）。

相続（特定財産承継遺言，遺贈を含む）により不動産を取得した相続人には，3年以内に相続登記を申請する義務が課された（不登76条の2）。登記名義人について相続が開始した旨および自らがその相続人である旨を申し出ることで申請義務を履行したものとみなされるが（不登76条の3），遺産分割の日から3年以内に，相続登記（所有権移転）の申請をしなければならない（2024年4月1日施行）。また，「相続等により取得した土地所有権の国庫への帰属に関する法律（相続土地国庫帰属法）」（2023年4月27日施行）は，相続等で取得したが資産価値の少ない土地が有効活用されずに放置され，国土の荒廃が進むのを防止し，他方で安易な土地放棄，管理コストの国への転嫁を防ぐため，土地所有権を国庫に帰属させるには，過分の費用または労力を要する土地でないことを要件とする。こうした法律の存在も，相続のあり方に影響を及ぼす。

21世紀の新しい時代に適合した立法への営みと判例・学説の努力は，決して止むことはない。本書を手にする皆さんとともに，家族法の今，そしてこれからを考え続けていきたい。

本書の刊行にあたっては，初版以来，法律文化社の野田三納子さんに大変お世話になっている。第3版についても細かい配慮をしていただいた。執筆者一同，改めて深く感謝いたします。

2023（令和5）年2月23日

執筆者を代表して

床谷文雄

はしがき

　本書は，プリメール民法シリーズの基本コンセプトに沿って，民法の初学者を読者として想定している。民法は，私人の取引（契約）関係，財産所有・利用関係，生じた損害の賠償関係等を規律する分野と，人が出生し，成長する場（家庭）での身近な人々との生活関係，そして成長した後，他人と形成する新しい親密な共同生活関係（その維持から解消まで）を規律する分野とに大別されるのが一般である。前者の分野を「財産法」と呼び，後者の分野を「家族法」（明治民法時代は身分法と呼ばれていた）と呼ぶことが多い。本書は，民法第4編（親族編）・第5編（相続編）を中心とした家族法分野を扱う基本的な教科書である。

　法律はそれぞれの時代背景の中で生まれ，その内容に従って社会を規律し，また逆に，社会事情の変化の中で法律も変化していく。明治時代の大日本帝国憲法・法体系の中で生まれた明治民法の第4編・第5編は，第二次世界大戦後の日本国憲法体制への変革の中で，1947（昭和22）年に根本的な変化を遂げた。「個人の尊厳と両性の本質的平等」がこの民法改正の根幹であった。日本の家族の民主化をめざすための基本的な規範として，改正民法は，家制度を廃止し（戸主・家督相続から均分相続制度へ），男女の平等を基準とし，個人を主体とする家族の成立をめざすものとなった。こうした根幹的な変更があった一方で，当時の時間的な制約もあり，問題性が意識されながらも改正されるまでには至らなかったものもあり，枝葉の部分は，基本的に明治民法の規定を引き継いだものも少なくはない。

　第二次世界大戦後，戦後社会の変化（復興・成長）とともに，人々の行動・意識や家族のあり方も急激に変化した。時代に先んじ，家族・社会の変化の指針となってきた1947（昭和22）年改正民法においても，残されていた課題や新たに生まれてきた課題への対応が求められ，約半世紀の間に，相続法の改正（1962年，1980年），婚氏続称制度（1976年），特別養子縁組の導入（1987年），成年後見制度の改正（1999年）などが行われた。さらに，21世紀に入ると，家族のグローバル化，少子高齢化の問題が大きくクローズアップされ，国際人権規約，女性

差別撤廃条約，子どもの権利条約などの国際社会における人権保障の潮流は，日本の家族法に対して，いっそうの見直しを求めている。

　こうした中で，今，家族法が大きく動こうとしている。再び，本格的な家族法改正の時代を迎えているともいえよう。現行の家族法と現実の家族の生活のあり方，考え方の齟齬から，現行法の不合理性を訴える声も大きくなってきた。そうした当事者からの裁判を通じた主張は，民法の規定の憲法違反性を最高裁判所が宣告するまでに至り，それに応じて婚姻法や相続法で改正が行われている。婚姻法では，再婚禁止期間の規定の改正，相続法では，嫡出でない子と嫡出である子との相続権の平等化が実現した。

　この相続法の改正をきっかけにして，相続法全体についての見直しも進められた。そのポイントは，主に本書の第10章〜第12章で述べられている。本書の内容は，2018（平成30）年1月が基準となっているが，とりわけ相続法に関する記述は，法制審議会民法（相続関係）部会の審議の進行に応じて（2016年中間試案，2017年追加試案），書換えを余儀なくされてきた。本書では，同部会でとりまとめられた「民法（相続関係）等の改正に関する要綱案」（2018年1月16日）までの内容を参考に執筆されているが，同要綱案は法制審議会総会（2018年2月16日）において原案どおり採択され，法案が国会に提出されるに至っている（2018年3月13日）。超高齢社会を迎える中で，生存配偶者の住居の確保のための配偶者居住権の新設，婚姻期間が長期（20年以上）の夫婦の場合には，配偶者への住居（建物・敷地）の贈与・遺贈は原則として遺産の価額には含めない（特別受益の持戻免除）という扱いが導入されることは，相続法（遺産分割）に大きな変革をもたらすものと思われる。また，遺言制度の変更（自筆証書遺言の自書要件の一部緩和，自筆証書遺言の法務局での保管制度の創設），相続人以外の者による被相続人の財産の維持・増加に対する貢献につき，被相続人の親族であることを要件として，相続人に対し，金銭の支払いを請求することができる制度の導入も提案されている。

　他方で，児童虐待の問題は社会的にますます大きな関心を呼ぶようになっており，児童福祉法・児童虐待防止法の整備とともに，民法でも，親権者の親権行使の制限（2011年）が強化された。現在は，保護の必要な子どもの家庭的養護の促進のために，特別養子縁組の制度の改正に向けた議論も進められている。

　成年年齢の20歳から18歳への引下げを骨子とする民法改正案も同時に国会に提出されている。成年年齢の引下げに伴い，婚姻法では，女性の婚姻適齢の18歳への変更（未成年者の婚姻に対する親の同意権および婚姻による成年擬制制度の廃止）が行われる方向である（2022年4月施行見込み）。また，成年後見制度に関しても，成年被後見人の権利制限（資格制限・営業許可制限）としてかねて問題視されてきた数多くの欠格条項を原則として廃止するための一括整備法案も提出されている（2018年3月13日）。

　こうした家族法の現代的な変容が視野に入ってきたこの時期に，本書は刊行されることになった。家族はつねに移り変わり，家族法も変わっていく。こうした事実と法律規範の相互関係，ダイナミックスを，本書を手にした読者の皆さんに感じていただきたいと願っている。

　最後になりましたが，本書の刊行に際しては，法律文化社の野田三納子さんに大変お世話になりました。執筆者一同，深く感謝しています。

2018（平成30）年3月21日

執筆者を代表して

床谷文雄

目　　次

x

☐ WINDOW 目次

凡　　例

【1】　判例の略語（主要なもの）

大判（決）……大審院判決（決定）　　　　地　判……地方裁判所判決

大連判………大審院民事連合部判決　　　支　判……支部判決

最　判………最高裁判所小法廷判決　　　支　審……支部審判

最大判（決）…最高裁判所大法廷判決（決定）　家　審……家庭裁判所審判

高判（決）……高等裁判所判決（決定）

民　集……大審院（最高裁判所）民事判例集　新　聞……法律新聞

民　録……大審院民事判決録　　　　　　　家　月……家庭裁判月報

刑　集……大審院（最高裁判所）刑事判例集　判　時……判例時報

高　民……高等裁判所民事判例集　　　　　判　タ……判例タイムズ

下民集……下級裁判所民事裁判例集　　　　金　法……金融法務事情

【2】　法令名の略記

　　本文カッコ内での法令条名の引用に際して，民法典については，条文号数のみかかげ，その他の法令で頻度の高いものは，その法令名を，通例慣用されている方法により略記した。

【3】　その他

　　本書の改訂作業中である2022年12月10日に民法等の一部を改正する法律が成立した（令和4年法律102号。同月16日公布）。公布の日から試行された懲戒権の削除等以外の規定については，公布日から1年6月以内の施行となるため，まだ暫くは現行法での取扱いとなるが，本書は改正法に対応して叙述している。本文中に「改正前」と表記している箇所は，2022年改正で条名が変更となる箇所である。また，本文中の行間に＊で記した箇所は，2022年改正法を指す。

著者紹介

床谷　文雄（とこたに　ふみお）　　序章，第1章〜第3章　執筆

| 略　歴 | 1977年　大阪大学法学部卒業，1982年　大阪大学大学院法学研究科博士後期課程単位取得退学。現在，**奈良大学文学部教授・大阪大学名誉教授** |
| 主要著作 | 「ドイツ養子制度における子の福祉—養子法の現代化」阪大法学118・119号（1981年），「続・ドイツにおける夫婦の氏の新展開」民商法雑誌109巻2号（1993年），『新注釈民法（17）親族（1）』（有斐閣，2017年，共著）。 |

◆読者へのメッセージ◆

　本書は，新しい時代を生きる個人と家族にとって法律はどういう意味を持っているのか，家族法が21世紀にどう変わろうとしているのか，自分なりに考えてみよう，という気持ちで書きました。法律は学びはじめが肝心です。苦手意識を捨てて，法律問題を考える面白さを知ってください。できれば何か1つの問題に打ち込んで，わからない苦しさと，そうか，と思える瞬間の快感を味わって欲しいものです。私も修士論文のテーマを養子制度にして以来，里子や生殖補助医療の問題など血縁によらない親子関係の意味を考え続けています。

神谷　遊（かみたに　ゆう）　　第4章，第7章，第9章第5節　執筆

| 略　歴 | 1980年　同志社大学法学部卒業，1986年　同志社大学大学院法学研究科博士課程後期単位取得退学。現在，**同志社大学法学部教授・広島大学名誉教授** |
| 主要著作 | 「ドイツ離婚法における苛酷条項の生成」家族〈社会と法〉8号（1992年），「成年後見制度をめぐる立法上の課題—いわゆる身上監護を中心として」（日本加除出版，1998年，『新世紀へ向かう家族法』所収），「遺留分および遺留分侵害額の算定方法」（日本評論社，2011年，久貴忠彦編『遺言と遺留分〔第2巻〕遺留分〔第2版〕』所収），『新注釈民法（17）親族（1）』（有斐閣，2017年，共著）。 |

◆読者へのメッセージ◆

　家族とは，情愛や血縁によって結びついた関係といえます。そうした関係にどのようなルールを設定し，当てはめるべきか，それは，それぞれの時代や社会の家族観によって大きく左右されます。本書は，現在のわが国の法制度や判例・学説を説明するものですが，家族のあり方は絶えず姿を変え，ますます多様化しているようにもみえます。読者のみなさんには，本書を通じて現在の家族に対する考え方を理解し，そのうえで今後はどうあるべきか，問題意識をもって考えてみていただきたいと思います。

稲垣　朋子（いながき　ともこ）　第5章，第6章　執筆

略　歴　2007年 同志社大学法学部卒業，2012年 大阪大学大学院国際公共政策研究科博士後
期課程単位取得退学。現在，**三重大学人文学部准教授**

主要著作　「離婚後の父母共同監護について―ドイツ法を手がかりに（1）（2・完）」国際公共政
策研究16巻1号（2011年），16巻2号（2012年），「ドイツ判例法にみる離別後の配
慮権と子の福祉」家族〈社会と法〉33号（2017年），「離婚後の共同親権の具体的検
討に向けて―わが国とドイツにおける議論を踏まえた課題」（日本評論社，2021年，
二宮周平編集代表・野沢紀雅編『現代家族法講座第3巻親子』所収）。

◆読者へのメッセージ◆

　法律を学ぶというと，六法を暗記するイメージを持つかもしれませんが，そうではなく，
さまざまな解釈の方法を学び，事例に当てはめて自分の頭で考えることこそが大切です。本
書でぜひそのための基礎力を養ってください。また，家族法は身近なテーマだけに，たしか
に各人の価値観も大きく反映される領域ですが，単なる感情論に終始せず，法的に筋道立て
て思考し，自らの意見を組み立てることが求められます。将来どのような道に進もうとも，
そうして培われたリーガル・マインド（論理的思考力）は必ず役に立つことと思います。

小川　惠（おがわ　けい）　第8章，第9章第1節～第4節　執筆

略　歴　2012年 同志社大学法学部卒業，2020年 同志社大学大学院法学研究科博士課程後期
修了，博士（法学）。現在，**専修大学法学部専任講師**

主要著作　「ドイツ相続法における遺言執行者の職務権限とその限界」同志社法学67巻1号
（2015年），「ドイツ相続法における遺言執行者による遺産の処分と自己取引の規
制」専修大学法学研究所紀要47号（2022年），「ドイツ相続法における遺言執行者制
度の意義―遺言執行者と相続人の関係を中心に」家族〈社会と法〉38号（2022年）。

◆読者へのメッセージ◆

　法は社会を規律するルールであり，家族もまた法によって規律されています。もっとも，
人と人との関係，とくに身近な家族という関係では，ときに深刻な争いが生じることもあり
ます。さらに，家族観や家族のあり方が変容する現代では（たとえば同性婚のように）いっ
そう複雑で多様な問題が生じています。私たちはこうした問題にどのように対応すべきなの
でしょうか。身近な存在である"家族"を通じて，さまざまな問題について知り，想像し，
自分なりに考えをめぐらせてみましょう。

幡野　弘樹（はたの　ひろき）　　第10章〜第12章　執筆

略　　歴

1998年 東京大学法学部卒業，2004年 東京大学大学院法学政治学研究科博士課程中退。現在，**立教大学法学部教授**

主要著作

「フランス相続法改正紹介―生存配偶者及び姦生子の権利並びに相続法の諸規定の現代化に関する2001年12月3日第1135号法律―（1）（2・完）」民商法雑誌129巻1号（2003年），129巻2号（2003年），「同意に基づく身体の処分に関する序論的考察―ヨーロッパ人権条約規範に対するフランス民法学説の応答」（有斐閣，2012年，『社会の発展と権利の創造―民法・環境法学の最前線』所収），「家族法の憲法化の現状」法律時報91巻5号（2019年）。『解説　民法（相続法）改正のポイント』（有斐閣，2019年，共著），『フランス夫婦財産法』（有斐閣，2022年，共著）。

―――◆読者へのメッセージ◆―――

　相続に関する章を担当しましたが，相続法にはよく考えてみると不思議なことが多いです。たとえば，残された配偶者（生存配偶者）が相続人なのはなぜでしょう？　死亡した人と生存配偶者の間に血のつながりはありません。死亡した人の財産増加に貢献しているからという答えがしっくりきそうですが，離婚の際の財産分与と同様に，相続ではなく夫婦財産の清算を行えばよいという考えもありえます。本書を読みながらさまざまな疑問について考えてみると，一体相続とは何なのかという根本的な問いにたどり着くことでしょう。

序　章

家族法を
学ぶための
基礎知識

●本章で学ぶこと

　現代社会では，「家族」の形が多様化している。伝統的には夫婦と子ども，それに祖父母が加わって共同生活している姿が想像されるであろうが，そうした三世代家族は，今や典型的な家族ではない。夫婦と未婚の子という核家族も減少している。超高齢・少子化社会となり，子どものいない家庭や高齢者夫婦だけの暮らし，高齢者の親と中年世代の未婚の子の家庭の増加も目立っている。法的に結婚していないカップルも増えている。そこには同性のカップルもいる。ともに初婚の夫婦がまだまだ多いが，一方または双方が再婚の家庭も増えている。配偶者のいない高齢の姉妹で暮らす家庭もある。

　こうした家族の変化を法律はいかに受けとめるのか。今の家族の法律は，家族の現実に合っているのであろうか。こうした大きな課題や社会背景を意識しながらも，本書では，民法の家族に関する法律（親族法・相続法）を中心に，家族法の基礎を身につけることをめざしている。本書全体で，夫婦，親子，未成年者の保護（親権・後見）や高齢者の世話（後見），扶養，遺言と相続などについて学ぶが，本章では，その基礎知識となる家族法の意義と変遷，親族の概念，氏名と戸籍，家事事件の解決方法などを学ぶ。

第1節 家族法の意義と変遷

① 家族と法律

「社会あるところ法あり」ということばがある。2人以上の人がいれば社会が成立し、その社会を規律する法規範が生まれるということを表している。他方で「法は家庭に入らず」という法格言もある。国家・社会において人々の行動を、強制力を伴って規律し制御する法律（法規範）は、犯罪や刑罰を規定する刑法、契約取引や事故による損害賠償責任について規定する民法（財産法）など数多くあるが、家庭という親密な関係にある者の間には、むやみに国家の法は立ち入らず、家庭内で暮らす人々の自由な意思による自律的な規律に委ねるべきであるという考え方である。

しかし、近代社会では、家庭内での人間関係を自治に委ねるだけでは争いは収まらず、家庭での人間関係も法による権利義務の関係として再構成し、家族生活のあり方、そして家庭をよりよきものとして維持するための方策を法律で定め、これに基づいて問題を解決する仕組みが必要となっている。人々の意思による家族の形成、維持、解消、そして再形成という大きなながれの中で生活する人々のよるべき行動規範となり、また家族・親族間で紛争が生じた際の問題解決のための判断基準となる法規範が求められている。これらは民法にその多くが規定されているが、関連する戸籍法の規定なども含め家族に関する諸規範の総体を家族法という。

② 家族法の変遷

(1) 明治民法　日本は、明治新政府の下で、欧米列強に負けない豊かな国作りをめざし、欧米との不平等条約を改正して、国際社会に日本を近代国家として認めさせるために、西洋の法体系を移植し（法の継受）、急ごしらえで多くの法律を整備した。民法については、フランス人法学者ボアソナードの指導の下に、フランス民法、ドイツ民法草案など多くの先進国の法律が参照され、1890（明治23）年には民法典の成立に至った。しかし、この民法（旧民法）は、「民法出でて忠孝亡ぶ」（穂積八束）というスローガンに代表される厳しい批判を浴び、激しい法典論争の結果、1893（明治26）年に予定されていた施行が無期延期

され，施行されないまま，新たに民法典が制定されることになった。こうして成立したのが明治民法である。

　明治民法は，1896（明治29）年に第 1 編総則，第 2 編物権，第 3 編債権が，1898（明治31）年に第 4 編親族，第 5 編相続が公布され，同年 7 月16日から施行された。この第 4 編と第 5 編が家族生活に関する権利義務を定める法であった。明治民法の家族法（当時は身分法と呼ばれた）は「家」の制度を骨格としており，「家」の代表者である戸主が戸主権を有して家族を統率し，夫婦においては夫に，親子においては親に，支配的な権限を認めていた。そして，相続法では戸主の地位および家の財産の承継に関する家督相続が中心となっていた。

　(2)　戦後改正民法　　1947（昭和22）年の日本国憲法の施行に伴う民法の応急的措置に関する法律による基本的改革（家制度や家督相続に関する規定は，同年 5 月 3 日以降適用しない）を経て，同年12月に成立した「民法の一部を改正する法律」により，明治民法の親族編・相続編は根本的に改正された。その骨子は，家制度・家督相続の廃止であり，個人の尊重と男女の本質的平等を理念とするものである。明治民法（旧法）から戦後の改正民法（新法）への転換は，民主的な「新しい家庭生活」を実現するための革新的なものであったが，その後の75年間において日本社会の急激な変化とともにさらに改正を重ねて今日に至っている（→図表序-1）。

第2節　親　　族

① 親族の種類と範囲

　民法は，6 親等内の血族，配偶者，3 親等内の姻族をもって親族とする（725条）。

　(1)　6 親等内の血族　　血族には自然血族と法定血族がある。自然血族は出生による血のつながりのある関係を指し，法定血族は法律上で血縁関係があると擬制された者であって，現行法上は，養子と養親の血族との関係（727条）がこれに該当する。縁組前に生まれた養子の直系卑属と養親の間には，親族関係は生じない。旧法では，継親子（父の後妻または母の後夫と家を同じくする先妻または先夫の子の間に成立する関係）および嫡母庶子（父に認知され父の家に入った嫡出

4

図表序-1　戦後の主だった家族法の改正動向

1947 (昭22) 年	5月3日 日本国憲法施行
1947 (昭22) 年	12月 旧法の親族編・相続編全面改正。平仮名口語体に (1948年1月1日施行)
1962 (昭37) 年	3月「同時死亡の推定」新設と「代襲相続」改定 (1962年7月1日施行)
1976 (昭51) 年	6月「離婚による婚氏続称」新設 (1976年6月15日施行)
1980 (昭55) 年	5月「法定相続分・遺留分」改定,「寄与分制度」新設, 遺産分割基準の具体化, 兄弟姉妹の代襲相続の制限 (1981年1月1日施行)
1987 (昭62) 年	9月「特別養子縁組制度」新設,「夫婦養子縁組制度」改定 (1988年1月1日施行)
1996 (平8) 年	2月 選択的夫婦別姓制度導入, 積極的破綻主義離婚法採用, 嫡出でない子の相続分平等化を柱とした「民法の一部を改正する法律案要綱」答申
1999 (平11) 年	12月 成年後見制度の創設ならびに公正証書遺言方式の改正「任意後見契約に関する法律」「後見登記等に関する法律」公布 (2000年4月1日施行)。
2003 (平15) 年	7月「人事訴訟法」公布。「人事訴訟手続法」廃止 (2004年4月1日施行)
2004 (平16) 年	12月 民法の現代語化。見出し等の付加 (2005年4月1日施行)
2011 (平23) 年	5月「家事事件手続法」公布。「家事審判法」廃止 (2013年1月1日施行)／6月「民法等の一部を改正する法律」公布。親権停止制度の導入など (2012年4月1日施行)
2013 (平25) 年	12月 嫡出子と嫡出でない子の相続分を同等化 (2013年12月11日施行)
2016 (平28) 年	4月 成年後見円滑化法。成年後見人の職務権限拡張 (2016年10月13日施行)／6月 再婚禁止期間を100日に短縮し, 適用除外を拡大 (2016年6月7日公布・施行)
2018 (平30) 年	6月 成年年齢の18歳への引下げなど (2022年4月1日施行)／7月 相続法改正 (一部を除き2019年7月1日施行)。「法務局における遺言書の保管等に関する法律」公布 (2020年7月10日施行)
2019 (令元) 年	6月 特別養子となる子の年齢の引上げ等 (2020年4月1日施行)
2020 (令2) 年	12月 生殖補助医療法公布 (親子関係の特例規定は2021年12月11日施行)
2021 (令3) 年	4月 所有者不明土地の解消に向けた法改正 (相続登記の義務化など)。「相続土地国庫帰属法」公布 (2023年4月1日施行)
2022 (令4) 年	2月「民法 (親子法制) 等の改正に関する要綱」答申／12月 懲戒権規定削除, 嫡出推定制度改正, 再婚禁止期間廃止等。「家族法制の見直しに関する中間試案」公表

でない子と父の妻との間に成立する関係) の間にも法定血族関係が成立したが (旧728条), これらは戦後改正の際に家制度とともに廃止され, 現行法では, これらは姻族 (1親等) にすぎない。

(2)　**配偶者**　夫婦の一方からみて, 他方を配偶者という。ここでいう配偶者は, 婚姻の届出をしている法律上の配偶者である。配偶者を親族とすることは, 比較法的にも珍しい。わが国の慣行が基礎になっているとされるが, 配偶者の血族と本人の間に姻族関係を発生させることから, 親族関係の結節点としての配偶関係を親族関係としたものであろう。

(3)　**3親等内の姻族**　姻族とは, 夫婦の一方からみて, 自己の配偶者の血

族または自己の血族の配偶者をいう。結婚式の挨拶で新郎新婦の横に並ぶ新婦の父母と新郎の父母とは，法律上は親族関係がない。新郎の兄の妻と新婦も，兄夫婦と弟夫婦として社会生活上は親戚づきあいをしていることが多かろうが，兄の妻と弟の妻の間には姻族関係はない。

② 直系親族と傍系親族

直系血族は，親と子，祖父母と孫のように，「出生」によりタテにつながる（血統が上下に連係する）関係である。これに対して，傍系血族は，共同の祖先からともに直下し，ヨコにつながる親系に属する者であり，兄弟姉妹，伯叔父母と甥姪，従兄弟姉妹などである。旧民法では，「親等ノ連続スルヲ親系ト為ス彼ヨリ此ニ直下スル者ノ親系ヲ直系ト謂ヒ其直下セスシテ同始祖ニ出ツル者ノ親系ヲ傍系ト謂フ」(旧人20条2項)と規定していた。明治民法はこの定義規定を継承しなかったが，同様に解釈されている。

姻族にも直系と傍系が考えられる。本人の直系血族は，本人の配偶者の直系姻族であり，本人の傍系血族は，配偶者の傍系姻族である。民法では，直系姻族に関する規定（735条）があるが，傍系姻族という表現はみられない。

③ 尊属と卑属

自分よりも前の世代の親族を尊属と称し，自分よりも後の世代の親族を卑属と称する。直系・傍系と組み合わせて，直系尊属，直系卑属と指称される。旧民法では「直系ニ於テ自己ノ出ツル所ノ親族ヲ尊属親ト謂ヒ自己ヨリ出ツル所ノ親族ヲ卑属親ト謂フ」(旧人20条3項)と規定されていた。明治民法は，この定義規定を継承していないが，同様に解釈され，現行法にも受け継がれている。729条（離縁による親族関係の終了）において「直系卑属」が用いられているのみであって，「直系尊属」の語は婚姻の要件に関する736条（養親子等の間の婚姻の禁止）において直系卑属とともにはじめて登場する。尊属と卑属の区別は，傍系親族についても考えられ，単に「尊属」とだけ規定されている場合（793条のみ）は傍系尊属も含まれる。しかし，民法には「傍系尊属」・「傍系卑属」の用語例はなく，傍系親につき尊属・卑属の区別を論じることには批判がある。

姻族にも血族と対応して尊属と卑属の別が考えられうるが，民法上は，尊属・卑属の概念は血族に限られ，姻族にはこの区別はないと解されている。条文上で直系尊属（たとえば889条1項1号〔相続権〕）または直系卑属（たとえば887条

6

図表序 - 2　親族・親等

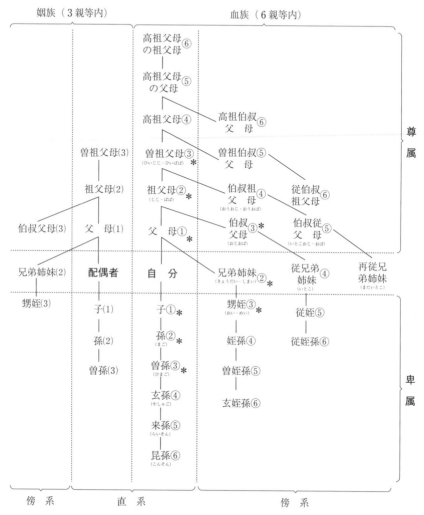

姻族（3親等内）　　　　　　　　血族（6親等内）

＊印の者の配偶者も，「自分」からみて姻族である。
　なお，親族内の表示は，明37・8・26司法省民刑734号民刑局長回答による。

2項〔代襲相続権〕）とある場合は，血族を意味し，姻族を含まない。民法では，養子の直系卑属の配偶者（729条・736条），配偶者の直系卑属（798条）という表記をしている（旧813条7号では，「配偶者ノ直系尊属」が用いられていた）。尊属・卑属

□ WINDOW 序-1　　　　　　　　　　　　　　　◀◀

親等の計算

　親等とは，親族関係の遠近・親疎を示す尺度であり，一世代を単位とする（726条1項）。直系血族の親と子は1親等，祖父母と孫は2親等である。傍系親族の親等は，その一人から（血族の場合），またはその配偶者から（姻族の場合），同一の祖先にさかのぼり，その祖先から他の一人に下るまでの世代数による（726条2項）。配偶者は，同列であり親等を数えない。この計算の仕方はローマ法式と呼ばれるものである。

　これに対して，教会法に由来するカノン法式では，傍系親族の親等の計算方法が異なる（傍系親族のそれぞれから同一の祖先に至るまでの世代数を数え，多い方をもって傍系親族の親等とする）。教会法では婚姻非解消主義が採られていたため，法的に離婚が認められない代わりに，近親者間の婚姻を無効とする取扱いがなされており，カノン法式による近親関係の定めは，近親婚とすることで実質的な離婚を認める機能も有していた。

という用語は，法の下の平等の観点から適切ではない。代案がないという消極的な理由で今日まで改正されずにきているが，日本国憲法施行から75年が経過してもなお親族類型に尊卑の別をもうけることは問題である。

④ 親族関係の効果

　(1)　民法では，一定の親族関係にある者・あった者の間にさまざまな権利義務を定めている。親族間の扶養義務（887条～881条）および相続権（887条・889条）は最も重要な効果である。また，近親婚の禁止（734条～736条）と尊属養子の禁止（793条）は，親族関係にある者の間での身分行為の制限として重要である。戦後改正の際に，家制度廃止に反対する論者との妥協として設けられたといわれる親族間の扶け合い義務（730条）は，法的な意義を持つものではなく，道徳的・倫理的な規定（訓示規定）にすぎないというのが通説であり，学説では削除論が支持されてきたが，近時，老人養護義務の法的根拠とすべきであるとする見解や，「家族生活のあり方」を見いだす見解など，これを活用しようとする試みがみられる。

　被相続人・受遺者等との関係で遺言の承認・立会人欠格となる（974条）。成年後見等の開始・取消し（7条・10条・11条・14条・15条・18条。4親等内の親族に限定），婚姻の取消し（744条），縁組の取消し（805条），親権者の変更，親権喪失・親権停止・管理権喪失と取消し（834条～836条），後見人等・後見監督人等の選任と解任（840条・843条・846条・849条・852条・876条の2・876条の3・876条の7・876条

8

の8），相続人廃除審判確定前の遺産管理（895条）などの請求権がある。

（2）　民法以外の法律にも，親族の効果に関わる規定がある。刑法では，かつて親族間の犯罪につき刑事責任を加重する尊属殺人罪等が存在したが，現在では廃止されている。逆に，責任を軽減するものとして，親族相盗例（刑244条），犯人蔵匿・証拠隠滅等（刑105条）などがある。ただし，家庭裁判所に選任された後見人である親族が被後見人の財産を横領した場合には刑法244条は準用されず（最決平20・2・18刑集62巻2号37頁〔未成年後見人〕），量刑に当たりその親族関係を酌むべき事情として考慮するのも相当ではない（最決平24・10・9刑集66巻10号981頁〔成年後見人〕）。

その他，親族の効果として，証言拒絶権（民訴196条1号，刑訴147条1号）があり，裁判官等の除斥理由ともなる（民訴23条1項2号・27条，家事10条・13条～16条・刑訴20条2号・26条など）。

⑤ 親族関係の終了

自然血族関係では，当事者の死亡により死者との間の親族関係は消滅するが，死者以外の者の間の血族関係には影響しない。法定血族関係は，養子縁組の消滅（離縁，縁組の取消し）によって終了する（729条）。子につき特別養子縁組が成立したときは，子と実方の父母および血族との親族関係は終了する（817条の9）。配偶者との親族関係は，配偶者の死亡，離婚（728条1項）または婚姻の取消し（749条）により終了する。

姻族関係は，離婚によって当然に終了する。夫婦の一方が死亡した場合において，生存配偶者が姻族関係を終了させる意思を表示したとき（姻族関係終了届，戸96条。→WINDOW序-2）も，姻族関係は終了する（728条2項）。養子および養子の直系血族と養方血族の配偶者との姻族関係ならびに養子の配偶者および養子の直系卑属の配偶者と養方血族との姻族関係は，離縁によって終了する（729条）。直系姻族間の婚姻禁止（735条）と養親子関係間の婚姻禁止（736条）は，親族関係が終了しても存続する。

□ WINDOW 序-2 ◀◀

姻族関係終了届（死後離婚）

　婚姻によって成立する「姻族関係」は，離婚によって当然に終了する（728条1項）が，配偶者が死亡しても，姻族関係は当然には終了せず，姻族関係を終了させるかどうかを生存配偶者の意思次第としている（同条2項）。死亡配偶者の血族からの生存配偶者に対する姻族関係終了の手続は認められていない。姻族関係終了の意思表示は，姻族関係終了の届出（戸96条）によって行う（近時，届出件数が増加しており（2009年度1823，2014年度2202，2017年度4895，2018年度4124，2021年度2934），メディアでは「死後離婚」と呼ばれている）。旧法では，去家による復氏復籍と姻族関係の終了が同時に生じたが，現行法では，姻族関係終了の届出は，生存配偶者の復氏の届出（751条1項）とはかかわりなくすることができる。氏を変更しないで姻族関係を終了させることもできるし，生存配偶者が婚姻前の氏に復し，あるいは復氏しないまま再婚して氏を改めたとしても，姻族関係終了の意思表示がない限り，前婚による姻族関係は存続する。

　姻族関係の終了により，親族に付与されている権利義務は消滅する。とくに，3親等内の親族間には扶養義務を負担する可能性があることが（877条2項），立法過程においても重視されている。姻族関係終了後も存続するものとしては，直系姻族間の婚姻障害（735条），証言拒絶権（民訴196条1号，刑訴147条1号）などがある。

　婚姻によって氏を改めた夫または妻が祭祀に関する権利を承継し（897条），その後に離婚したとき（769条），または姻族関係終了の意思表示をしたときは（751条2項），その権利を承継すべき者を定めなければならない。

第3節　氏名と戸籍

① 氏

　(1) **氏の取得**　　氏は，姓とも苗字（名字）ともいわれるが，名と合わさって個人を特定し，同定する機能を有する。人は，出生によって氏を取得する。父母が婚姻中に生まれた子は，父母の氏を称する（790条1項本文）。ただし，子の出生前に父母が離婚したときは，離婚の際における父母の氏を称する（同項ただし書）。他方，嫡出でない子は，母の氏を称する（790条2項）。父母がともに不明な子（棄児）には，市区町村長が氏名をつける（戸57条2項）。

　(2) **氏の変更**　　出生時につけられた氏は，その後の婚姻・離婚，養子縁組・離縁などの身分行為に伴って，法律上，変動する。生存配偶者が婚姻前の氏に復する場合（751条1項），離婚後婚氏を続称したい場合（767条2項），子の

氏を親が称する氏に変更したい場合 (791条) など，本人の意思に基づいて，氏ないし呼称を変更する機会が与えられている。

やむを得ない事由があるときは，家庭裁判所の許可を得て，氏を変更することができる (戸107条1項，家事39条・別表第一122項)。「やむを得ない事由」とは，珍奇，難読など氏を使い続けることにより社会生活上著しい困難と不便を招くような場合，戸籍上の氏とは異なる氏を永年使用したことにより，氏を変更しなければかえって混乱を生じさせる場合，離婚時に婚氏を続称したが，その必要性がなくなった場合などである。氏の変更の許可の申立ては，戸籍筆頭者とその配偶者に限られ，変更が認められれば，その効果は同一戸籍内の者に及ぶ。

外国人と婚姻した場合，6か月以内に限り，家庭裁判所の許可を得ないで，届出により，外国人配偶者の称する氏に変更することができる (戸107条2項)。外国人配偶者の称する氏に変更した者が離婚したときは，3か月以内に限り，家庭裁判所の許可を得ないで，届出により変更前の氏を称することができる (同条3項)。子が外国人である父または母の称している氏に変更しようとするときも，家庭裁判所の許可を得なければならない (同条4項)。

② 名

(1) 名の取得　通常は，父母その他の届出義務者 (戸52条・56条) が出生の届出をする際に，子の名をつけて届出をする。命名権については明文の規定がないため，性質上，子本人のものであり，親権者が代行するという説や，親権者が命名権を有するという説がある。子の名には，常用平易な文字を用いなければならない (戸50条，戸規60条)。最近では，許容文字ではあるが，独自の読み方・意味を込めた名をつける例も多くみられる (キラキラネーム)。また，社会通念上明らかに人の名として不適当と認められる場合や名のもつ本来の機能を著しく損なうような名の場合には，戸籍事務担当者が名の受理を拒否することも許される (悪魔ちゃん事件。東京家八王子支審平6・1・31判時1486号56頁)。

これまで戸籍には氏名の読み仮名が記されていなかったが，平仮名または片仮名でこれを記載することが検討されている。

(2) 名の変更　「正当な事由」があるときは，家庭裁判所の許可 (戸122条，家事39条・別表第一122項) を得て，名を変更することができる (戸107条の2)。社会生活上著しい支障を生じる程に珍奇ないしは著しい難解難読の文字を用い

た名，性別を混乱させる名，侮辱的な名，通名の永年使用などの場合のほか，近時は性同一性障害者の性別変更に伴うものや，性別を変更しないまでも名の変更を望む場合も，正当な事由があるとされている。

③ 戸籍制度

　戸籍制度は，人の身分上の事実や親族関係を登録し公証する制度である。日本国籍を有する者は，出生届によって戸籍簿に記載され，婚姻や離婚，縁組など死亡までの身分関係の変更が戸籍に反映される（天皇および皇族は皇統譜に登録される）。戸籍は，一つの夫婦およびこれと氏を同じくする子を単位として編製される（戸6条）。民法が定める夫婦同氏（750条）と親子同氏（790条）がその基礎となっている。現行戸籍法では，氏の異同が戸籍編製の基準であり，同氏同籍，復氏復籍，そして三代戸籍禁止が戸籍編製の原理となっている。

　婚姻等の身分関係の変動は，届出によって戸籍に記載される（戸15条）。届出には，届け出ることにより法的効果が生じる創設的届出（婚姻，協議離婚，養子縁組，協議離縁，任意認知，姻族関係終了届など）と，すでに法的効果が生じたことを報告するにすぎない報告的届出（出生，死亡，失踪宣告，裁判離婚，調停離婚，裁判離縁，調停離縁，強制認知，遺言による認知）がある。届出義務者からの届出がない場合には，市町村長による職権記載の手続がある（戸44条3項）。

第4節　家事紛争の解決方法

① 家事紛争の特徴

　離婚や婚姻費用・養育費の支払い，あるいは相続・遺産分割などをめぐる家族（元家族）間の争いは，過去の家族関係の形成の過程やその変化の歴史を背景に持ち，複雑な家族関係・人間関係に関わるものであるから，特定の権利義務の存否を法的に判断すればすむというものではなく，将来も続く人間関係の円滑な調整を基本理念としなければならない。婚姻・離婚・養子縁組・親子関係など身分関係の成立・解消に関わる事件の処理は，紛争当事者だけでなく，第三者にも法的効力が及ぶことから，事実関係を基礎としつつ，当事者の納得の行く解決をめざさなければならない。

　家族や元家族の間で紛争が生じた場合，まずは当事者間で話し合いによって解決することができれば，これに越したことはない。民法は，当事者の協議・合意による紛争解決を基礎とする（協議離婚，協議離縁，遺産分割協議など）。しかし，協議によって解決することができないときは，裁判所の関与による解決方法によらざるを得ない。家事紛争は，主に家庭裁判所において取り扱われる。

② 家事調停

　家事調停は，裁判所の中で行われるものであり，裁判所外で専門的な訓練を受けた仲介者が解決を支援する外国のメディエーションとは異なる。裁判官と2人以上の家事調停委員で構成される調停委員会（例外的に裁判官単独調停が行われる）が，当事者および事件本人からその気持ち・意見を引き出しつつ，当事者の自主的な紛争解決の機会を提供するものである。離婚・離縁などの人事訴訟を起こす前には，必ず調停をしなければならない（調停前置主義，家事257条）。

　調停手続の中で，当事者が合意し，調停が成立した場合は，確定判決（確定審判）と同一の効力を有する（家事268条）。ただし，人事訴訟事項（離婚・離縁を除く）についての調停においては，合意に相当する審判による（家事277条）。調停が成立しない場合において，家庭裁判所が相当と認めるときは，職権で，当事者双方の申立ての趣旨に反しない限りで，審判をすることができる（調停に代わる審判，家事284条）。調停に代わる審判に対し，利害関係人は家庭裁判所に異議を申し立てることができるが（家事286条），異議がなければ審判は確定し（家事287条），異議がある場合でも，異議を却下する審判が確定すれば，調停に代わる審判が確定する（家事287条）。適法な異議があれば調停に代わる審判は効力を失い，あらためて訴えを提起する。調停不成立で，調停に代わる審判がされていない場合にも，当事者は訴えを提起することになる。別表第二家事審判事項の場合には，審判手続に移行する（家事272条4項）。

③ 家事審判

　審判は，2つの類型に分けられている。家事事件手続法39条・別表第一の事項は，後見人・後見監督人等の選任，辞任の許可，相続の放棄等の申述，遺言書の検認などで，性質上，調停に適さないので，調停はできない（家事244条）。申立てまたは職権により，家事審判の手続が開始する。これに対して，別表第二の事項は，婚姻費用分担に関する処分，子の監護に関する処分，親権者の指

□ WINDOW 序-3　　　　　　　　　　　　　　　　　　　　◀◀

家事事件手続法の制定

　夫婦・親子・兄弟姉妹といった愛情や血縁によって結ばれている人々の間のもめごとは，他人同士の争いにみられるような公開の法廷での一刀両断的な処理に適さない場合が多い。このような家事紛争の解決のために，家庭裁判所では話合いを主体にした調停（調停前置主義）や裁判所の判断である審判がなされる。

　家事紛争が増加するなか，家事審判，家事調停の手続を利用しやすく，現代社会に適合したものにするため，家事審判法（1947年）を廃止して，家事事件手続法が制定された（2013（平成25）年1月1日施行）。家事事件手続法の概要は，次のとおりである。

　(1)　手続保障　　(i)参加制度の見直し（41条・42条），(ii)記録の閲覧謄写に関する制度の充実（47条），(iii)不意打ち防止のための規定の創設（63条・78条3項）。

　(2)　手続を利用しやすくする　　当事者が遠隔地に居住している場合等には，電話会議・ウェブ会議システムを利用して期日における手続を行うことができる（54条・258条）。

　(3)　手続の基本事項の整備　　管轄（4条〜9条），代理（17条〜27条），不服申立て（85条〜102条・288条）に関する規定の整備・充実。

　(4)　子の利益への配慮　　子が影響を受ける事件の手続における子の利益への配慮は，家庭裁判所が運用のうえで重視してきたところであるが，家事事件手続法は，従来の運用を明文化するとともに，その趣旨をいっそう進めている（151条2号・168条・42条・258条など）。

　(5)　別表第一・第二　　家事審判事項は，別表第一・第二に列挙されている（39条）。別表第一の事項は失踪宣告などにみられるように当事者間での話合いによる解決が不可能な審判事項，別表第二の事項は遺産争いなどにみられるように当事者間での話合いによる解決が可能な審判事項を対象とする。

　調停・審判でも解決しないときは，高等裁判所，さらには最高裁判所の判断を仰ぐということもある。

定，遺産分割などで，当事者の自主的解決が望ましいので，審判の申立てがあってもいつでも，家庭裁判所は調停に付すことができる（家事274条1項）。

　審判は，裁判官が後見的に，その裁量に基づいた望ましい解決をめざす非訟的手続である。当事者主義をとる通常の訴訟手続とは異なり，裁判所は，職権で必要な事実の存否を認定するための調査を行う（職権探知主義，家事56条）。家族・個人のプライバシーに関わるため，審理は非公開で行われる（家事33条）が，これは憲法に違反しない（最大決昭40・6・30民集19巻4号1089頁）。

④ 人事訴訟

　離婚，離縁，嫡出否認，認知，婚姻無効，養子縁組無効，婚姻関係存否確認，

親子関係存否確認など，身分関係の形成または存否の確認を目的とする訴えに係る訴訟を人事訴訟という（人訴2条）。人事訴訟法の制定（2004年4月施行）により，地方裁判所から家庭裁判所に管轄が移された。人事訴訟においては，裁判所は，当事者が主張しない事実をしん酌し，かつ，職権で証拠調べをすることができる（人訴20条）。これを職権探知主義という。必要に応じて，家庭裁判所調査官による事実の調査が行われる（人訴34条）。人事訴訟は公開で行われるが，当事者等の私生活上の重大な秘密に係る事項について尋問するときは，適正な裁判の確保の観点から公開を停止することができる（人訴22条）。人事訴訟の確定判決は，第三者に対しても効力を有する（対世的効力，人訴24条）。

5 民事訴訟

　民事訴訟は，契約や不法行為による損害賠償請求権などの権利義務の存否につき判断する手続であり，通常，地方裁判所に訴えを提起する。家庭に関する事項としても，たとえば，婚姻予約の不当破棄による損害賠償，不貞に基づく慰謝料，親族間の貸金返還請求，遺産に関わる使途不明金（不当利得），遺言無効確認，遺留分侵害の事件などが民事訴訟の対象となるが，これらについても家庭裁判所で調停をすることができ，調停が成立したときは，確定判決と同一の効力を有する（家事268条）。調停に代わる審判（家事284条）も可能である。

6 審判前の保全処分・調停前の処分・履行確保

　審判前の保全処分は，家事審判の申立てから審判が確定し効力が発生するまでの間に財産や生活に変化があり，後の審判による権利の実現が困難にならないように，事前に仮処分・仮差押え等を命ずるものである（家事105条）。たとえば，親権停止の審判の申立てにつき，保全処分として，親権者の職務の停止および職務代行者の選任を申し立てるような場合である。本案の審判申立てが認容される蓋然性があり，かつ，保全の必要性があることが要件となる。調停前の処分も可能であるが，執行力を有しない（家事266条）。

　婚姻費用分担，養育費の支払いなど家庭裁判所の審判（調停）で定められた義務の履行を確保するために，家庭裁判所においては，権利者の申出による履行状況の調査および履行の勧告（家事289条），履行命令の制度がある（家事290条）。民事執行法による通常の強制執行（間接強制，直接強制）も利用することができる。

図表序 - 3　家事事件手続のチャート

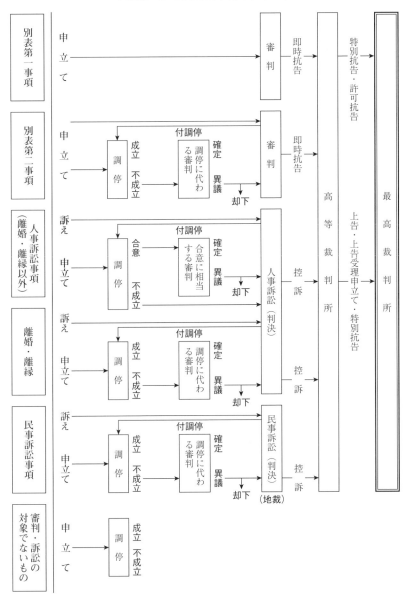

第1章
婚姻の成立

● **本章で学ぶこと**

　婚姻は，男女の終生にわたる共同生活を目的とし，多くの場合，夫婦は子をもうけて家族を形成する。婚姻および家族は，社会を形成する基礎単位である。それゆえ，婚姻は私事であると同時に，社会・国家の重要な関心事でもあり，社会的に許容される安定した婚姻とするために，婚姻が認められる年齢，一夫一婦制，近親婚の禁止や婚姻のための手続などが法律で定められている。婚姻制度や家族の存在それ自体は世界共通のものであるが，婚姻の要件や手続は国によって異なる。わが国では，婚姻する旨を行政庁に届け出る方式（届出婚主義）を採用し，戸籍簿に婚姻家族を登録して社会的に統制する仕組みになっている。届出婚主義は，婚姻の届出をしないまま夫婦として同居する男女を生じさせたが，判例・学説はこれを婚姻に準ずる関係（内縁）として保護してきた。最近では，意識的に婚姻を拒否して自由な共同生活を志向するカップルも増え，同性のパートナーシップも公認され始めている。本章では，新しい動きも含めて婚姻の成立要件と手続について学ぶ。

第1節　婚姻の意義

① 婚姻制度と法律

　わが国では，減少傾向にはあるが，未婚男女の多くは「いずれ結婚するつもり」である（→図表1-1）。もっとも，結婚適齢期という意識は薄れてきていて，理想的な相手が見つかるまでは結婚しなくてもよいと考えるものが増えている。1972（昭47）年には約110万組が結婚した。最近は50万組を多少超える程度にまで減少しているが，世界的に見ても日本の結婚率は中位である（→図表1-2）。60年代後半からは恋愛結婚が見合い結婚を上回り，現在では9割に近い。お仕着せの結婚ではなく，自分に合わせて結婚を選び取る人が増えているのであろう。他方で，夫婦の一方または双方が再婚の比率が高くなってきている（2020年の婚姻では夫19.4％，妻16.8％）。また，国際結婚も，2006（平成18）年の6％をピークとして下がってきているが，なお3.6％を占める（2019年）。

　法律では，結婚のことを「婚姻」という。婚姻は，男女の永続的な性的・経済的共同生活を目的とする社会的に承認された共同体である。婚姻した男女には排他的な性関係が公認され，性欲の統制と子孫を残すという欲求を満たすとともに，婚姻外性関係を抑制して社会の性的秩序を維持しようとしている。夫婦は，お互いを扶養し扶け合うことが求められる。また，妻が産んだ子については夫を父と定めて，子を養育する権利・義務を付与し，次世代を構成する子の成長発達を保障し社会化する機能が婚姻に期待されている。

　婚姻に対する社会的統制は，現在では習俗や宗教ではなく国家法（婚姻法）によって行われる。これには，①国家法の予定する手続に従ったときに婚姻として承認する法律婚主義と，②現に存在する男女の共同生活関係を当事者の意思や社会的承認を前提として婚姻とする事実婚主義がある。近代法の下では法律婚主義が通例であるが，その内容は多様である。当事者が役場に出頭して婚姻の宣誓をするもの（民事婚）もあるし，宗教上の儀式によるもの（宗教婚），一定の人の前での公開の儀式で婚姻が成立する例（儀式婚）もある。

　明治民法が採用した**届出婚主義**は，婚姻をすべて行政機関において把握するもので，婚姻の統制方法としては優れているが，その反面，婚姻意思のない者

図表 1-1　未婚男女の結婚の意思

(%)

全国の18歳以上35歳未満の未婚男女を対象とした調査　年	男				女			
	1982	1992	2002	2021	1982	1992	2002	2021
いずれ結婚するつもり	95.9	90	87	81.4	94.2	90.2	88.3	84.3
ある程度の年齢までには結婚するつもり	——	52.8	48.1	49.8	——	49.2	43.6	46.8
理想的な相手が見つかるまでは結婚しなくてもかまわない	——	45.5	50.5	48.6	——	49.6	55.2	51.7
一生結婚するつもりはない	2.3	4.9	5.4	17.3	4.1	5.2	5.0	14.6

(出典) 国立社会保障・人口問題研究所「出生動向基本調査」による。

図表 1-2　人口動態総覧 (率) の国際比較

(人口千対)

国　名	出生率		死亡率		乳児死亡率		婚姻率		離婚率		合計特殊出生率	
日　本	2021)	*6.6	'21)	*11.7	'21)	*1.7	'21)	*4.1	'21)	*1.50	'21)	*1.30
韓　国	'20)	5.3	'20)	5.9	'20)	2.5	'21)	3.8	'21)	2.0	'20)	0.84
シンガポール	'21)	8.6	'21)	5.8	'21)	1.8	'20)	5.2	'20)	1.7	'21)	1.12
アメリカ	'20)	11.0	'20)	10.3	'20)	5.4	'20)	5.1	'20)	2.3	'20)	1.64
フランス	'19)	11.0	'19)	9.2	'19)	3.6	'18)	3.5	'16)	1.93	'20)	*1.83
ドイツ	'20)	9.3	'20)	11.9	'20)	3.1	'19)	5.0	'20)	1.73	'20)	1.53
イタリア	'20)	6.8	'20)	12.5	'19)	2.8	'19)	3.1	'19)	1.43	'20)	1.24
スウェーデン	'19)	11.2	'20)	9.5	'19)	2.1	'20)	3.6	'19)	2.48	'20)	1.67
イギリス	'20)	10.2	'20)	10.3	'19)	3.9	'16)	4.4	'17)	1.68	'18)	1.68

(注) ＊印は暫定値である。
(資料) ① 韓国は, 大韓民国統計庁 (Statistics Korea) 資料
　　　 ② シンガポールは, シンガポール統計局 (Department of Statistics Singapore) 資料
　　　 ③ アメリカは, アメリカ全国保健統計センター (National Center for Health Statistics) 資料
　　　 ④ 欧州各国は, 国連統計部 (UNSD), Demographic Yearbook 2020。ただし, 合計特殊出生率のみ欧州連合統計局 (Eurostat) 資料
(出典) 厚生労働省「令和 3 年 (2021) 人口動態統計月報年計 (概数) の概況」

の間での届出がされたり, 夫婦として生活しながら慢然と婚姻の届出をしない内縁関係が生じてきた。最近では, 夫婦別姓の実践など意図的に婚姻の届出をしないで共同生活をする男女が増え, その扱いは家族法の重要な課題となっている (→第**4**節)。男女関係の多様なあり方に対応するため, さらには同性カップル (→WINDOW 1-1) も問題となりつつある現在, 法律婚の成立方式や内容の多様化, 非法律婚 (事実婚) の法的規制の是非など, 検討すべきものは多い。

② 家族の多様化と婚姻法改正

　「家」制度の支配を受けていた明治民法に対して, 日本国憲法は家族法における個人の尊厳と両性の本質的平等 (憲24条) を定め, 民法はこれを法解釈の指

□ WINDOW 1-1　　　　　　　　　　　　　　　　　　　　　　　　　◀◀

同性パートナーシップと同性婚

　同性カップルに婚姻と同様の法的承認を与えるべきか。ホモ・セクシュアルの関係は自然に反するとして，宗教的・社会的に否定され，犯罪とされた歴史もある。しかし，人の性的志向には異性愛のみならず，同性愛もありうるのであり，これを法的に禁止することは許されるべきではない。婚姻に与えられている社会的・法的な利益を同性カップルにも与えるべきであるとの主張を受けて，デンマーク，ノルウェー，ドイツ，スイスなどでは同性パートナーシップの登録を認め，婚姻とほぼ同様の権利義務を認めている。フランスも1999年に民事連帯契約（PACS）の制度を導入した。さらに，オランダ，ベルギー，スペイン，カナダ，南アフリカ，ノルウェー，アルゼンチン，ブラジル，フランス，ニュージーランド，イギリス，ドイツ，スイスなど30か国以上で同性カップルの民事上の婚姻を認めるに至っている（台湾は，2019年に特別法により同性婚をアジアで初めて承認した）。日本の地方自治体でも，2015年以降，条例等により，同性カップルのパートナーシップ証明書を出すなど同性カップルの法的保護を進める動きがみられる。

針とした（旧1条ノ2〔2004年改正により2条〕）。これをうけ，明治民法の夫や父優位の規定は改められたが，婚姻適齢の男女差，女子の再婚禁止期間，夫婦の氏，夫婦財産制など，現実には女性に不利にはたらくものや合理性に疑いのある規定が残っていた。**1996年民法改正要綱**では，①婚姻適齢を男女とも18歳とする（2018年6月20日に改正法が公布され，2022年4月1日施行），②再婚禁止期間を100日に短縮する（2016年6月7日に改正法公布・施行。→第2節[1](3)），③選択的夫婦別姓を認める，④5年以上の別居を離婚原因とする，⑤離婚による財産分与規定の整備，⑥嫡出である子と嫡出でない子の相続分の平等化（最大決平25・9・4民集67巻6号1320頁により憲法違反とされたことから，2013年12月5日に改正法が公布され，同月11日から施行。→WINDOW 8-3）などが提案されていた。

第2節　婚姻成立の要件

[1] 実質的要件

　（1）**婚姻適齢**　　2022（令和4）年3月までは，男は満18歳，女は満16歳にならなければ婚姻をすることができなかった（旧731条）。男女の2歳差については，女子の方が生理的成熟が早いこと，平均初婚年齢が男よりも低いこと，夫

が年上の場合が多いことなどが考慮されていた。しかし，女性の高等教育や職場進出，夫婦の経済的依存関係の変質等からみて，これが合理的といえるかは疑問とされ，1996年民法改正要綱は，男女18歳案を採用し，2018 (平成30) 年改正で成年年齢の18歳への引下げとともに婚姻適齢が男女ともに18歳となった (施行日の2022年 4 月 1 日において16歳以上18歳未満の女性は，経過措置により婚姻をすることができる)。もっとも，現実には晩婚化が進行しており，2021 (令和 3) 年の平均初婚年齢は，夫31.0歳，妻29.5歳である。

(2)　**重婚の禁止**　　配偶者のある者は，重ねて婚姻をすることができない (732条)。現在でもイスラム世界での一夫多妻制が知られているが，一般的には，**一夫一婦制**が近代的な男女関係のあり方として承認された婚姻形態である。現に婚姻している者からの婚姻の届出は受理されないから (740条)，重婚が発生するのは，戸籍事務担当者のミスによる場合を除けば，前婚の離婚が無効または取り消された場合，前配偶者の失踪の宣告 (30条) が取り消された場合 (32条)，官庁等による配偶者の死亡認定 (戸89条) が誤りであった場合，配偶者のある者が外国で婚姻した場合などである。

　失踪の宣告が取り消された場合については，民法32条 1 項後段との関係で，失踪の宣告により解消した前婚が復活するか否か，説が分かれている。多数説は，同条の準用により，当事者が善意の場合は前婚は復活せず，悪意の場合は復活して重婚となるとする。これに対して，当事者の善意・悪意を問わず，つねに前婚の復活によって重婚となるとする説も有力である。1996年民法改正要綱では，失踪宣告後に他方配偶者が再婚したときは，失踪の宣告が取り消されても，前婚の解消の効力には影響を及ぼさないものとしている。

(3)　**再婚禁止期間** (2022年改正で廃止)　　現行法では，女性は，前婚の解消または取消しの日から100日を経過した後でなければ，再婚をすることができない (改正前733条 1 項)。ただし，①前婚の解消または取消しの時に懐胎していなかった場合，あるいは，②その後に出産した場合には，再婚をすることができる (同条 2 項)。**再婚禁止期間**は，早期の再婚による父性推定 (772条) の重複を避けるためのものであるとされており，前夫と再婚する場合，夫の生死不明を理由とする離婚の場合，高齢の女性 (先例では67歳) の場合などは，直ちに再婚が認められている。

　再婚禁止期間は明治民法以来 6 か月とされていたが，父性推定の重複を避けるためであれば，前婚解消から300日以内と後婚から200日以降が重複しないように，再婚禁止期間を100日置けば足りるとの批判や，女性差別であり廃止すべきであるという批判があった。1996年民法改正要綱では，100日案を採用していたが，最高裁判所の違憲判決（2015年）を受けて，2016（平成28）年の民法改正で100日に短縮された（→図表 1 - 3）。

　さらに，2022年改正により嫡出推定制度が改正されたことにあわせて，再婚禁止期間は廃止されることとなった（733条削除）（→WINDOW 1-2）。

　(4)　**近親婚の禁止**　　一定の親族関係にある者の間の婚姻（**近親婚**）を禁止する思想は，優生学的・社会倫理的理由に基づくもので，その範囲には違いがあるが普遍的に存在する。

　(a)　血族間　　直系血族または 3 親等内の傍系血族の間では，婚姻をすることができない。ただし，優生学的に問題がなく社会的慣行でもある養子と養方の傍系血族（主に養親の子）の間の婚姻は許される（734条 1 項）。特別養子と養親の実子との婚姻も，禁止されていない。他方，特別養子縁組により親族関係が終了した後も，養子と実方親族との婚姻は許されない（734条 2 項）。自然血縁関係がある以上，倫理的にも優生学的にも認めがたいからである。

　(b)　直系姻族間　　Aの子Bとその配偶者Cが離婚し（婚姻の取消しの場合については説が分かれる），またはB死亡後にCの姻族関係終了届によってA・C間の姻族関係が終了した後も，AとCは婚姻できないし，Bの子Dが特別養子となったために姻族関係が終了した後でも，CとDは婚姻できない（735条）。もっぱら倫理的な理由によるものなので，社会的な意識の変化に応じて，姻族関係の終了後は婚姻を認めるべきであるとの見解もある。傍系姻族間の婚姻（順縁婚，逆縁婚）は，禁止されていない。

　(c)　養親子関係者間　　養子，その配偶者，直系卑属またはその配偶者と養親またはその直系尊属との間では，離縁（縁組の取消しの場合は説が分かれる）によって親族関係が終了した後も（縁組中は734条・735条違反），婚姻をすることができない（736条）。養子と養親の配偶者との婚姻については見解が分かれている（認めるのが多数説）。

　(5)　**婚姻意思の合致**　　かつては当事者とくに女性の意思を無視した婚姻も

□ WINDOW 1-2   ◀◀

再婚禁止期間の廃止

　再婚禁止期間は，待婚期間ないし寡居期間ともいわれ，外国法にもみられたが（フランスは300日，ドイツは10か月，韓国は日本法と同様6か月としていた），現在では多くの国が廃止している。わが国においても，再婚禁止期間については，女の再婚を嫌う思想（貞婦両夫にまみえず）のなごりであるとの批判も強く，婚姻の自由において男女不平等であるし，親子鑑定技術の進歩などに鑑みれば，父子関係の確定のために再婚禁止期間を設ける必要はないという見解も有力であった。

　再婚禁止期間の憲法適合性を争う裁判も起こされたが，広島地判平3・1・28判時1375号30頁は，「女性のみが懐胎するということが厳然たる事実である以上，原告らが主張するように，医学の進歩等に伴い，妊娠の事実の確認や父子関係の確定に関する自然科学的な技術や知見が進歩していることを前提としても，このような男女の生理的な違いを理由として女性に対してのみ6箇月の再婚禁止期間を定めることには一見極めて明白に合理性がない，とまで判断することはできない」と判示し，広島高判平3・11・28判時1406号3頁，最判平7・12・5判時1563号81頁もこれを支持した。しかし，20年後，最大判平27・12・16民集69巻8号2427頁は，民法733条1項の規定のうち，100日を超えて再婚禁止期間を設ける部分は女性の婚姻の自由に対して合理性を欠いた過剰な制約を課すもので，憲法14条1項，24条2項に違反すると判示するに至った。これを受けて2016（平成28）年6月7日に再婚禁止期間を100日とする改正法が公布・施行された。

　さらに2022（令和4）年の改正で嫡出推定の規律が修正され，再婚後に出生した子は再婚の夫（出生の直近の婚姻における夫）の子と推定される旨が規定された（772条3項。＊は2022年改正法を指す）ことで嫡出推定の重複の可能性がなくなった（→80頁）。これにより懸案であった女性の再婚禁止期間は完全に廃止されることになった。

図表 1-3　再婚禁止期間と嫡出推定の変遷

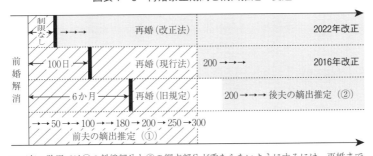

2016年の改正では①の斜線部分と②の網点部分が重ならないようにするには，再婚までに100日あればよいことになった。なお，タテの太線は再婚時を示す。2022年改正法では再婚禁止期間は廃止され，再婚後の夫（子の出生時の夫）の子と推定する。

広く存在していたが，今では個人の意思が尊重されるようになり，婚姻は，親族や親ではなく，当事者の合意によって成立すべきであるとの理解が一般的となった。憲法24条において，婚姻は，両性の合意のみに基づいて成立することがうたわれているが，民法ではとくに婚姻意思の合致を要件として挙げていない。しかし，当事者間に婚姻をする意思がないときは，婚姻は無効とされていること（742条）から，婚姻意思の合致が必要であることは当然の前提となっている。ここでいう**婚姻意思**とは，社会観念上，夫婦と認められる男女の共同生活関係を発生せしめようとする意思であり（実体的〔実質的〕意思説），他の目的を達成するための便宜的な婚姻の届出があっても無効である（→第**3**節）。

② 形式的要件

（1）**届出** 婚姻は，当事者双方および成年の証人2人以上から，口頭または署名した書面（2021年9月1日から押印は任意）で届出をし，戸籍事務管掌者が法令違反のないことを確認して（740条），これを受理することによって成立する（739条）。民法では「届け出ることによって，その効力を生ずる」となっているが，届出がなければ法律上の婚姻は存在しないので，これは「成立する」の意味であると解されている。もっとも，学説には，当事者間の事実上の合意によって婚姻は成立し，届出は，まさに効力発生のための要件にすぎないと解するものもある。また，届書の記載によって婚姻は成立する，という説もある。

届出は当事者の本籍地または現住所ですることが多いが，新婚旅行先など一時的滞在地（所在地）でも可能である（戸25条）。当事者が直接に届け出るべきであるが，現実には親などに届書が託されることが少なくない。郵送することもでき，発送後に当事者が死亡したときでも届書は受理され，死亡時に届出があったものとみなされる（戸47条）。

（2）**在外邦人の特例** 外国に在留する日本人は，本籍地に婚姻の届書を送付する方法のほか，外国に在る日本人間で婚姻するときの特例として，その国に駐在する日本の大使，公使または領事に届出をする方法もある（741条）。これは領事婚とよばれる。また，その外国の法律の定める方式に従って婚姻することもできる（通則法24条）。

第**3**節　婚姻の無効と取消し

1 婚姻の無効

人違いその他の事由によって当事者間に婚姻をする意思がないときは，婚姻は，無効である（742条1号）。

(1) 人違い　Bは秀才の誉れの高い兄Aの名を使ってCと交際していたところ，Cが無断でA・Cの婚姻届を出し，気づいたBが何も言わなかった場合，またはCの求めに応じてBがA・Cの婚姻届を出した場合，A・C間には婚姻の意思はないので，A・Cの婚姻は，無効である。他方，B・Cの婚姻は届出がないので成立していない。BがCに婚姻の届出をすることを承知させたうえでB・Cの婚姻届を出した場合，Cが相手をAと誤信していても，現に夫婦として生活をしているB・Cの婚姻を無効とすることはできない。属性の錯誤（社会的・経済的地位，健康状態，性的能力，生殖能力，処女性など）は，相手方に詐欺の意思があれば婚姻の取消しが問題となりうるが，**婚姻の無効**は問題とはならない。

(2) その他の事由　婚姻共同生活以外の目的を達するための方便として婚姻の届出をした場合（仮装婚）が問題となる。たとえば，内縁関係にあったA・Bが，生まれてくる子を婚外子としないために，出産後に離婚する約束で婚姻の届出をした場合，通説・判例（実体的意思説）によれば，A・B間には真に夫婦関係の設定を欲する効果意思がなかったので，婚姻は効力を生じない（最判昭44・10・31。→**WINDOW 1-3**）。最近は，国籍や在留資格取得の手段としての国際結婚が仮装結婚として問題となっている。婚姻意思については，これを婚姻の届出をする意思と解するもの（形式的意思説）もあり，これによれば，子を嫡出子とするための婚姻も有効とされる。さらに近時は，婚姻意思を民法上の婚姻の典型的効果に向けられた意思と解する説なども現れている。

(3) 婚姻意思の存在時期　婚姻意思は，婚姻の届出時に存在しなければならない。しかし，臨終の床で婚姻を望む者もあるし，届書作成後に意思能力を失うこともある。判例は，Aの委託した届書が受理されるまでにAが意思能力を失い，届書受理の1時間後に死亡したケースについて，婚姻届がAの意思に

26

◀◀

□ WINDOW 1-3

子を嫡出子にするための婚姻

　Ａ男とＢ女は事実上の夫婦同様の関係を続けてきたが，ＡがＣ女と婚姻することになり，Ａ・Ｂ間の子が婚外子となることを危惧したＢの要望に応じて婚姻届を提出した。しかし，ＡとＣの挙式後もＢは離婚届を出すことを拒否したので，Ａは，Ｂとの婚姻の無効確認を求める訴えを提起した。裁判所は，この婚姻の届出は子に嫡出子としての地位を得させるための便法としてなされたもので，Ａ・Ｂ間には，真に社会観念上夫婦と認められる関係の設定を欲する効果意思はなかったので，この婚姻はその効力を生じないとした（最判昭44・10・31民集23巻10号1894頁）。

基づいて作成され，Ａが作成当時婚姻意思を有していて，事実上の夫婦共同生活が存続していたとすれば，届書が受理されるまでの間にＡが昏睡状態に陥り意識を失ったとしても，届書受理前に死亡した場合と異なり，受理以前に翻意するなど婚姻の意思を失う特段の事情のない限り，届書の受理によって婚姻は有効に成立するものとしている（最判昭44・4・3民集23巻4号709頁）。

　(4)　**当事者が婚姻の届出をしないとき**　民法上は，この場合も婚姻は無効とされている（742条2号）。しかし，届出がないときは婚姻は不成立であり，この規定は，形式的に違反のある届出も受理されれば有効となる旨を定める同条ただし書のみに意味がある。したがって，当事者ではなく他人が婚姻の届出をしたときでも，同条2号ではなく1号により，当事者間に婚姻意思がないゆえに無効となるものと解されている。

2 婚姻無効の性質と追認

　(1)　**婚姻無効の法的性質**　婚姻が無効である場合は，当初から婚姻の効力は生じていなかったことになる。したがって，子は，嫡出でない子となる。また，婚姻の無効を確認する判決・審判を待つまでもなく，当然に無効であり，他の訴訟の前提問題としても，婚姻無効の主張をすることができる（大判明37・10・8民録10輯1319頁）。ただし，訴訟法学者には，無効の訴えに基づく判決・審判によって，はじめて婚姻は無効となるという見解が有力である。

　(2)　**無効な婚姻の追認**　婚姻の届出時には当事者の一方に婚姻の意思がなく，無効であったとしても，後に婚姻の意思が生じたときは，すでに存在する先の婚姻の届出をもって，有効に婚姻があったものとすることが許される（追認）。当事者間で明示的に婚姻の意思を確認しなくとも，夫婦としての実態が

☐ WINDOW 1-4　　　　　　　　　　　　　　　　　　　　　　　　≪

知らぬ間の婚姻

　Ａ女が知らない間にＢ男が2人の婚姻の届出をしたとする。両者の間に婚姻届を基礎づける共同生活関係がない場合は，婚姻は無効である。しかし，2人が内縁ないし事実婚関係にある場合はどうか？　たとえば，Ａ・Ｂは離婚したが，復縁して一緒に住んでいたとすると，自分の知らない間に婚姻届が出ていることに気づいたときにすみやかに婚姻無効の手続を取らない限り，Ａは無効な婚姻届を追認したことになり，婚姻は届出の当初にさかのぼって有効となる（最判昭47・7・25民集26巻6号1263頁）。追認により，婚姻届出の意思の不存在は補完されるわけである。

存在し，婚姻の届出の存在を知った後も，その効力を争うことなく生活関係を継続していたような場合，その婚姻は追認により届出時にさかのぼって有効となるものと解されている（最判昭47・7・25。→WINDOW 1-4）。それが当事者の意思に合致し，また，事実先行性を特徴とする身分関係の本質にも適合するし，追認の効力を認めることによって第三者の利益を害するおそれもないからである。もっとも，追認の理論的根拠については説が分かれている。

③ 婚姻の取消し

　(1)　不適齢婚　婚姻適齢に達しない者の婚姻は，不適齢者が適齢に達するまでは，取消しを請求することができる（745条）。不適齢者自身は，適齢に達した後に追認をしていない限り，なお3か月間，婚姻を取り消すことができる。

　(2)　重　婚　Ｂと婚姻中のＡがさらにＣと婚姻した場合，前婚（Ａ・Ｂ）については離婚原因，後婚（Ａ・Ｃ）については取消原因となる（744条）。しかし，Ａ・Ｂの婚姻がＢの死亡または離婚により解消した場合には，将来に向かって後婚の違法性は治癒（除去）されるので，Ａ・Ｃの婚姻は，もはや取り消すことができない（東京地判昭36・12・20下民集12巻12号3067頁）。また，Ａ・Ｃの離婚後も，Ａ・Ｃの**婚姻の取消し**は，原則として許されない（最判昭57・9・28民集36巻8号1642頁）。しかし，ＡまたはＣの死亡で後婚が解消している場合は，なお取消しが許される（最判昭53・3・9家月31巻3号79頁）。

　(3)　再婚禁止違反　再婚禁止期間内にした婚姻は取り消すことができる（改正前744条）が，前婚の解消もしくは取消しの日から起算して100日を経過し，または再婚者が再婚後に出産したときは，取消しを請求することができない（改正前746条）。2022年改正により再婚禁止期間の規定が削除されることに伴

い，再婚禁止違反の婚姻の取消しに関するこれらの規定も削除される。

(4) **近親婚** 近親婚は優生学的理由と倫理的理由によって禁止されている。いわば，公序良俗に反するものであるが，既存の婚姻生活に配慮して，無効ではなく，取り消すことができるものとされた。時間の経過により取消権が消滅することはなく，当事者の一方が死亡した後でも，取り消すことができる（744条1項ただし書参照）。

(5) **詐欺・強迫による婚姻** 詐欺または強迫によって婚姻をした者は，婚姻の取消しを家庭裁判所に請求することができる。詐欺を発見し，もしくは強迫を免れた後3か月を経過し，または追認をしたときは，取消権は消滅する（747条）。詐欺による婚姻の取消しは，善意の第三者にも対抗することができる。

4 婚姻取消しの効果

(1) **身分的効果** 取消しにより，婚姻は，将来に向かってのみその効力を失う（748条1項）。したがって，夫婦間の子は嫡出子の身分を失わない。

(2) **財産的効果** 婚姻の時において，取消原因があることを知らなかった者は，現に利益を受けている限度において，婚姻によって得た財産を返還し（748条2項），取消原因があることを知っていた者は，婚姻によって得た利益の全部を返還したうえ，相手方が善意であったときは，損害を賠償しなければならない（同条3項）。取消しの効力は，原則として遡及しないが，夫婦の一方の死亡後に婚姻が取り消された場合は，その死亡時に婚姻が取り消されたことになって，生存配偶者は，配偶者としての相続権を有しなかったものとされる（東京高判平3・4・16判時1392号85頁）。

(3) **離婚の規定の準用** 婚姻の取消しは遡及効をもたないので，実質的には離婚に類似している。したがって，子の監護者の決定（766条），婚姻の際に氏を改めた者の復氏（767条），財産分与請求権（768条），復氏の際の祭祀に関する権利の承継（769条）に関する離婚の規定が準用される（749条）。ただし，財産分与規定の準用については，(2)の財産返還の規定との関係が問題となる。姻族関係終了（728条1項），子の氏（790条1項ただし書）と子の親権者の決定（819条）に関する規定は，離婚の効果として規定されていないためか，準用が明示されていなかったが，2003（平成15）年の法改正で準用規定に加えられた。

第**4**節　婚約・結納・内縁

⬚1 婚約とは

　婚約は，将来婚姻しようという合意である。外国法には，婚約解消の効果についての規定を置くものがある一方，婚約は強制履行になじまないことから，婚約の効果を否定するものもある。

　わが国では，明治民法当初から婚約についての規定を置かず，判例も婚約の有効性を否定した（大判明35・3・8民録 8 輯 3 巻16頁）。しかし，内縁が婚姻予約として保護されるようになるとともに，内縁と区別された婚約の成否と不当破棄責任が問題とされるようになった。

⬚2 婚約の成立

　(1)　**未成年者の婚約**　　婚約は将来の婚姻の約束だから，婚姻適齢に達しない者でも，意思能力があれば，婚約することはできる。遺言能力（961条），氏の変更（791条），養子縁組（797条），離縁（811条）などと同じく，15歳が一応の目安となる。父母の同意の要否については説が分かれるが，不要と解してよいであろう。なお，親が決めた許婚（いいなずけ）関係は，婚約の効果を有するものではない。

　(2)　**配偶者がある者の婚約**　　現在の婚姻の解消の見込みがないかぎり，無効である。妻と離婚したら結婚しようとか，夫が死亡したら結婚しようという約束は，公序良俗にも反するであろう。ただし，その婚姻がまったく形骸化して，事実上の離婚状態であれば，そのような者による婚約も現に行われているし，法的にも効力を認められるであろう。

　(3)　**近親婚関係にある者**　　婚姻が不可能である以上，婚約は無効である。

　(4)　**形式的要件**　　婚約に際しては，婚約披露の場が持たれたり，婚約の印となる贈り物の交換などが行われることが多いが，婚約が成立するには，当事者の真摯な婚姻に向けた意思の合致があれば足りる（大判昭 6・2・20新聞3240号 4 頁―誠心誠意判決）。儀式等は婚約成立の証明に役立つが，なければならないものではない（大判大 8・6・11民録25輯1010頁―儀式不要判決，最判昭38・12・20民集17巻12号1708頁）。

③ 婚約の効力

　婚約者は，将来の婚姻の成立に向けて誠実に行動する義務を負う。婚約者の一方がこの義務に従わない場合も履行の強制はできないが，正当な理由もなく婚約を破棄した者は，他方が被った財産的損害（家具や婚約披露の費用，婚姻のために離職した場合の逸失利益など）および精神的損害（慰謝料）を賠償しなければならない。将来の円満な夫婦関係が期待できない事情が生じたときは，婚約解消の正当事由となる。これは離婚原因事由（不貞行為，行方不明など）と比べて，ゆるやかに認められるであろう。年廻りとか差別感情に基づく婚約破棄が不当であることはいうまでもない。不当破棄者は債務不履行責任を負うというのが通説であるが，不法行為責任とする説もある。債務不履行なら権利を行使することができることを知った時から5年，権利を行使することができる時から10年（166条1項），不法行為なら損害・加害者を知った時から3年の消滅時効（724条）にかかる。また，不法行為の場合は，婚約を破棄された側が相手方の故意・過失（不当破棄であること）を立証しなければならないなどの違いがある。

④ 結　　納

　婚約がまとまった印として，また，つつがなく婚姻が成立することを祈念して昆布などの縁起物，現金，貴金属など結納品の授受が行われるのが一般的な慣行である。**結納**の法的性質については争いがあるが，婚姻の不成立を解除条件とする贈与，または婚姻の成立を目的として授受される贈与であると解するものが多い。判例も，結納は婚約の成立を確証し，あわせて，婚姻が成立した場合に当事者間の情宜を厚くする目的で授受される一種の贈与であるとしている（最判昭39・9・4民集18巻7号1394頁）。そのため，婚約が解消されたときは，結納の返還が問題となる。通常は，慣習に基づき当事者間の協議で処理されようが，協議がまとまらない場合は，裁判所において不当利得返還の問題として処理される。すなわち，婚約が解消された場合は，結納は原則として返還されるべきものである（大判大6・2・28民録23輯292頁，前掲最判昭39・9・4）。ただし，贈与者側が婚約の解消につき有責である場合は，結納の返還請求をすることは信義に反し，権利濫用である等の理由によって認められない。婚姻の届出を済ませた場合，あるいは内縁関係が成立し，一応の安定した生活を営むようになった後は，結納の返還は問題にならない（前掲最判昭39・9・4）。

□ WINDOW 1-5　　　　　　　　　　　　　　　　　　　　　　　◀◀

内縁準婚判決

　内縁関係を破棄された内縁の妻から夫に対して不法行為を理由とする慰謝料と婚姻費用の分担を請求した。夫は，内縁の不当破棄は婚姻予約不履行法理によるのが判例で，婚姻予約に婚費分担規定（760条）を準用することは矛盾であると主張した。最高裁は，「内縁を不当に破棄された者は，相手方に対し婚姻予約の不履行を理由として損害賠償を求めることができるとともに，不法行為を理由として損害賠償を求めることもできる」ものとし，内縁が法律上の婚姻に準ずる関係と認められる以上，民法760条の規定は，内縁に準用されると判示した（最判昭33・4・11民集12巻5号789頁）。

⑤ 内縁とは

　明治民法は従来の慣行であった儀式婚ではなく，届出婚主義を採用したことから，婚姻の届出をしないまま夫婦として生活する男女が生じた。また，推定家督相続人であるために他家に入ることができないなど，婚姻障害事由があるために正式に婚姻できない場合もしばしば生じた。初期の判例は，届出のない男女の夫婦関係（内縁）をそれ自体としては保護の対象とはしなかったが，後に，**婚姻予約**の関係にあるものとして，不当破棄についての債務不履行責任を認める方向に転じ（大連判大4・1・26民録21輯49頁），さらに，**内縁**を婚姻に準ずる関係と解して，不当破棄者に対して不法行為を理由とする損害賠償を求めることもできるものとした（最判昭33・4・11─内縁準婚判決。→WINDOW 1-5）。近時は，夫婦別姓をするためなど目的を持ってあえて婚姻の届出をしない事実婚を選択するカップルもある。

⑥ 内縁の効果

　内縁を婚姻に準ずる関係とする通説によれば，婚姻の届出と直接に関連するものを除き，婚姻の効果は内縁にも妥当する。同居協力扶助義務や貞操義務，日常家事債務連帯責任，帰属不明財産の共有推定などがそうである。他方，夫婦同氏，姻族関係，夫婦財産契約の第三者対抗力，子の嫡出性などは内縁には認められない。

　内縁夫婦の一方に法律上の配偶者がある場合，法律上の重婚であれば後婚は取消しの対象となるが，内縁を取り消すことはできない。裁判所は，法律婚がすでに形骸化している重婚的内縁は，一定範囲で保護している。重婚的内縁を

継続した者が死亡した後，遺族年金等の受給権をめぐって法律上の配偶者と事実上の配偶者の争いになることがしばしばあるが，裁判所は，婚姻関係が形骸化し，かつ，その状態が固定化し，夫が他の女性と事実上の婚姻関係にあった等の事情が認められるときは，戸籍上の妻は，遺族補償の受給権者としての配偶者にあたらないとした（最判昭58・4・14民集37巻3号270頁）。

7 内縁の解消

(1) **意思による解消**　合意または一方の意思によって内縁が解消した場合は，離婚における財産分与の規定（768条）が類推適用される（通説・判例）。財産分与で問題となる財産関係の清算，生活保障ないし扶養料，慰謝料の各要素については，内縁においても婚姻と同様の考慮があてはまるからである。

(2) **死亡による解消**　相続権は，内縁の生存配偶者には認められない。相続における画一性と内縁の立証の困難さが理由とされる。財産分与の規定を準用して遺産に対する財産分与請求を認めることも，離婚法および相続法についての現行法の体系を崩すものとして，否定されている（最決平12・3・10民集54巻3号1040頁）。

一方，死亡した内縁の夫の所有家屋，または賃借家屋に内縁の妻が居住し続けることの利益（居住権）を保護するために，判例は，相続人の明渡請求に対しては権利濫用法理により（最判昭39・10・13民集18巻8号1578頁），賃貸人からの明渡請求に対しては相続人の賃借権を援用して（最判昭42・2・21民集21巻1号155頁），明渡しを拒絶することができるものとしている。また，内縁夫婦間の合意に基づき，一方の死亡後の他方配偶者の占有使用を死亡配偶者の相続人に対する関係で保護した例がある（最判平10・2・26民集52巻1号255頁）。死亡した者に相続人がいない場合は，内縁配偶者に居住用建物賃借権の承継が認められる（借地借家36条）。また，特別縁故者として，家庭裁判所に対して，家屋所有権を含めて遺産の全部または一部の分与を請求することができる（958条の3）。

第 2 章
婚姻の効果

●**本章で学ぶこと**

　婚姻により，法律上の特別な共同関係が生じる。夫婦は，同じ氏を称し，同居し，互いに協力し扶助する義務を負う。財産関係についても，別産制を標準（法定財産制）としつつ，共有財産制など特別の形態をとることも許されている（夫婦財産契約）。夫婦の一方（とくに妻）が第三者から日常生活に必要な物を購入したような場合は，取引の相手方を保護するために，その取引によって生じた債務については，配偶者（夫）も連帯して責任を負うことになる（日常家事債務の連帯責任）。また，婚姻中に生まれた子については，夫が父であると推定されている（→第5章第1節1）。正常な婚姻関係にあれば当然に性交渉が持たれるであろうし，妻は，夫以外の男性と性関係を持たないものと考えられるからである。したがって，婚姻は，父子関係決定のための制度でもある。

第1節　一般的効果

1——夫婦の氏

1 夫婦同氏

　夫婦は，婚姻の際に定めるところに従い，夫または妻の氏（一般には，姓あるいは名字といわれる）を称する（750条）。この**夫婦同氏の原則**は戸籍制度と関連しており，婚姻の際に氏を変更しなかった者を戸籍筆頭者として夫婦の戸籍が編製される仕組みである（戸6条・14条）。子は，実子であれ養子であれ，父母の称する氏を取得し（790条），原則として，同一の氏を称する父母の戸籍に入る（親子同氏・同氏同籍）。たとえば，夫も妻も「田中」であっても，いずれの「田中」を夫婦の氏とするか定めなければならない。夫婦の一方が後に養子となったときには，それが婚姻の際に氏を変更しなかった者であれば，夫婦ともに養親の氏を称することになるが，婚姻の際に氏を変更した者が単独で養子となっても，婚姻中は養親の氏ではなく配偶者の氏を称し続ける。その意味では，親子同氏の原則よりも夫婦同氏の原則が優先される。

　しかし，結婚による改姓に伴う不利益が意識されるようになるにつれて，職場では通称として婚姻前の氏を使い続けたり，ペーパー離婚をしたり（離婚届を出して事実婚となる），あえて事実婚にとどまるなど，夫婦別姓を実践する動きがみられるようになった。婚姻の際に改氏するのはほとんどが妻であることから（96％），男女差別であるし，個人の姓に対する自己決定の観点からも，夫婦別姓の制度化を求める声が高まった。夫婦同氏の強制は個人の尊厳と両性の本質的平等に反するのではないか，という見解に対して，裁判所は，夫婦同氏原則を合憲としている（最大判平27・12・16。→WINDOW 2-1）。最高裁は，社会での通称使用の広がりによって不利益が緩和されるというが，十分ではない。かつて，国立大学教員が研究教育活動で旧姓を使用する自由を争った事件において，裁判所は，公務員の同一性を把握する方法として戸籍名を用いることは合理的であり，通称名ないし旧姓を使用する権利が憲法によって保障されているとはいえないとした（東京地判平5・11・19判時1486号21頁。1998年3月に和解が成

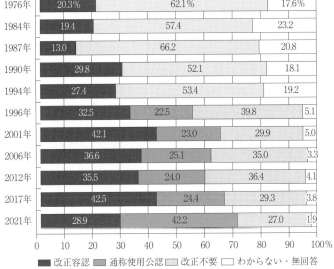

図表 2 - 1　選択的夫婦別氏制度に関する世論調査結果

総数比較

年	改正容認	通称使用公認	改正不要	わからない・無回答
1976年	20.3%		62.1%	17.6%
1984年	19.4		57.4	23.2
1987年	13.0		66.2	20.8
1990年	29.8		52.1	18.1
1994年	27.4		53.4	19.2
1996年	32.5	22.5	39.8	5.1
2001年	42.1	23.0	29.9	5.0
2006年	36.6	25.1	35.0	3.3
2012年	35.5	24.0	36.4	4.1
2017年	42.5	24.4	29.3	3.8
2021年	28.9	42.2	27.0	1.9

■ 改正容認　■ 通称使用公認　□ 改正不要　□ わからない・無回答

図表 2 - 2　別姓夫婦の子の氏

（該当者数）

調査	子ども同士の名字(姓)が異なってもかまわない	どちらともいえない	わからない・無回答	子ども同士の名字(姓)は同じにするべきである
1994年 9 月調査（2,118人）	14.2	11.1	5.8	68.9
1996年 6 月調査（2,157人）	9.5	16.0	2.0	72.5
2006年 5 月調査（3,468人）	12.2	17.4	2.9	67.5
2006年12月調査（2,766人）	12.8	16.9	1.9	68.4
2012年12月調査（3,041人）	11.9	20.3	1.6	66.2
2017年12月調査（2,952人）	14.9	25.2	1.7	58.3
2021年12月調査（2,884人）	13.8	21.2	1.5	63.5

■ 子ども同士の名字(姓)が異なってもかまわない　■ どちらともいえない
□ わからない・無回答　□ 子ども同士の名字(姓)は同じにするべきである

（注）2021 年調査より，「わからない」の項目が「無回答」となった。
（出典）図表 2 - 1, 2 - 2 ともに内閣府ウェブサイト。

立し，研究教育活動での旧姓使用が認められた）。大法廷判決後も，高校教師の旧姓使用につき裁判所の消極的な判断が示されている（東京地判平28・10・11判時2329号60頁。2017年 3 月に東京高裁で和解）。西欧でも，かつては，夫婦一体の観

□ WINDOW 2-1　　　　　　　　　　　　　　　　　　　　　　　◀◀

選択的夫婦別姓への動き

　岐阜家審平元・6・23家月41巻9号116頁は，婚姻後に称する氏の欄を空欄にした婚姻届が受理されなかった夫婦からの訴えに対して，「親族共同生活の中心となる夫婦が，同じ氏を称することは，主観的には夫婦の一体感を高めるのに役立ち，客観的には利害関係を有する第三者に対し夫婦であることを示すのを容易にするものといえる。したがって，国民感情または国民感情及び社会的慣習を根拠として制定されたといわれる民法750条は，現在においてもなお合理性を有するものであって，何ら憲法13条，24条1項に違反するものではない」とした。一方，法制審議会では，世論の意見動向や諸外国の立法例を参考にして検討が進められ，1996年民法改正要綱は，選択的夫婦別姓を提案した。①夫婦は，婚姻の際に同氏とするか，別氏とするかを選択する，②子の氏については婚姻届出時に定め，原則として兄弟姉妹は同一の氏とする（ただし，特別な事情があれば，子は，氏を他方の親の氏に変更することができる），というものである。しかし，この夫婦別姓案は政府・与党の支持を得ることができず，立法化への動きは停滞している。最大判平27・12・16民集69巻8号2586頁も，民法750条は憲法に違反しないとした。もっとも，選択的夫婦別氏制も合理性がないというのではなく，氏制度のあり方は国会で議論し判断されるべき事柄だとしている。その後も同旨の裁判が続いている。

念から妻は夫の姓（ファミリーネーム）を使うのが通例であった。しかし，最近では婚姻後も生来の姓を保持することが認められ，あるいは夫の姓と自分の姓を連結した姓を使ったりしている。わが国でも，選択的夫婦別姓の実現が待たれるところである。

② 離婚復氏

　婚姻の際に氏を改めた者は，離婚によって復氏する（767条）。その結果，婚氏で勤務していた場合や子と氏が異なることが問題となっていたことから，1976（昭和51）年に婚氏続称制度が設けられ（同条2項），離婚から3か月以内に届出をすれば離婚の際に称していた氏を使えることになった（2018〔平成30〕年度の届出件数は91,625）。ただし，届出期間を徒過した後の婚氏への変更や婚氏続称後の婚姻前の氏への変更を希望する場合は，家庭裁判所の許可が必要であるが（戸107条），氏の変更のためのやむを得ない事由を，ゆるやかに認めるものが多い（広島高決昭62・1・19判時1259号67頁，大阪高決平3・9・4判時1409号75頁ほか）。

2──同居・協力・扶助の義務

　夫婦は同居し，互いに協力し扶助しなければならない（752条）。婚姻におけ
る本質的義務であって，夫婦の合意によって排除することはできない。

1 同居義務

　夫婦としての生活を共同にすることであるから，同一家屋内で食事も寝室も
別々に生活するのは（家庭内別居），同居とはいえない。ただし，同居が困難な
事情があれば，同居の請求が権利の濫用となることもある。同居義務違反とな
らない場合としては，①夫婦の一方の病気等による入院，②職業上の理由等に
より合意で一時的に別居する場合，③一方が他方に対して同居にたえない虐待
をした場合，などが考えられる。

　同居の場所等は夫婦の協議で定めるべきであるが（明治民法では妻に夫と同居
する義務を課した），協議が成立しないときは，家庭裁判所に同居の調停・審判
を求めることができる（家事39条・244条・別表第二1項）。家庭裁判所が同居を命
じる審判については，裁判の対審および判決は公開法廷で行う旨を定める憲法
82条との関係が問題となるが，最高裁判所は合憲としている（最大決昭40・6・30
民集19巻4号1089頁）。同居審判があっても，同居義務の履行は直接強制・間接
強制になじまない（大決昭5・9・30民集9巻926頁）。だれと同居するかは，最終的
には個人の意思に委ねられるべきものである。もっとも，正当な理由もなく同
居に応じないときは，扶養義務に影響するし，悪意の遺棄あるいは婚姻を継続
しがたい重大な事由として離婚原因となりうる（770条）。家庭裁判所は，夫婦
の一時的別居を定める調停・審判をすることもできる。

2 協力義務

　夫婦は，協力して婚姻共同生活を遂行しなければならない。共稼ぎをする
か，一方が主に働く（主婦婚）か，家事の分担や子どもの教育をどうするかな
ど，生活上必要となるものごとの決定に際しては，夫婦の協力を旨として，双
方の自由な協議で定めるべきである。1947（昭和22）年法改正で明文化された協
力義務は，明治民法時の夫唱婦随ではなく，相互の平等な共同関係によって婚
姻が営まれるべきことを明らかにしている。

　婚姻生活においてのみ性交渉が行われ子を持つことが許されるという伝統的

□ WINDOW 2-2 ◀◀

単身赴任と同居協力義務

　近時，夫婦の同居協力義務は夫婦相互に同居協力の権利を保障するもので，第三者はこれを侵害してはならないから，正当な理由もなく単身赴任を伴う配転を命じることは違法であり，転勤を拒否したり，損害賠償を求めることもできる，とする見解が主張されている。しかし，裁判では，同居義務を理由としての配転命令拒否には，正当な理由がないものとされている。

な考え方からすれば，夫婦間には当然に性交渉があり，夫婦の一方は，他方に対して性交渉を求める権利を有し，他方はそれに応じる義務を負う。しかし，異常な態様での性交渉により他方に著しい苦痛を与えることは許されず，離婚原因となる。最近では，夫婦といえども性の自己決定権を侵害することはできないとする考え方が有力となりつつある。夫婦間には強姦罪（強制性交等罪に名称変更）は適用されないと考えられていたが，最近では適用を肯定する立法例や裁判例が現れている（広島高松江支判昭62・6・18判時1234号154頁）。

　夫婦の一方が子どもを希望する場合，他方が身体・健康等の理由からではなく，これに応じないときは協力義務の点で問題となる。他方に隠して不妊手術を受けたり，避妊具を使用することも同様である。もっとも，夫婦の一方に不妊の原因がある場合でも，人工授精や体外受精などによる出産を試みるまでの義務を負うものではない。

③ 扶助義務

　夫婦が婚姻生活をするには，金銭的な収入を得て，生活の場である住居を確保し，衣料・食料など日常の生活に必要な物資を整えることが必要となる。夫婦は，こうした衣食住の需要を互いの資産，収入および労働力の提供によってまかない，一体としての生活を保持する義務がある（婚姻費用分担義務との関係について，→44頁）。一方が病気等のときは，他方は，これを扶ける義務を負う。

3──貞操義務

　民法に明文は存在しないが，不貞行為が離婚原因とされていること（770条1項1号）などから，夫婦は，互いに配偶者以外の者と性的関係を持つべきではないと考えられている（**貞操義務**）。明治民法では，妻の姦通は離婚原因となり

（旧813条 3 号），姦通罪として処罰された（2 年以下の懲役。刑旧183条）が，夫の場合は姦淫罪により刑に処せられたときに離婚原因とされるにとどまった（旧813条 2 号）。しかし，裁判所は，夫もまた妻に対して貞操を守る義務を負うものとした（大決大15・7・20刑集 5 巻318頁）。

　夫婦の一方の配偶者と性的関係を持った第三者は，夫婦の一方の貞操義務違反に加担したことになり，故意または過失がある限り，誘惑するなどして肉体関係を持つにいたらせたかどうか，両名の関係が自然の愛情によって生じたかどうかにかかわらず，他方の配偶者の夫または妻としての権利を侵害したものであるから，その精神上の苦痛を慰謝すべき義務があるとされる（最判昭54・3・30民集33巻 2 号303頁）。しかし，近時は，第三者に強度の違法性がある場合に限って責任を認めるという見解，性に関する自己決定を尊重する立場から，第三者は他方の配偶者に対しては責任を負わないとする見解も見られる。最高裁は，夫婦の一方と第三者が肉体関係を持った場合において，婚姻関係がすでに破綻していたときには，特段の事情のない限り，第三者は，不法行為責任を負わない，と判示している（最判平 8・3・26民集50巻 4 号993頁）。また，夫婦の一方は，他方と不貞行為に及んだ第三者に対して，特段の事情がない限り，離婚に伴う慰謝料を請求することはできないものと解されている（最判平31・2・19民集73巻 2 号187頁）。

4 ── 契約取消権

1 意　　義

　夫婦間の契約は，契約の種類を問わず，婚姻中はいつでも取り消すことができる（754条）。夫婦間では日常的に贈り物の約束などが行われるが，約束に固執することは夫婦の関係を悪化させる。また，夫婦間の契約は夫の威圧の下でなされたり，真意でない約束がされたりすることも少なくない。そこで，夫婦間の契約は当事者間の自発性に委ね，強制履行という一般の法的関係を持ち込むべきでないと考えられたものである。しかし，**契約取消権**の濫用が問題となり，判例が取消権の行使を厳しく制限したので，いまや契約取消権は実質的な意義を失っている。法制審議会仮決定（1959年）においても，1996年民法改正要綱においても，夫婦間の契約取消権の規定は削除すべきものとされている。

② 契約取消しの要件

法文上では「いつでも」となっているが，判例によれば，婚姻が実質的に破綻しているときには，取消権を行使することはできない（最判昭42・2・2民集21巻1号88頁）。本条の目的である夫婦関係の円満な維持を達成することができなくなっているからである。書面によらない贈与契約（550条により撤回しうる）に限らず，書面贈与も履行済贈与も取り消すことができる。とくに問題となるのは，夫婦関係が円満を欠き，関係を修復するための手段として，夫婦の一方が他方に対して便宜を図る約束をした場合や，離婚を前提とする財産分与の契約などであり，判例は，破綻に瀕している場合の契約は取り消すことができないとしている（最判昭33・3・6民集12巻3号414頁）。

③ 契約取消しの効果

契約を取り消すと，すでに履行済のものについても遡及的に無効となる。ただし，契約が取り消されるまでの間に，契約の目的である財産を夫婦の一方との取引により取得した第三者の権利を害することはできない（754条ただし書）。

 第2節　財産的効果

1 ── 夫婦財産契約と夫婦財産別産制

① 夫婦財産契約

(1)　意　義　　夫婦は，婚姻前に，夫婦の財産関係について契約をすることができる（755条）。これを**夫婦財産契約**（契約財産制）という。同様の制度は諸外国にもあり，数種の契約モデルを定めて当事者の選択を容易にし，婚姻後の内容変更も認めるなど利用しやすい制度になっている（婚姻中の財産関係だけではなく，離婚するときの財産分配や子についての取決めもされる）。他方，わが民法では契約のモデルが示されていないので，自由に取り決めることができるにしても実際上は決めにくいこと，契約は婚姻前に限られ，婚姻後の変更は原則としてできないこと（758条），第三者に契約の効力を対抗するには登記を要すること（756条）などの制約がある。また，わが国では，これから結婚する者の間

での契約という考え方になじみがなく，夫婦財産契約はほとんど利用されていない。そのため，夫婦財産契約の必要性は乏しいという意見が有力となり，法制審議会民法部会小委員会も一度は削除する旨仮決定したが (1955年)，後に内容を改善して存続させる方向に転じた (1975年)。契約財産制の例示，婚姻後の締結・変更を認めるなど，利用しやすい制度に改めることが望まれる。

(2) **効　力**　　夫婦間では，書面によらなくても登記がなくても有効であるが，夫婦財産契約簿に登記すれば，夫婦の承継人および第三者に対しても有効となる。たとえば，「夫および妻が婚姻届出の日以後に得る財産は，夫および妻の共有持分を 2 分の 1 宛とする共有財産とする」という契約をすれば，夫または妻が得た財産は夫婦の共有財産となる。ただし，これは所得税法上の所得者名義を左右するものではない。上記契約は夫または妻が取得した財産の夫婦間における帰属形態をあらかじめ包括的に取り決めたものにすぎないから，納税者たる夫が得た給与等の収入金額はいずれも納税者の所得に係る収入金額である (東京地判昭63・5・16判時1281号87頁)。

2 法定財産制

(1) **夫婦財産の帰属と管理**　　夫婦財産制は，婚姻後の財産の帰属主体と管理主体が誰かに応じて分類することができる。①吸収制では，一般的には妻の財産が夫の財産に吸収される。②共有制 (共通制・合有制) は，婚姻前あるいは婚姻後に取得した財産のうち，何がどの範囲で共有になるかによって細分化される (動産のみ共有，収入のみ共有など)。共有財産の管理権は夫にある場合が多いが，共通管理の制度もある。③夫婦別産制では，原則として夫婦は各自の財産を保持し，自己の名で得た財産はそれぞれの固有財産となる。ただし，この場合も管理権限が夫婦の一方に委ねられることがある (旧801条)。④複合財産制は，複数の財産制の併用あるいは両者の要素を交えた複合的制度である (ドイツの付加利得共通制など)。諸外国では，夫婦財産制に関して多くの規定を置き，多様な夫婦関係に対応できるように工夫を重ねている。

(2) **夫婦別産制**　　(a)　夫婦財産契約で異なる定めをしない場合は，婚姻前から有する財産および婚姻中に自己の名で得た財産は，各自の特有財産となる (755条・762条)。夫婦それぞれの経済的独立を認めるもので，歴史的には妻の財産を夫から解放する意味がある。しかし，現実には勤労収入の少ない妻に不利

な結果をもたらすもので、妻の家事労働に対する評価として不当であるという批判がある。夫の所得は妻の協力によって得られた夫婦の所得であるという事実を別産制は無視するもので、個人の尊厳と両性の本質的平等（憲24条）に反するという訴えに対して、最高裁判所は、「配偶者の一方の財産取得に対しては他方が常に協力、寄与するものであるとしても、民法には、別に財産分与請求権、相続権ないし扶養請求権等の権利が規定されており、右夫婦相互の協力、寄与に対しては、これらの権利を行使することにより、結局において夫婦間に実質上の不平等が生じないよう立法上の配慮がなされている」として、762条1項の規定は違憲ではないとしている（最大判昭36・9・6民集15巻8号2047頁）。

他方、別産制は、夫婦間および第三者との関係において財産関係が簡明であり、妻の経済的な自立能力が高まっていく趨勢に適合しているとも考えられる。1996年民法改正要綱では、夫婦財産制自体には手をつけず、財産分与の際に、夫婦の財産の取得・維持についての各配偶者の寄与の程度は原則として等しいものと定めて、婚姻中は別産制の原則を維持しつつ、婚姻解消時の実質的な平等を実現しようとしている（→第4章第2節）。

(b) 現行法の解釈としても、762条2項の帰属不分明財産の共有推定に重きを置き、実質的な所得共同制を実現しようとする考え方が有力である。これによれば、夫婦の財産は次の3種類に分けられる。

第1種財産は各自の特有財産で、婚姻の際に持参したもの、婚姻中に相続・贈与等によって取得したもの、夫婦の一方が利用するものとして購入した専用品などである。第2種財産は、名実ともに夫婦の共有財産である。たとえば、夫婦の共同生活に必要な家財・家具は、夫婦の一方の収入または資産で購入されたとしても、夫婦の共有に属する。また、資金を出しあって共同名義で購入した土地・家屋を共有名義で登記しているような場合である。第3種財産は実質的共有財産で、名義人は夫婦の一方であるが、実質的には夫婦の共有財産とみられるものである。たとえば、婚姻後に購入した土地・家屋が夫名義になっているが、妻も資金を提供し、夫婦双方の収入で住宅ローンを返済しているような場合、あるいは婚姻中にした一方名義の預貯金などである。この第3種財産に入る財産を増やすことによって（資金提供がなくても家事労働で十分とすれば、さらに拡大する）、夫婦間では実質的な共有財産制に近づくことになる。もっと

□ WINDOW 2-3

家事の値段

　損害賠償における逸失利益の算定に際しては，家事労働に専念する妻は，女性雇用労働者の平均的賃金が基準となる（最判昭49・7・19民集28巻5号872頁）。この場合，実社会の賃金格差（2018年の数値でも女性は男性の73.3％）を反映してしまうという問題があるが，これを是正するために，女性労働者の平均給与額にさらに家事労働分を加算することはできないとされている（最判昭62・1・19民集41巻1号1頁）。ところで，国連の女子差別撤廃委員会は，女性の家庭内の無報酬活動の測定と計量化およびGNPにおけるその承認のための措置をとることを勧告している（1991年）が，内閣府が公表した「2006年の無償労働の貨幣評価」によれば，専業主婦の無償労働（家事，介護・看護，育児，買物，社会的活動）評価額は平均約300万円，最高額は35〜39歳の約430万円であった。有業の妻の評価額も平均約213万円に達する（有業の夫の無償労働は平均47万円弱にすぎない）。2016（平成28）年，夫を雇用主，妻を家事労働の従業員とする"契約結婚"がドラマで話題となったが，月給20万程度の設定であった（厚労省調査によると2016年のフルタイムの女性の平均賃金は月額24万4600円）。上記の無償労働評価額は性別・年代別の時間当たり平均賃金を使って評価しているので，それ自体男女の賃金格差を反映し，女性の評価額が低めに見積られている。逸失利益の算定に関する最高裁判例も，見なおしの時期に来ているのではなかろうか。

　も，対外的には実質的共有を主張することはできないため（経済取引の形式的画一性の尊重），名義人である配偶者の一方の債権者からの差押えなど第三者に対抗することができず，他方配偶者の保護を貫徹することは困難である。

　(c)　判例によれば，不動産については登記簿上の名義いかんにかかわらず，その取得のための資金を提供した者の「婚姻中自己の名で得た財産」（特有財産）となる。たとえば，父母の代から母名義で旅館を営業し，母の死亡後は夫Aが相続したが，妻B名義で営業を継続していた夫婦があった。旅館の営業収益でもって旅館の敷地を買い受けた際に，夫婦の協議によって買受人の名義を妻にしたが，婚姻から10年後に妻の不貞行為が原因で離婚したため，AからBに手切金50万円を支払うとともに，土地の所有権移転登記を請求したケースで，最高裁判所は，夫婦間の合意で，夫の買い入れた土地の登記簿上の所有名義人を妻としただけでは，その土地を妻の特有財産と解することはできないと判示した（最判昭34・7・14民集13巻7号1023頁）。このケースでは，旅館は実質的にAとBの共同経営であり，収益も共有とみることができるが，50万円の支払いで実質的共有収益の清算は終わっているとも考えられる。

2 ── 婚姻費用の分担

⑴ 婚姻費用分担義務

　夫婦は，それぞれの資産，収入その他一切の事情を考慮して，婚姻から生ずる費用を分担する（760条）。婚姻から生ずる費用とは，共同生活に必要な一切の費用をいい，住居（購入・賃借），衣料・食料等の購入，出産費用，養育・教育費，医療費，相当な範囲の趣味・娯楽費等がこれに含まれるが，具体的な範囲は各夫婦の資産・収入，社会的地位などによって異なる。一般には，夫婦と未成熟子の生活が考えられているが，親の資力・社会的地位に照らして当然と認められる場合には，成年に達した子の高等教育のための学費も婚姻費用に含まれる。夫婦の一方の連れ子や父母を扶養家族として同居させ，生計を一にしているときは，これらの者の生活費も婚姻費用に含まれうる。夫はもっぱら家庭外での労働収入で金銭的負担をし，妻は家庭内での家事労働を行うというのも，婚姻費用分担の1方法である。

⑵ 別居中の婚姻費用分担

　婚姻費用の分担について夫婦間に合意が成立しないときは，家庭裁判所に審判（調停）を求めることができる（家事別表第二2項）。婚費分担義務は，夫婦の本質的義務である扶助義務（752条）を費用面で具体化する規定と考えられているので，夫婦が別居し，婚姻が事実上破綻していても，婚費分担義務は消滅しない（婚費分担審判の申立て後に離婚したとしても，婚費分担請求権は消滅しない。最決令2・1・23民集74巻1号1頁）。ただし，裁判所が婚費分担の程度を決定するにあたっては，別居ないし婚姻破綻の原因ないし責任を考慮するのが一般的である。責任がもっぱら夫婦の一方のみにある場合には，分担請求が否定されることもある。別居につき責任のない妻から夫に対して請求する場合，両者に同程度の生活を保障すべきであるから（生活保持義務。→119頁），夫婦（および子）が同居しているものと仮定し，双方の基礎収入の合計額を双方の生活指数で按分し，収入の多い方から他方に支払うべき額を算出する。現在の家裁実務では，2003（平成15）年に公表された婚姻費用算定表を改定したものとして2019（令和元）年末に公表された改定標準算定方式・算定表を基準として分担額が定められている。

3 —— 日常家事債務の連帯責任

[1] 夫婦の連帯責任

　日常の家事に関する法律行為については，第三者に対して個別に免責の予告をした場合を除き，夫婦は，互いに連帯して責任を負う (761条)。明治民法では，日常家事については妻を夫の代理人とみなしていた (旧804条1項) が，これを両性の平等の観点から改めたものである。夫婦の一方 (妻) が日常の家事を遂行するうえで必要な物を購入したり，財産を処分したり，借財をする場合に，夫婦の他方 (夫) の了解を得ていなくても，それによって生ずる債務については他方も責任を負うことになれば，取引の相手方の信用も得やすいので，婚姻生活の円滑な運営に役立つとともに，相手方である第三者の保護にもなる。連帯して責任を負うというのは夫婦が連帯債務者となることであり，夫婦は，同一内容の債務を併存的に負担する。

　連帯責任の成否がとくに問題となるのは，婚姻が破綻した後や離婚後に，契約当事者でない夫婦の他方に対して，責任を追及する場合である。他方，取引をした当時，すでに夫婦の共同生活関係の実体がなく，婚姻関係が破綻に瀕していた場合には，もはや夫婦共同の日常家事とはいえないので，連帯責任は生じない。

[2] 日常家事の範囲

　夫婦および子の生活に必要な衣料，食料等の日用品の購入，家屋賃貸借契約，医療費，生活上やむを得ない借財などが，日常家事の範囲に含まれる。判例によれば，日常の家事範囲は個々の夫婦の社会的地位，職業，資産，収入等によって異なり，地域社会の慣習によっても異なる。さらに，特定の具体的な法律行為が夫婦の日常の家事に関する法律行為の範囲内に属するか否かを決するにあたっては，夫婦の一方と取引関係に立つ第三者の保護の観点から，夫婦の共同生活の内部的な事情やその行為の個別的な目的のみを重視して判断すべきではなく，客観的に，その行為の種類，性質等をも十分に考慮して判断すべきものとされている (最判昭44・12・18。→ WINDOW 2-4)。裁判例では，2か月間5万円限度の「お買物小切手帳」契約 (1972年)，電子レンジの購入 (1976年)，子どもの教育のため夫 (月収30万円) 名義で購入した学習教材の立替払契約 (立

□ WINDOW 2-4　　◀◀

日常家事代理権と表見代理

　日常家事債務の連帯責任は夫婦別産制の例外であるから，安易に範囲を広げると夫婦の財産的独立を侵す。夫の経営する会社が倒産した際に，妻所有の不動産を勝手に債務の決済にあてたので，離婚後に妻から登記の抹消を求めた事案において，最高裁は，日常家事代理権を基礎として，広く一般的に民法110条の表見代理の成立を肯定することは，夫婦の財産的独立をそこなうおそれがあって相当でないから，夫婦の一方が他の一方に対しその他の何らかの代理権を授与していない以上，当該越権行為の相手方である第三者において，その行為が当該夫婦の日常の家事に関する法律行為の範囲内に属すると信ずるにつき正当の理由のあるときに限り，民法110条の趣旨を類推適用して，その第三者の保護をはかれば足りる，と判示している（最判昭44・12・18民集23巻12号2476頁）。問題となることが多いのは借金であるが，夫の旅行費用の名目での10万円の借金につき正当理由がないとした例（1978年）がある一方，妻が医療費・生計費の名目で150万円を夫名義で借り入れた行為につき，110条の類推適用を認めた例（1980年）もある。

替代金約20万円20回払い，1983年），状況に応じて相当な範囲内で夫名義による約束手形を振り出す権限などが認められている。他方，1月の限度額15万円，24回月賦払いの「スペシャル・カード」契約（1972年），不動産の売却，多額の借財（娘の結婚費用として250万円借用した例）などは日常家事性を否定されている。近時の事例では，NHK放送受信契約の締結が日常家事の範囲に含まれるかどうかが問題とされたが，日常家事性が認められている（札幌高判平22・11・5判時2101号61頁〔最決平23・5・31判例集未登載は上告棄却・上告不受理とした〕）。

③ 日常家事代理権

　現行法では夫婦の一方を他方の代理人と明示してはいないが，日常家事債務の連帯責任が生じる前提として，通説・判例によれば，夫婦は相互に日常家事に関する法律行為につき他方を代理する権限を有する。そのため，たとえば，夫が長期間留守をしている間に，妻が生計費や医療費の名目で夫名義の多額の借財をしたり，夫が妻の固有財産を勝手に処分するなど，日常家事代理権の範囲を超えて第三者と法律行為をした場合，相手方保護のために，しばしば表見代理の成否が問題となる（→WINDOW 2-4）。

第 3 章
離婚の成立

●本章で学ぶこと

　わが国には4種類（和解離婚，認諾離婚を裁判離婚から独立させると6種類）の離婚の方式がある。夫婦の合意があれば離婚することができる協議離婚は世界的にも特異な制度であり，年間約19万組の離婚の9割弱を占める。時間も費用もかからず，当事者自治を尊重する意味ですぐれている反面，一方から勝手に離婚届が出されたり，配偶者（妻）の生活や子の養育費についての取決めがないままに離婚が成立するという欠点もある。夫婦間で協議が成立しない場合は，家庭裁判所の調停による離婚（全体の1割弱），審判による離婚があり，それもだめな場合は，家庭裁判所での裁判に訴えることになる。裁判離婚法は，有責主義から破綻主義へと変遷し，夫婦のいずれにも明確な有責行為がない場合でも離婚が認められるようになっている。さらには，婚姻破綻について有責な当事者からの離婚請求であっても，現在では一定の要件を満たせば認められる。1996年民法改正要綱では，5年間の破綻別居を離婚原因とするなど破綻主義化を明確にしている。

第1節 離婚制度の変遷

① 離婚法の歴史

　婚姻は，夫婦の一方の死亡または離婚によって解消する。西洋では，古代ローマ法やゲルマン慣習法では離婚は比較的自由であったが，中世に至りキリスト教の影響で婚姻非解消主義がとられるようになった。「神の合わせたまえしもの，人これをはなすべからず」というものである。しかし現実は，そううまくはいかない。教会法も，近親関係であるとか強迫を理由として婚姻無効の宣告をしたり，肉体的結合がないので婚姻は完成していない（未完成婚）という形で，事実上の離婚を容認せざるをえなかった。別居制度（卓床離婚ともよばれるが再婚はできない）も利用されたが，婚姻外の性関係を誘発する結果となった。宗教改革はこうした状況を一変させ，プロテスタントでは制限的有責主義が採用された。さらに，自然法思想の台頭によって婚姻は民事契約であると理解されるようになり，婚姻事件は教会から世俗の裁判所に移され，より自由な離婚制度が求められるようになった（婚姻法の還俗化）。フランスでは，革命憲法の下で離婚が自由化されたが，王政復古により1816年から84年までは離婚禁止，その後限定的有責主義と変遷し，1975年の離婚法改革で破綻主義に転じた。1970年にはローマ法王のおひざ元バチカンをかかえるイタリアでも離婚制度ができ，カトリック教徒が9割を占めるアルゼンチンでも1987年に離婚法が成立している。また，アイルランドでも1996年に離婚が認められている。

② 日本の離婚法

　日本では共白髪（夫婦ともにしらがになるまで長生きすること）が理想とされる一方で，「合わせものは，はなれもの」といわれるように，夫婦がわかれることも当然あることと考えられてきた。古代律令下では夫専権離婚（棄妻）が認められ，妻に子（男子）ができない，姦通，舅・姑につかえない，多弁，悪疾など7つの原因（七出）と糟糠の妻を離婚しないなど3つの離婚阻却事由（三不去）が定められていた。江戸時代には**離縁状**の授受をもって離婚とするのが慣習法となり，明治初年まで続いた。他方，離婚権のない妻にとっての最後のよりどころは縁切寺であった（→WINDOW 3-1）。

☐ **WINDOW 3-1**　◀◀

縁切寺と離縁状

　江戸時代，夫は，妻に離縁状を渡すことによって一方的に離婚することができた。離縁状は再婚許可状でもあったから，妻の方から夫に対して離縁状を要求することもあったようである。離縁状は三行半に書くのが通例であったから，俗に「三くだり半」とも呼ばれる。自書ができない夫は，三本半の縦線を引いて爪印を押せばよいとされていた。一方，正式に離婚を要求することができない妻は，最後の手段として尼寺に駆け込んだ。川柳に「縁談は出雲　破談は松ケ岡」とうたわれたように，鎌倉松ケ岡東慶寺と上州徳川満徳寺が縁切寺（駆込寺）として知られているが，足掛け3年の間，寺法に従って勤めれば，寺がその権威をもって夫側と交渉し，離縁状を出させる仕組みであった。

　妻（実家の父兄弟親戚付添）に離婚請求権が認められたのは，1873（明治6）年になってである。明治民法は協議離婚と裁判離婚を認めたが，なお夫婦不平等なものであり（→第2節3），有責主義・制限主義的なものであった。戦後の改正家族法は，離婚法における夫婦の平等をようやく実現し，婚姻を継続しがたい重大な事由という抽象的離婚原因を置き，判例は離婚法の破綻主義化・自由化を進めてきた。現在，いっそうの破綻主義化をめざす改正が検討されているが，他方で，一方的な協議離婚の防止や離婚後の生活への配慮などについても，みなおしが求められている。

　戦後1.02から始まり減少傾向にあった普通離婚率（人口千人当たり）は，1960年代に入って高度経済成長とともに上昇を続け，1983年の1.51をピークにやや減少したが，1989年から再度上昇し，2002年に2.30で再びピークとなり，その後減少して2021年は1.50（推計）である（→図表3-1）。協議離婚の実態調査は部分的なものしかないが，調停（審判）離婚については司法統計年報でその状況を知ることができる。申立理由では「性格の不一致」「精神的虐待」が多く，これに加えて妻は「生活費を渡さない」，夫は「親族との折り合い」を挙げる。妻の申立てでは「精神的虐待」と「暴力」を合わせると「性格の不一致」を上回り，ドメスティック・バイオレンス（DV）が離婚の大きな原因となっている状況がうかがわれる（→図表3-2）。社会の高齢化に伴い，同居期間が20年以上の夫婦の離婚（熟年離婚）が増加している（2021年は38,968組で全離婚184,386組の21.1％を占める）。

図表 3-1　離婚件数および離婚率の年次推移

万組

（出典）厚生労働省「令和 3 年人口動態統計の概況」に加筆。

図表 3-2　離婚ほか婚姻関係事件申立ての動機（2021年）

申立人	夫の申立て		妻の申立て		総　数	
申立ての動機	件数	％	件数	％	件数	％
性格が合わない	10,161	31.9	17,743	20.5	27,904	23.5
異性関係	2,178	6.8	6,574	7.6	8,752	7.4
暴力を振るう	1,477	4.6	9,162	10.6	10,639	9.0
酒を飲み過ぎる	393	1.2	2,835	3.2	3,228	2.7
性的不調和	1,919	6.0	3,021	3.5	4,940	4.2
浪費する	2,060	6.5	4,124	4.8	6,184	5.2
病　気	669	2.1	784	0.9	1,453	1.2
精神的に虐待する	3,561	11.2	12,296	14.2	15,857	13.4
家庭を捨てて省みない	781	2.4	2,960	3.4	3,741	3.2
家族親族と折り合いが悪い	2,082	6.5	2,789	3.2	4,871	4.1
同居に応じない	1,511	4.7	699	0.8	2,210	1.9
生活費を渡さない	785	2.5	14,832	17.1	15,617	13.2
その他	3,537	11.1	5,017	5.8	8,554	7.2
不　詳	782	2.5	3,793	4.4	4,575	3.9
動機の延べ件数	31,896	100.0	86,629	100.0	118,525	100.0
申立ての総数	17,160	26.4	47,725	73.6	64,885	100

（注）婚姻関係事件の申立人および申立ての動機（主なもの 3 個まで挙げる）
　　　申立ての趣旨は，離婚のほか，円満調整，夫婦同居・協力扶助，婚姻費用分担を含む。その
　　　うち，離婚の申立ては，夫13,698（夫の申立ての79.8%），妻25,780（妻の申立ての54.0%）である。
（出典）最高裁判所『令和 3 年司法統計年報 3　家事編』第19表をもとに作成。

（第**2**節）　**離婚の手続**

1 ―― 協議離婚

1 協議離婚の要件

（1）　**離婚の意思**　　夫婦は，その協議で，離婚をすることができる（763条）。**協議離婚**の実質的要件は，当事者の離婚意思の合致である。後見開始の審判を受けた者（成年被後見人）であっても，離婚の意味を理解できる能力があれば成年後見人の同意は必要でない（764条による738条の準用）。**離婚意思**とは何か，が問題であるが，学説は，社会的にも夫婦としての関係を解消する意思であるとするもの（実体的〔実質的〕意思説）と，離婚の届出をする意思があれば足りるとするもの（形式的意思説）に分かれるが，判例は，婚姻の場合と異なり，離婚については届出意思があればよいとしている（→**WINDOW 3-2**）。

（2）　**離婚の届出**　　協議離婚は，当事者双方および成年の証人 2 人以上が署名した書面（離婚届）で，または口頭でした離婚の届出が戸籍事務管掌者に受理されることにより成立する（764条による739条の準用）。未成年の子がある場合は，父母のいずれが親権者になるかを定めて，届け出なければならない（819条 1 項，戸76条 1 号）。ただし，この定めをしていない届出が誤って受理されたときも，離婚は有効である（765条 2 項）。離婚については合意があったが，親権者について協議が調わないうちに，一方が勝手に親権者を定めて届出をしたような場合，離婚は有効であっても，親権者の指定がないので，家庭裁判所によって親権者を定める必要がある。2011（平成23）年の民法766条改正に伴い，離婚の届書の末尾に，「面会交流」および「養育費の分担」について取決めの有無をチェックする欄が設けられたが，記載は任意である。離婚に際しての財産分与（→64頁）や離婚後の子の養育費についての取決め（→75頁）も，必要的記載事項とすべきであるという意見がある。

　離婚の届書は，当事者の一方が預かって届け出ることが多いし，第三者に委託する場合もあり，郵送も可能である。戸籍事務管掌者には，記載内容の真偽を審査する権限はないので，書類がそろっていれば受理される。一方の知らな

□ WINDOW 3-2 ◀◀

離婚も方便

　離婚が届出のみで成立することは，仮装離婚の問題を生じさせる。たとえば，債権者からの夫の財産に対する強制執行を免れるために，離婚したことにして，妻に財産の名義を移したり，生活保護費の支給を受けるための便法として離婚届を出すような場合である。こうした場合，判例は，離婚の届出をする合意があった以上，法律上の婚姻を解消する意思の合致があるので，事実上の夫婦生活を継続している場合でも，法律上の婚姻は解消されるものとしている（大判昭16・2・3民集20巻70頁，最判昭38・11・28民集17巻11号1469頁，最判昭57・3・26判時1041号66頁）。夫婦の関係は，法律婚から内縁に変化することになる。最近では，結婚で改姓した妻が夫婦別姓にするために離婚届を出すケースが注目されるが，これはもはや仮装離婚ということばにはなじまない。

□ WINDOW 3-3 ◀◀

離婚届等不受理申出

　不受理申出制度は，届出によって成立する法律行為につき，当事者の意思のない届出が行われることを予防するために戸籍実務上，様式などが整備されてきた。認知，婚姻，縁組，離縁にも適用されるが，最も多いのは離婚の届出の不受理申出である。いったん合意した後に，離婚の意思がなくなった場合も対象となる。2007（平成19）年の戸籍法改正で，本人確認の制度に合わせて明文化された（戸27条の2）。2021（令和3）年度の離婚届等不受理申出の件数は，24,008件である（2021年の離婚は184,384組）。

い間に離婚の届出がされた場合は，離婚は無効であるが，裁判所で争うとなるとお金もかかるし時間もかかるから，そのまま泣き寝入りということもある。こうした事態を予防するために，戸籍実務上，**不受理申出制度**（→WINDOW 3-3）が設けられている。しかし，根本的な問題解決のためには離婚意思確認制度が必要であるという意見が有力である。また，協議離婚制度をサポートする裁判所外でのカウンセリング・サービスなどの普及が望まれる。

② 離婚の無効と取消し

　(1)　**離婚の無効**　協議離婚については，無効原因を定める規定がないが，当事者の意思に基づかない協議離婚は，当然に無効であると考えられている。離婚が無効な場合，当事者の一方が離婚後に再婚していたときは，重婚となる。別居中の妻が知らない間に夫が勝手に離婚届を出したが，調停で，妻が夫から慰謝料の支払いを受ける合意が成立した場合には，妻は調停成立の際に協議離婚を追認したものとされている（最判昭42・12・8家月20巻3号55頁）。また，

離婚届が無断で出されたことを知った妻が婚氏続称届（戸77条の２）を出したときも，追認したものとされる。離婚が追認されたときは，届出時にさかのぼって有効となる。離婚無効は婚姻無効に準じるので，裁判所に対する訴えの前に，家庭裁判所での調停・審判が行われる（家事257条・277条）。

　(2)　**離婚の取消し**　　詐欺または強迫による離婚は取り消すことができる（764条・747条）。A男が妻Bと再び婚姻する意思がないのに，その意思があるかのごとく装って離婚届を出すことを承知させ，C女との婚姻届を出した場合，詐欺を理由に取り消すことができる。取消しは，家庭裁判所に対する訴えによる（人訴２条）が，家庭裁判所での調停・審判がまず行われる（家事257条・277条）。離婚の取消しには遡及効があるので，A・Bの婚姻は継続していたことになり，A・Cの婚姻は重婚となる。

2——調停離婚・審判離婚

1 調停離婚

　夫婦間で協議が成立しない場合，家庭裁判所に離婚（夫婦関係調整）の調停を申し立てなければならない（家事257条）。すぐに裁判で争うのではなく，当事者の話を調停委員が聴き，話し合い，互いに相手の考え方を理解し譲歩しあってよりよい解決を実現させるのが調停の目的である。調停で合意が成立し，調停委員会が離婚の調停調書を作成することで離婚は成立し，調書への記載は確定判決と同一の効力を有する（家事268条１項）。調停申立人は，10日以内に戸籍事務管掌者に離婚の届出をしなければならない（戸77条１項・63条）が，これは協議離婚の届出（創設的届出）とは異なり，報告的届出である（審判・裁判による場合も同じ）。2021（令和３）年の全離婚のうち9.2％が調停離婚である（16,975件）。

2 審判離婚

　離婚調停において当事者間に今一歩のところで意見の対立があって，調停が成立しないことがある。そうした場合，家庭裁判所は，相当と認めるときは，調停委員の意見を聴き，当事者双方のために衡平に考慮し，一切の事情を考慮して，職権で，離婚の調停に代わる審判をすることができる（家事284条）。これを**審判離婚**とよぶ。たとえば，離婚自体には合意があるが，財産分与や親権者などの問題が決まらない場合である。ただし，当事者が２週間以内に異議の

申立てをしたときは，審判の効力はなくなる（家事286条5項）ことから，利用は少ない（2021年は3,479件で全体の1.9%）。

3 ── 裁判離婚

１ 明治民法

　明治民法は有責主義・制限主義の離婚法で，①重婚，②妻の姦通，③夫の姦淫罪による処刑，④破廉恥罪・重罪による処刑，⑤同居に耐えられない虐待・重大な侮辱，⑥悪意の遺棄，⑦配偶者の直系尊属による虐待・重大な侮辱，⑧自己の直系尊属に対する虐待・重大な侮辱，⑨3年以上の生死不明，⑩婚養子縁組の場合の離縁または養子が家女と婚姻した場合の離縁もしくは縁組の取消し（旧813条），と10個の具体的離婚原因を限定列挙していた。婚姻外の性関係の評価が夫と妻で異なること，直系尊属との紛争が離婚原因となること，が特徴である。前者は性におけるダブル・スタンダードを示すものであるが，判例は，夫が妻以外の女性と性関係を継続する場合は⑤にあたるとした。

２ 離婚原因

　現行法は明治民法の男女不平等で家制度的な離婚原因を整理して，4つの具体的離婚原因と多様な離婚紛争に対応するための1つの抽象的離婚原因を定めた（770条1項）。前者は，後者の例示であると考えられている。

　（1）　不貞な行為（1号）　　離婚原因としての不貞行為は，夫婦の一方が，自由な意思に基づいて他の異性と性関係を結ぶことである。明治民法での姦通よりも適用範囲が広いと考えられている。夫が他女を強姦（強制性交）した場合も不貞行為となるが，妻が被害者となった場合のように，意思に反する性関係は本号の不貞行為にはならない。夫が生活費を渡さないので自己と子の生活費を得るため妻が継続的に売春していた場合も，不貞行為とされている。性交を伴わない不適切な関係を持った場合は，不貞行為にならないとしても，婚姻を継続しがたい重大な事由（5号）の問題となる。同性愛関係も，同様である。

　（2）　悪意の遺棄（2号）　　正当な理由もなく同居協力扶助の義務（752条）を果たさない場合である。ここでいう悪意は，単にある事実を知っていること（善意無過失と対比される悪意）ではなく，倫理的な非難を受けるものである。夫が家を出て妻との同居を一方的に解消した場合だけでなく，妻に暴力を振るい

別居に追いやった場合も遺棄となる。他方，妻が夫の意思に反して妻の兄らを同居させ，夫をないがしろにし，兄のために夫の財産から多額の支出をしたことが原因となって，夫が妻に対し同居を拒み扶助義務を履行しない場合，裁判所は，悪意の遺棄にはあたらないとした。

(3)　**3年以上の生死不明**（3号）　生死不明の原因は問わない。最後に手紙が届いた時など，生存を推定させる最後の事実があった時から起算する。直接の連絡がなく所在不明でも，生存することが他の者の証言等で明らかであれば，生死不明ではない。

(4)　**回復の見込みのない強度の精神病**（4号）　精神病を離婚原因とすることは，離婚が配偶者の有責行為に対する制裁ではなく，他方配偶者の救済のためのものとなったことを示す。精神病にかかったことにつき本人には責任がないのが通常であるし，病気のときこそ夫婦は扶け合うべきであるとすれば，**精神病離婚**は，夫婦としての義務の放棄である。欧米でも激しく議論されたところであるが，明治民法制定過程でも意見が対立し，最終的には採用されなかった。しかし，1947（昭和22）年の改正民法は，破綻主義の立場から強度の精神病を離婚原因の1つとした。回復の見込みのない強度の精神病にあたるか否かは，専門医の鑑定をもとに法律的判断を加えて決定される。統合失調症の事例が多いが，重要なのは病名ではなく，正常な精神状態を失って夫婦としての協力扶助義務（752条）を果たすことができず，日常生活に支障を来たすような症状を呈しているという事実である。ただし，離婚原因としての精神病にはあたらなくても，精神的交流が不可能な場合は，婚姻を継続しがたい重大な事由となることがある（アルツハイマー病離婚。→WINDOW 3-4）。

　判例は，精神病離婚に対して慎重であり，精神病者の離婚後の生活についての配慮（具体的方途）を求める。「民法は単に夫婦の一方が不治の精神病にかかった一事をもって直ちに離婚の訴訟を理由ありとするものと解すべきでなく，たとえかかる場合においても，諸般の事情を考慮し，病者の今後の療養，生活等についてできるかぎりの具体的方途を講じ，ある程度において，前途に，その方途の見込のついた上でなければ，ただちに婚姻関係を廃絶することは不相当と認めて，離婚の請求は許さない法意である」（最判昭33・7・25民集12巻12号1823頁，最判昭45・11・24民集24巻12号1943頁）――と。こうした判例の姿勢に

56

□ WINDOW 3-4

アルツハイマー病離婚

　長野地判平2・9・17（判時1366号111頁）は，アルツハイマー病のために痴呆〔現在では認知症という〕状態となった妻に対する離婚請求を認め，大きな話題となった。Ｘ男（1947年生）とＡ女（1931年生）は1971年に婚姻したが，子はいない。Ａは1981年暮れ頃から異常行動が出始め，83年にアルツハイマー病およびパーキンソン病と診断された。Ｘは勤務しながらＡを世話するのが困難となり，86年にＡを特別養護老人ホームに入所させた。Ａは禁治産宣告〔当時の制度の下で〕を受け，Ｘが後見人となったが，Ａの痴呆の程度は重度で回復の見込みはなく，Ｘが夫であることもわからない。そこでＸは，後見監督人Ｙに対してＡとの離婚を請求し，離婚後もＡとの面会や経済的援助は行う意思があると主張した。裁判所は，アルツハイマー病は，離婚原因たる精神病に該当するとはいえないが，配偶者が痴呆状態にあることは，婚姻を継続しがたい重大な事由となるとした。痴呆状態となった病者（高齢者）の介護の問題は，福祉行政のあり方や成年後見（→第6章第2節）の問題とも関連させて考えなければならない。

対して，学説は，破綻主義の立場から強く批判している。

　1996年民法改正要綱では，精神障害者に対する差別を助長するおそれがあることから精神病離婚の規定を削除し，一般的破綻原因（婚姻関係が破綻して回復の見込みがないとき）の一事由として考慮するものとされている。

　(5)　**婚姻を継続しがたい重大な事由**(5号)　　すでに1925（大正14）年「民法改正要綱」において抽象的離婚原因の新設が提案されていたが，現行法はこれをとりいれたものである。具体的には，①配偶者による虐待・侮辱，②犯罪による処刑，③親族との不和，④異常な性行為の要求・性交拒否・性交不能，⑤性格の不一致，愛情の喪失，人生観の違いなど精神的結合の欠如，⑥不貞に類する不信行為（性交渉を伴わない恋愛，同性愛等），⑦重病（アルコール中毒，薬物中毒による生活破綻），⑧勤労意欲の欠如，浪費癖等による生計不能，⑨過度の宗教活動（「エホバの証人」の事例が目立つが裁判所の判断は分かれている），などである。特定の事実が原因となっていなくても，さまざまな事実の積み重ねによって，夫婦間の肉体的・精神的・経済的共同関係が失われ，婚姻関係が破綻していると判断されるときは，離婚は認められる。

③ 裁量阻却条項

　裁判所は，770条1項1号から4号までの事由があるときでも，一切の事情を考慮して婚姻の継続を相当と認めるときは，離婚の請求を棄却することがで

きる (770条2項)。これにより4つの具体的離婚原因は相対化され，それらの事実があっても婚姻を継続しがたい程度にいたらない場合は，離婚は認められない。婚姻関係がいまだ破綻していないと判断される場合のほか，婚姻関係は破綻しているとしても相手方配偶者や子の利益保護の観点から離婚が認められない場合もある。精神病離婚において「具体的方途」が問題とされるのはその1つである。阻却条項は，しばしば，無理な婚姻関係の維持に使われ (東京地判昭30・5・6下民集6巻5号896頁—女冥利判決，名古屋地岡崎支判平3・9・20判時1409号97頁—青い鳥判決)，裁量権は濫用されているという批判がある。1996年民法改正要綱では，いわゆる苛酷条項・信義則条項に修正するものとしている。

④ 裁判離婚の手続

　離婚の訴えは家庭裁判所に提起する (人訴4条) が，裁判離婚は，家庭裁判所での調停・審判で解決しなかった場合のほか，相手方配偶者が意思を表示することができない場合 (生死不明・精神病) に利用される。生死不明の場合は，公示送達による (民訴110条)。精神病のため意思表示ができない妻に対して夫が離婚を請求するときには，まず妻について後見開始の審判を受け (7条)，家庭裁判所が選任した成年後見人 (843条) を被告として訴えを提起する (人訴14条) ことになる。

　離婚訴訟では，通常の民事裁判とは異なり，職権探知 (人訴20条) などによって実体的真実 (夫婦関係の破綻) が探究される。離婚事件では，しばしば夫と妻が互いに相手の非を責め合うことがある。一方が提起した離婚の訴えに対して，他方が反訴することが認められ (人訴18条)，離婚原因として主張できるものはすべて主張しておくことが求められ，いったん棄却された場合は新たな原因が生じない限り，別の訴えを提起することができない (人訴25条)。損害賠償 (慰謝料) 請求，子の監護・財産分与等についても，離婚に付帯して判決をすることができる (人訴32条)。これらは，離婚紛争の1回的解決をめざすものである。離婚の訴えについては，2004 (平成16) 年4月から和解または請求の認諾による離婚が認められ (人訴37条)，和解離婚数は判決離婚数を上回っている (2021年は和解離婚が2,737件で全体の1.5％，判決離婚が1,944件で全体の1.1％，認諾離婚は8件のみ)。

第3節 有責主義と破綻主義

① 有責主義から破綻主義へ

　近代離婚法は**有責主義から破綻主義へ**と発展してきた。有責主義は，夫婦の一方の有責行為を非難し，婚姻を解消する権利を他方配偶者に与えることで，当該配偶者の救済を図るとともに，婚姻生活における誠実さ（貞操義務・協力扶助義務の順守）を夫婦に求めたものである。欧米と異なり宗教的規制のなかったわが国では，夫の有責行為を責める妻の権利を認めるところから，近代離婚法はスタートした。協議離婚という，あらゆる事情に対応でき，公的審査を通らない独特の制度は，離婚の合意＝夫婦関係の破綻とみるものと考えれば，旧法時代から破綻主義的要素が離婚法にはあったということができる。欧米における離婚原因の破綻主義化が1970年代にようやく一般化したことと比較すれば驚くべきことである。明治民法の裁判離婚は基本的に有責主義的であったが，判例によって柔軟に運用されていた。戦後改正による抽象的離婚原因の導入は，判例による離婚原因の相対化（破綻主義化）の流れを受けたものともいえる。

　この流れに歯止めをかけていたのが，**有責配偶者の離婚請求**における判例法理である。すなわち，夫婦関係が完全に破綻している場合でも，その破綻をもたらしたことにつき責任のある一方当事者（有責配偶者）からの離婚請求は許さないというのが，1952（昭和27）年の「踏んだり蹴ったり判決」（最判昭27・2・19。→WINDOW 3-5）以来の確定判例となっていた。自ら原因を作った者がそれに乗じて離婚の目的を達成し，配偶者の意思を封じることは正義・公平の観念に反するし，裁判離婚制度の自殺行為に等しい。西欧離婚法でも，裁判所に援助を求める者は，自らが清い手でなければならないと考えられてきた（クリーン・ハンドの原則）。

　しかし，すでに破綻し社会生活上の実質を失っている婚姻を戸籍上だけで存続させることは不自然であるし，弊害も大きい。長期間にわたり夫婦の共同生活が失われている間，第三者との間に新たな家庭（重婚的内縁）が生まれていることも少なくない。時の経過は，さまざまに事情を変化させる。夫婦に過去を清算させ新しい出発を促すためには，有責配偶者からの離婚請求であっても認

□ WINDOW 3-5

有責配偶者の離婚請求

① **最判昭27・2・19**（民集6巻2号110頁）は，同居6年（届出から4年）別居2年の事案。「XはXの感情は既にXの意思を以てしても，如何ともすることが出来ないものであるというかも知れないけれども，それも所詮はXの我儘である。結局Xが勝手に情婦を持ち，その為め最早Yとは同棲出来ないからこれを追い出すということに帰着するのであって，もしかかる請求が是認されるならば，Yは全く俗にいう踏んだり蹴たりである。法はかくの如き不徳義勝手気儘を許すものではない。」

② **最大判昭62・9・2**（民集41巻6号1423頁）は，同居12年，別居36年の事案。「夫婦の別居が両当事者の年齢及び同居期間との対比において相当の長期間に及び，その間に未成熟の子が存在しない場合には，相手方配偶者が離婚により精神的・社会的・経済的に極めて苛酷な状態におかれる等離婚請求を認容することが著しく社会正義に反するといえるような特段の事情の認められない限り，当該請求は，有責配偶者からの請求であるとの一事をもって許されないとすることはできないものと解するのが相当である。けだし，右のような場合には，もはや5号所定の事由に係る責任，相手方配偶者の離婚による精神的・社会的状態等は殊更に重視されるべきものでなく，また，相手方配偶者が離婚により被る経済的不利益は，本来，離婚と同時又は離婚後において請求することが認められている財産分与又は慰藉料により解決されるべきものであるからである。」

その後，裁判で問題とされる夫婦の別居期間は，62年判決における36年から→30年→22年→16年→8年と急速に短くなっている。

めるべきではないのか。こうした考え方が次第に力を得て，ついに最高裁判所は1987（昭和62）年に判例を変更し，一定の条件のもとで有責配偶者からの請求でも許されるものとした（最大判昭62・9・2。→WINDOW 3-5）。

　1996年民法改正要綱は，3年以上の生死不明，5年以上の破綻別居を離婚原因としたうえ，「婚姻関係が破綻して回復の見込みがないとき」という一般条項を置き，さらには，不貞行為・悪意の遺棄についても，婚姻関係が回復の見込みのない破綻にいたっていないときは，離婚原因とならないことを明示して，破綻主義化をいっそう明確にする。

2 離婚法の将来

　離婚法は，破綻した不幸な結婚生活を強いられている者を救うために，適切に婚姻を解消させるためのものとなった。現在の離婚法の関心の1つは，いかにして簡易に，当事者のプライバシーへの介入を抑えながら，婚姻の破綻を認定するかにある。離婚訴訟における夫婦のプライバシーのあばき合いを避ける

□ WINDOW 3-6　　　　　　　　　　　　　　　　　　　　　　　　　◀◀

5年別居離婚案

　1996年民法改正要綱では，「夫婦が5年以上継続して婚姻の本旨に反する別居をしているとき」を離婚原因の1つとする。ただし，①離婚が配偶者または子に著しい生活の困窮または耐えがたい苦痛をもたらすとき，②離婚の請求をしている者が配偶者に対する協力および扶助を著しく怠っていることによりその請求が信義に反すると認められるときは，離婚の請求を棄却することができる。

　なぜ5年なのか？　当時の家庭裁判所における離婚事件をみると，調停申立時における平均別居期間は2年未満，調停に要した期間はほぼ6月未満，合わせて一般的には3年程度の別居があれば婚姻関係が破綻していると評価できること，生死不明が3年で離婚原因となり，7年で失踪宣告原因となることとの対比，有責配偶者の離婚請求が認められる別居期間は短縮傾向にあり8年弱での認容例もあること，外国においても5，6年の別居期間を要求していたこと（現在はそれより短くなっている）などが参考となる。5年を長いと感じるか，短いと感じるかは，各自の婚姻観・離婚観によって異なるが，1994（平成6）年の総理府世論調査では，「一定期間夫婦としての関係がなくなっている場合には離婚を認めてもよい」とする者が53.1％（2021年調査では61.3％）で，そのうち「2年未満」と答えた者27.1％（2021年29.3％），「2年以上4年未満」29.7％（2021年28.5％），「4年以上6年未満」22.8％（2021年12.2％）であった。

ために離婚原因の客観化（別居離婚や合意離婚）を図ることが，欧米の離婚法改革の目的の1つであった。わが国では協議離婚が9割近くを占めるので，その限りではプライバシーは守られている（むしろ不当な協議離婚の弊害是正という別の課題がある。→第2節1）。調停離婚・審判離婚も，いずれがより有責かを追及するのではなく，破綻状況を明らかにし，離婚の合意を形成することを目的とする。他方，裁判離婚はしばしば裁判官の前での非難攻撃の応酬となるので，積極的破綻主義の見地からみなおすことが必要である。**1996年民法改正要綱**は，この観点から5年間の破綻別居を離婚原因の1つとした（→WINDOW 3-6）。

　現代離婚法は，離婚後の夫婦と子の再出発に比重を置いている。有責配偶者の離婚請求に対する判例変更はそれを示している。破綻した婚姻を無理に継続させると弊害を生じるし，子にとっても，父母の争いをみながら成長するのは不幸である。一方で，あまりに安易に離婚を認め，離婚後の当事者を生計が成り立たない状態に放置することになれば，破綻主義化は追い出し離婚の隠れみのとなってしまう。改正要綱は，そのことに配慮をした。長期間の別居を離婚

原因とする意味を，前向きに捉えなければならない。いたずらに時の経過を待つのではなく，やがて来る離婚を見据えて，夫婦間での協議を進め自律的な解決を導くべきである。また，そうした夫婦・家族の援助サービス（カウンセリング，法的アドバイス）のための組織づくりが望まれるところである。これは協議離婚制度の改革とも関わるし，さらには離婚に際しての財産分与ないし離婚給付（→64頁）や離婚者に対する公的援助の充実も必要となる。

第**4**章

離婚の効果

● **本章で学ぶこと**

　離婚により婚姻は解消し，それまで長年にわたって形成されてきた家庭は，法的にも解体されることになる。まず，婚姻の解消に伴って，夫婦であった者には，民法上，どのような変化が生ずるのか，離婚の効果の全体を見通しておきたい（第**1**節）。そのうえで，次節以降で離婚に伴う財産上の効果と夫婦間の子の養育をめぐる問題を取り上げて解説する。

　離婚に伴う財産上の効果として，夫婦の一方は他の一方に対して財産の分与を請求できる。この財産分与は，離婚をめぐって生ずる夫婦の利害を財産的に調整するために認められた制度である。もっとも，財産分与については，その法的性質や分与の基準などが問題となる（第**2**節）。

　また，離婚は，夫婦の間の子にも重大な影響を及ぼすことになる。とくに夫婦の間に未成年の子，あるいは経済的に自立できない未成熟な子がいる場合，離婚後は，誰がどのように子の養育にあたり，子の利益を守るのか（親権・監護），子の養育に必要な費用は誰がどのように負担するのか（養育費），これらは子の生存にも関わる問題である。関係する民法の諸制度とその運用の状況について解説する（第**3**節）。

第1節　離婚による婚姻解消の効果

　離婚が成立すると，婚姻は解消し，婚姻の効果（同居・協力・扶助義務，貞操義務，婚姻費用分担義務，日常家事債務の連帯責任など）は将来にむかって消滅する。その他，離婚に伴って身分上，財産上の効果が発生する。

　①　再婚の自由　　各当事者は独身となるから，以後，再婚は自由である。現行法では，女性について100日の再婚禁止期間（733条1項）があるが，2022年改正により廃止されることになった（→21頁）。

　②　氏の変動（復氏）　　婚姻によって氏を改めた夫または妻は，婚姻前の氏に復する（767条1項・771条）。もっとも，離婚の日から3か月以内に届出をすると，夫婦の氏を引き続き称すること（婚氏続称）ができる（767条2項・771条）。なお，夫婦に子がいる場合，父母が離婚しても子の氏が変動することはない。もっとも，子は，家庭裁判所の許可を得て届出をすることによって，氏を異にすることになった父または母の氏に変更することができる（791条1項）。

　③　姻族関係の終了　　夫婦の一方と他方の血族との間の姻族関係は，離婚によって当然に終了する（728条1項）。

　④　財産分与　　夫婦の一方は，他の一方に対して財産の分与を請求することができる（768条1項・771条）。第2節で詳述する。

　⑤　子の養育　　夫婦に未成年の子がいる場合は，夫婦の一方を親権者と定めなければならない（819条1項・2項・5項）。また，場合によっては，監護者の指定や面会交流，養育費の支払いなど，子の監護に関する事項を定める必要がある（766条・771条）。第3節で詳述する。

第2節　財産分与

① 財産分与の意義

　離婚に際して，夫婦の一方から他方に財産を給付することを離婚給付という。戦前の明治民法には，離婚給付について定めた規定はなく，いわゆる「手

☐ WINDOW 4-1

配偶者との死別

　夫または妻が死亡する場合も，婚姻は解消する。もっとも，死別による婚姻解消の効果と離婚による婚姻解消の効果では異なる点もある。まず，死別の場合，生存配偶者の氏が変動することはない。もっとも，生存配偶者は，届出をすることによって婚姻前の氏に復氏することはできる（751条1項）［第1節②との違い］。また，死別の場合，生存配偶者と死亡配偶者の血族との姻族関係は当然には終了せず，終了させるためには生存配偶者の届出が必要となる（728条2項）［第1節③との違い］。さらに，死別の場合については財産分与制度はなく，相続によって死亡配偶者の財産を承継する（890条）［第1節④との違い］。なお，夫婦に未成年の子がいる場合に，夫婦の一方が死亡すると，生存配偶者が当然に単独で親権者となる（818条3項本文）［第1節⑤との違い］。

切金」の慣行に委ねられていたほか，法的には，夫婦の一方の虐待や侮辱により離婚をせざるをえなくなった場合に，その者に対する慰謝料請求を認めて，不法行為法上の救済を図っていたにすぎない。これに対して，戦後の民法改正ではじめて導入されたのが財産分与制度である。

　離婚に際して夫婦の一方は，相手方に対して財産の分与を請求することができる（768条1項・771条）。分与額や分与の方法は，夫婦が協議で決めることができる。協議が調わないとき，または協議することができないときは，家庭裁判所の調停・審判によって定められる。ただし，家庭裁判所への申立ては，離婚の時から2年以内に限られている（768条2項，家事244条・別表第二4項）。なお，裁判離婚の場合には，離婚の訴えに附帯して財産分与の申立てをすることができ，離婚と同時に財産分与を命ずる判決を得ることができる（人訴32条）。

　一般的に，財産分与には，清算的要素，扶養的要素，慰謝料的要素が含まれると解されている。

② 財産分与の清算的要素

　(1)　**清算的要素**　　財産分与の**清算的要素**とは，夫婦が婚姻中に協力して獲得した財産を清算することをいう。もっとも，民法の法定財産制は別産制であるから（762条），たとえば夫が自己の名義で購入したマイホームは夫の特有財産であり，清算の余地はないことになる。すなわち，別産制を厳格に貫くと，マイホームの購入に妻の協力や寄与があっても，それは夫婦の財産関係には反映しない。そこで，学説・判例は，夫婦が協力して獲得した財産は，夫婦の実

質的な共有財産と考えて，財産分与の中でその潜在的持分を清算することを承認してきた。現在では，この清算的要素が財産分与の中核となっている。

(2) **清算の対象**　清算の対象となるのは，婚姻中に夫婦が協力して獲得した財産であり，どちらの名義になっているかは関係がない。したがって，夫婦の一方が婚姻前から有する財産は清算の対象にはならないし，婚姻中に獲得した財産であっても，夫婦の一方が相続や贈与によって得た財産は清算の対象にはならない。もっとも，相続や贈与によって得た財産についても，その価値の減少を防ぎ，あるいは増加させたことに他の一方の寄与があれば，清算の対象になる（東京高判昭55・12・16判タ437号151頁）。また，獲得された財産が第三者の名義になっている場合でも（たとえば実質的には夫が個人経営をしている法人名義の財産），清算の対象となる（札幌高決昭44・1・10家月21巻7号80頁）。

具体的には，夫婦の協力で獲得した不動産，動産，預貯金，株式などは清算の対象財産となる。不動産については，住宅ローンが完済されていない場合，不動産の時価からローン残額を控除した額が清算の対象となる。また，退職金は，給与の後払いとしての性質を持つことから，婚姻期間に応じて清算の対象となる。その場合，すでに支払われた退職金だけではなく，将来の退職金についても，それを受領することに高度の蓋然性が認められるときは，清算の対象に含められる（東京高決平10・3・13家月50巻11号81頁など）。年金は，老後の生活保障としての意味を持つが，一定期間の保険料を納付することで受給権が発生するから，これも夫婦の共同財産とみて清算の対象と考えることができる。これについては，離婚時の年金分割制度が創設されている（→WINDOW 4-2）。

なお，婚姻中に夫婦の一方が負担した債務は，それが日常の家事の範囲で生じたものでない限り（761条本文），各個人の債務であり，清算の対象とはならない。しかし，共同生活を営むうえで負担した債務（たとえば住宅ローン）は，清算にあたって考慮され，資産総額から債務の額を差し引いた残額が清算の対象となる（東京地判平11・9・3判時1700号79頁）。

また，過去の婚姻費用についても，財産分与の中で考慮されることがある（→WINDOW 4-3）。

(3) **清算の基準・方法**　清算の対象となる財産が確定すると，その財産形成への寄与の割合に応じて分与額が決定される。寄与の割合は，かつては夫婦

が共働きの場合は 2 分の 1，専業主婦の場合は妻が 4 割から 3 割とする場合が多かったが，夫婦がどのような役割を担って共同生活を営むかは夫婦の合意によって決まることであるし，たとえ妻が家事労働に専従していたとしても，夫婦の財産形成への寄与はあるから，現在では，どのような形態の夫婦であれ，寄与度は原則として 2 分の 1 とするのが実務の主流である。

　分与額が決定すると，それに応じた金銭の支払いがなされる場合が多いが，現物給付による場合もある。たとえば夫名義となっている夫婦の居住用不動産を妻に譲渡するなどである。その場合に，住宅ローンが完済されていないときに，夫が不動産を保持し，ローンの弁済も続ける一方，子が高校を卒業するまで妻のために賃借権を設定したり（名古屋高判平21・5・28判時2069号50頁），子が小学校を卒業するまで妻との使用貸借契約を設定する事例（名古屋高決平18・5・31家月59巻 2 号134頁）もみられる。

③ 財産分与の扶養的要素

　離婚によって婚姻は解消し，夫婦としての扶養義務（752条）もなくなる。しかし，夫婦の一方が離婚によって生活に困窮する場合，それを放置することは妥当ではない。そこで，財産分与には離婚後の生活保障の機能も持たせるべきであると考えられてきた。それが，ここでいう財産分与の**扶養的要素**である。したがって，清算の対象となる財産がない場合でも，財産分与が命じられることがある。

　もっとも，扶養義務がないのに，扶養的要素が認められる根拠をどこに求めるか，学説は分かれており，婚姻の余後効（事後的効果）であるとする説や社会保障の不十分さを補完するものとして政策的に元配偶者に責任を負わせるとする説，婚姻によって，夫婦の一方が家事労働に専念し，所得能力が減少した場合に，その補償とする説などがある。

　一般的に扶養的要素が認められるためには，当事者の一方が扶養を要する状態（要扶養状態）にあり，他方が扶養するだけの余力がある状態（扶養可能状態）になければならないと解されている。したがって，財産分与や慰謝料も含め，生活に困窮しないだけの資力があれば扶養的要素は認められない。その意味で，扶養的要素は，財産分与の中でも補充的な意味を持つものでしかない。実務上は，扶養的要素を認める場合でも，一定期間に限定した援助の額を算定す

☐ WINDOW 4-2 ◀◀

離婚時の年金分割制度

　2004（平成16）年6月に年金改革関連法が成立し，離婚時に厚生年金を分割する制度が創設された。この制度は大きく2つの内容からなる。まず，①夫婦の一方が婚姻中に納付した保険料の納付記録を，夫婦の合意または家庭裁判所の審判によって定められた按分割合（上限は2分の1）で分割し，この割合で増加した年金を受給できるというものである（厚年金78条の2・78条の3など）。この場合の裁判例は，按分割合を2分の1とするものが多い（名古屋高決平20・2・1家月61巻3号57頁など）。次に，②第3号被保険者（いわゆる専業主婦）の請求により，第3号被保険者であった期間の保険料納付記録を自動的に2分の1の割合で分割するというものである（厚年金78条の13・78条の14など）。

☐ WINDOW 4-3 ◀◀

過去の婚姻費用

　夫婦は，婚姻中は相互に扶助の義務を負い（752条），これに基づいて婚姻生活に必要な費用を分担する義務を負う（760条）。ところが，夫婦が別居している場合など，夫婦の一方が生活に必要な費用を支払わない場合は少なくない。これは，婚姻中に生じた義務の不履行の問題であり，離婚に伴う財産の清算の問題ではないから，財産分与とは別ものともいえる。しかし，最判昭53・11・14民集32巻8号1529頁は，妻が別居中に負担した子の生活費や教育費も含めて財産分与の請求をした事案で，裁判所は「一切の事情を考慮して」財産分与について決定すべきであるから（768条3項），「当事者の一方が過当に負担した婚姻費用の清算のための給付をも含めて財産分与の額及び方法を定めることができる」として，過去の婚姻費用の清算も財産分与の中ですることができるとした。

る事例が多いようである（東京高判昭47・11・30判時688号60頁）。

④ 財産分与の慰謝料的要素

　慰謝料的要素とは，夫婦の一方の有責行為によって離婚をせざるをえなくなったこと自体を不法行為と捉えて，その精神的苦痛についての慰謝料（離婚自体慰謝料）を内容とする。個別の有責行為（不貞行為や暴力，虐待など）は，それぞれが不法行為となるから，それを理由とする慰謝料請求も可能であり，それらと離婚自体慰謝料とは区別される（広島高判平19・4・17家月59巻11号162頁）。

　問題は，財産分与と慰謝料との関係であって，財産分与の中に慰謝料的要素も含まれると考えるべきかである。慰謝料的要素も含まれるとする考え方（**包括説**）は，紛争を1回で解決できる利点を強調する。これに対して，慰謝料的要素は含まれないとする考え方（**限定説**）は，慰謝料と財産分与は性質が異なる

□ WINDOW 4-4

財産分与と税金

　財産分与によって財産を取得した者には，贈与税は課せられないのが原則である。た
だし，分与額が過当なものであれば，過当な部分は贈与とみなされ，課税される。また，
分与財産が不動産である場合は，登記時の登録免許税のほか，不動産取得税が課せられ
る（最判昭53・4・11民集32巻3号583頁）。さらに，財産分与の分与者には，財産分与
が金銭である場合は課税されないが，不動産の場合は譲渡所得税が課せられる（最判昭
50・5・27民集29巻5号641頁）。

ことを強調する。すなわち，慰謝料は不法行為の問題であり，有責配偶者に対
してのみ認められ，3年の時効で消滅するのに対し（724条），財産分与は配偶
者の有責性が要件とはなっておらず，2年の除斥期間で消滅する（768条2項た
だし書）。両説の違いが最も問題になるのは，いったん当事者間で財産分与が
なされた後に，改めて慰謝料が請求された場合である。包括説によると，慰謝
料も含めて財産分与がなされているので，改めて慰謝料を請求することはでき
ないことになるが，限定説によると，慰謝料は財産分与とは別であるから，慰
謝料請求ができることになる。

　判例は，財産分与の目的について，夫婦の実質的な共同財産の清算分配（清
算的要素）と離婚後の当事者の一方の生計維持（扶養的要素）にあるとし，財産分
与請求権と慰謝料請求権とは性質が異なるとしながら，財産分与の額および方
法を定めるにあたっては，裁判所は「一切の事情を考慮すべきもの」であるか
ら（768条3項），損害賠償（慰謝料）の要素も含めて考慮することができるとし
た。そのうえで，すでに財産分与がなされている場合でも，それが損害賠償の
要素を含めた趣旨と解されないか，そうでなくとも，その額および方法におい
て，請求者の精神的苦痛を慰謝するに足りないと認められるときは，別に慰謝
料を請求することもできるとする（最判昭46・7・23民集25巻5号805頁）。判例は，
基本的には限定説に立ちながら，財産分与に慰謝料も含めることができるとし
て，紛争の1回的解決の可能性も認めており，折衷的な立場で現実的解決を図
ろうとしている。

⑤ 財産分与と債権者の利益

　財産分与の額および方法は，まずもって当事者が協議で自由に定めることが

図表 4 - 1 財産分与の(支払額別)
取決め件数

支払額	取決め件数 (総数に対する比率)
100万円以下	1,774 (22.2%)
200万円以下	987 (12.4%)
400万円以下	996 (12.5%)
600万円以下	637 (8.0%)
1,000万円以下	857 (10.7%)
2,000万円以下	733 (9.2%)
2,000万円を超える	401 (5.0%)
算定不能・総額が決まらず	1,589 (19.9%)
総　数	7,974

(出典)　最高裁判所『令和3年司法統計
年報3 家事編』第27表より作成。

できる(768条2項参照)。その場合に,財産を譲渡する当事者(分与者)が,債務を負担していたとき(たとえば夫が自己の事業のために借金をしていたとき),その債権者からすると,財産分与は債務者の責任財産を減少させることを意味する。そこで問題となるのは,財産分与によって債務者の責任財産が減少して債権が満足されない状態となり,かつそうなることを当事者が知っていた場合に,そうした財産分与は債権者に対する詐害行為(424条)とならないかである(**財産分与と詐害行為取消権**)。

　判例は,たとえ分与者が債務超過の状態にあっても,財産分与が768条3項の規定の趣旨に反して不相当に過大であり,財産分与に仮託してされた財産処分であると認めるに足りるような特段の事情がない限り,債権者は,財産分与を詐害行為として取り消すことはできないとする(最判昭58・12・19民集37巻10号1532頁)。また,その後の判例は,財産分与として金銭の支払いが合意された事案で,不相当に過大な部分について,その限度において詐害行為として取り消すことができるとした(最判平12・3・9民集54巻3号1013頁)。すなわち,判例によると,768条3項の規定の趣旨に適った財産分与であれば,詐害行為とはならず,債権者の利益よりも,財産分与の当事者の利益が優先されることになる。

6 財産分与の実情

　2021(令和3)年に全国の家庭裁判所で行われた離婚の調停・審判と同時に成立した財産分与の支払額別取決め件数は,**図表4-1**のとおりである。取決めができたのは7,974件であり,事件総数26,387件の30.2%である。そのうちの47.1%は財産分与額が400万円以下である。離婚の大部分を占める協議離婚の場合については,財産分与の実情は明らかではないが,取決めのないケースも少なくないと思われ,とくに離婚後の女性の経済状況は厳しい。

第**3**節　子の養育

1 親権者・監護者の決定

（1）**離婚に伴う親権者の決定**　夫婦の間に未成年の子がいる場合，夫婦は子の父母として，共同して親権を行う（818条1項・3項本文）。すなわち，**親権者**として，子を監護・教育し（身上監護権），子の財産を管理し，その財産に関する法律行為についてその子を代表する（財産管理権。→106頁）。父母は離婚した後も，子の父母であることに変わりはないが，親権の共同行使は一般に期待できなくなるから，離婚に際して父母のいずれか一方を親権者と定めなければならない（単独親権への移行）。

　協議離婚の場合は，父母の協議で，その協議が調わないとき，または協議することができないときは，審判によって，父母のいずれを親権者にするかを定める（819条1項・5項）。離婚後の親権者が決定していなければ協議離婚の届出は受理されない（765条1項）。また，裁判離婚の場合は，裁判所は，申立てがなくとも，職権で，離婚の判決と同じ判決において親権者を決定する（819条2項，人訴32条3項・33条1項）。

　審判または判決で親権者を決定する際の判断基準は，子の利益である。具体的には，これまでの子の監護状況，これからの監護に対する意欲や方針，子の意向が中心となる。なお，裁判所は，子が15歳以上であれば，子の陳述を聴かなければならないし（人訴32条4項，家事152条2項・169条2項），15歳未満であっても，その年齢や発達の程度などを考慮して，その意思を尊重しなければならない（家事65条）。1960年代はじめまでは，父が子の親権者となる割合の方が高かったが，現在では，母が親権者となる割合がはるかに高くなっている。**図表4-2**は，2021（令和3）年に全国の家庭裁判所で成立した離婚の調停・審判のうち親権者を定めた事件数とその内容に関する統計である。

　なお，親権者が父母の一方に定められた後も，子の利益のために必要があると認められるときは，家庭裁判所は，子の親族の請求によって，親権者を父母の他の一方に変更することができる（819条6項）。

（2）**監護者の指定**　離婚後の親権者の決定とは別に監護者を定めることも

72

図表4-2　離婚の際における未成年の子の処置

総数 19,915件

親権者母　18,678件（うち父が監護者 37件）	
親権者父　1,795件（うち母が監護者 66件）	定めなし62件

※「総数」は事件数であり，総数以外は親権者ごとに定めた子の数であるため，総数以外の合計と総数は必ずしも一致するものではない。

(出典) 最高裁判所『令和3年司法統計年報3　家事編』第23表より作成。

できる (766条1項・771条)。**監護者**とは，子の監護・教育にあたる者であり，通説によると，監護者が指定されると，親権者の身上監護権が監護者に移行し，親権者には財産管理権だけが残ると解されている。監護者には第三者 (たとえば子の祖父母など)を指定することもできるが，父が親権者として子の財産管理を担当し，母が監護者として子の監護・教育にあたることも可能である (→WINDOW 4-5)。

　監護者は，父母の協議によって定めることができるが，協議が調わないとき，または協議をすることができないときは，家庭裁判所の審判によって定める (766条1項・2項)。裁判離婚の場合は，離婚の訴えに附帯して監護者の指定を申し立てることができ，この場合は，離婚の判決と同じ判決で監護者指定についても判断されることになる (人訴32条1項)。また，いったん監護者の指定がなされても，家庭裁判所は，子の利益のために必要があるときは，子の監護者を変更するなどの措置をとることができる (766条3項)。

　なお，父母以外の第三者が自らを子の監護者に指定するよう家庭裁判所に申し立てることができるかは，問題である。最高裁は，祖父母からの監護者指定の申立てがあった事案で，法令上の根拠がないことを理由に父母以外の第三者には監護者指定の申立権はないとした (最決令3・3・29民集75巻3号952頁)。学説上は，子の利益を最も重視するのであれば，第三者にも監護者指定の申立権は認めるべきとの見解が有力である。

2 面会交流

　面会交流とは，親権者・監護者として子の監護にあたっていない親 (非監護親という) が子と面会したり，電話やメールで子と交流することをいう (かつては面接交渉といわれた)。もともと民法には，面会交流について定めた規定はなく，また，離婚後の親子関係の安定のためには，そもそも非監護親は子に会うべきではないといった認識も根強かった。しかし，次第に，子にとっても親との交流を維持することが重要と考えられるようになり，1964 (昭和39) 年に東京

☐ WINDOW 4-5

離婚後の共同親権・共同監護

　現在の民法は，離婚後は父母の一方による単独親権を原則としている。しかし，子の利益を守ることについて，父母が共同でできるのであれば，離婚後も共同親権の行使を認めてもおかしくはないし，父母がともに子の養育に関わりを持つことは子にとっても利益になる。そうしたことから，子どもの権利条約も，親の子どもの養育に対する共同責任の原則を宣言している（18条）。また，諸外国においても，すでにフランスやドイツでは，父母は婚姻中であるかどうかにはかかわらず，共同で親権を行使するのが原則とされている。もちろん，父母が共同して子を養育することができない場合もあるから，その場合は，単独親権に移行するというわけである。こうした外国法の動向にも影響されて，最近では，わが国でも，親権者とは別に監護者が指定されたときも，親権者には監護教育の権利義務が残されていると考え，離婚後も父母が共に子の監護教育にあたることができるとの考え方も登場している。もっとも，共同親権の導入をめぐる賛否の対立は激しく，2022（令和4）年11月の法制審議会家族法制部会では，共同親権の導入を含む複数の選択肢を内容とする民法改正の中間試案が取りまとめられた。

家裁がはじめて非監護親の権利として面会交流を認めた（東京家審昭39・12・14家月17巻4号55頁）。その後，面会交流は家裁実務に浸透するようになり，やがて最高裁も，父母間で面会交流の協議ができないときは，家庭裁判所が審判で定めることができることを承認し（最決昭59・7・6家月37巻5号35頁），その趣旨に従って，2011（平成23）年の民法改正により，766条1項に「子の監護について必要な事項」として「父又は母と子との面会及びその他の交流」が加えられた。

　面会交流の可否や，その内容，方法については，子の利益を最も優先して決定しなければならない（766条1項後段参照）。面会交流について裁判所が判断する際には，非監護親に虐待等の事実がなかったか，子の奪取の危険性はないか，監護親の監護への干渉の意図はないか，といった点や面会交流についての子の意向や態度などが考慮される。その結果，面会交流が制限されたり，認められない場合もある（→WINDOW 4-6）。

　ところで，父母以外の第三者（たとえば祖父母）が子との面会交流を希望しているのに，親権者・監護者がこれを認めない場合，第三者は家庭裁判所に子との面会交流の審判を求めて申立てをすることができるだろうか。最高裁は，法令上の根拠がないことを理由に祖父母には面会交流の申立権はないとした（最決令3・3・29裁時1765号4頁）。もっとも，アメリカの諸州やフランス，ドイツな

□ WINDOW 4-6

面会交流の強制

　家庭裁判所の調停や審判で，面会交流の実施について取り決められた場合でも，たとえば，監護親が「子が嫌がっているから」といって面会交流に応じないことがある。その場合，面会交流の強制執行が可能かどうかについて，実務上も，必ずしも考え方が一致していなかった。最決平25・3・28民集67巻3号864頁は，面会交流は監護親と非監護親が協力して実施されることが望ましいとしつつ，面会交流を命ずる審判において「面会交流の日時又は頻度，各回の面会交流時間の長さ，子の引渡しの方法等が具体的に定められているなど監護親がすべき給付の特定に欠けるところがないといえる場合は」，間接強制（たとえば，不履行1回につき5万円を監護親から非監護親に支払わせる）ができるとした。もちろん，面会交流を命ずる審判があった後に，子が面会交流を拒絶するようになったというのであれば，監護親としては，再度，面会交流禁止を求めて調停や審判の申立てをすることができる。

ど，祖父母などの第三者にも訪問権や面会交流権を認める立法例があり，わが国においても今後の立法課題といえる。

③ 子の引渡請求

　離婚紛争の渦中にある父母の間では，時として子の奪い合いになることがある。その結果，たとえば，離婚後に親権者・監護者とならなかった父母の一方が，子を手元においたまま他の一方に引き渡そうとしない場合，他の一方はいかなる方法を利用して子の引渡しを求めることができるかが問題となる。現在のところ，民事訴訟手続（親権行使に対する妨害排除請求としての子の引渡請求），家事事件手続（民法766条の子の監護に関する処分としての子の引渡請求），人身保護手続（人身保護法による子の引渡請求）を利用することができる。また，子の奪い合いは，まだ離婚していない父母が別居している間にも起こることが少なくない。この場合は，父母の双方が親権者であるが，766条を類推適用して家事事件手続を利用すること，また，場合によっては人身保護手続を利用することが認められている（→WINDOW 6-1）。

④ 子の養育費

　父母は，その未成熟子（経済的に自立できない子）に対して扶養義務を負う（877条）。この扶養義務は，父母が婚姻中であるかどうかにかかわりなく認められるし，さらに父母のいずれが親権者であるかどうかにもかかわりなく，父母の双方に認められる。また，この義務の内容は生活保持義務と解され，父母が子

にも自己と同程度の生活水準を保障する義務とされる（→119頁）。

　父母が婚姻中は，子の扶養に要する費用は婚姻費用分担義務（760条）に含めて父母が支出すべきものと解されているが，父母の離婚後，子の生活に必要な費用をどのように確保するかが問題となる。もちろん，子自身が（実際には親権者が子を代理して）扶養料を請求することは可能であるが（877条），一般的に行われるのは，子を養育している父母の一方（監護親）が他の一方（非監護親）に対して，子の**養育費**を請求する（子の監護に要する費用の分担を求める）という方法である（766条・771条）。この場合，養育費の分担額（支払額）は，父母が協議で定めることができる（766条1項）。この協議が調わないとき，または協議をすることができないときは，家庭裁判所が審判によって定める（766条2項，家事別表第二3項）。また，裁判離婚の場合は，離婚の訴えに附帯して養育費の支払いを求めることができ，この場合，裁判所は，離婚を認める判決と同じ判決で養育費の支払いについても判断しなければならない（771条，人訴32条1項）。なお，判例は，離婚後の養育費だけではなく，父母の別居後離婚までの期間の未払いの養育費についても，離婚の訴えに附帯して申し立てることができるとしている（最判平19・3・30家月59巻7号120頁）。

　なお，実際に離婚した父母間で養育費の取決めがなされている割合は低く，2016（平成28）年の厚生労働省の調査では，母子世帯で父から養育費を受ける取決めをしているのは42.9％にとどまっている。ただし，養育費の取決め，または請求は，離婚と同時にする必要はなく，子が扶養（監護）を必要とする限り，いつでもすることができるし，調停や審判でいったん養育費の支払額が定められた場合でも，その後に事情の変更があれば（たとえば，子に療養のための費用が必要となったり，逆に支払義務者が失職して支払能力がなくなったりした場合），養育費の増額や減額について，調停や審判の申立てをすることができる。

　養育費の算定については，東京・大阪養育費等研究会が提案した養育費算定表が調停や審判で広く活用されるようになった。この算定表は，2019（令和元）年に最高裁の司法研修所によって改定されて現在に至っている。**図表4-3**は，算定表の表1であり，0～14歳の子が1人いる場合の養育費を示すものである。表の縦軸は支払義務者の年収，横軸は支払いを受ける者（子を引き取って育てている親）の年収を示しており，それぞれが交差する欄の金額が義務者が支

図表4-3　養育費算定表

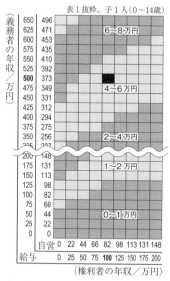

表1抜粋．子1人（0～14歳）

（出典）http://www.courts.go.jp/about/
siryo/H30shihou_houkoku/index.html

払うべき養育費の月額となる。たとえば，父に年500万円の給与所得がある一方，子を養育している母には年100万円の給与所得しかない場合は，父が母に支払うべき養育費は月額4～6万円というのが目安となる。

　ちなみに，家庭裁判所の調停や審判で定められた養育費が支払われない場合は，履行勧告（家事289条）や履行命令（家事290条）の制度を利用することができる。履行命令に支払義務者が従わない場合には10万円以下の過料も科せられる（家事290条5項，人訴39条4項）。また，養育費の支払いを内容とする確定判決，審判，調停調書や公正証書を債務名義として強制執行することも可能である。もっとも，従来，強制執行は，過去に未払いとなっている養育費についてのみ可能であったから，時間や費用ばかりがかかり，実効性のある制度にはなっていなかった。そこで，2003（平成15）年の民事執行法の改正により，子の養育費などの履行確保のため，すでに一部に不履行があった場合には，過去の未払い分だけではなく，確定期限が到来していない分（将来の養育費）についても，支払義務者の給料などの継続的給付債権を差し押さえることができるようになった（民執151条の2・152条3項）。さらに，2004（平成16）年の民事執行法の改正により，養育費の支払いを求めるような金銭債権については，間接強制も認められるようになった（民執167条の15）。

　また，2019（令和元）年の民事執行法改正により，強制執行の前提として，裁判所に申立てをすると，市町村などの公的機関や金融機関に対して，支払義務者の勤務先情報や預金口座の情報を開示するように命じてもらうことができるようになった（民執205条～207条）。

第**5**章
親　　子

● **本章で学ぶこと**

　日常生活の中でわたしたちが考える親子と法律上の親子には，隔たりもある。法律上の親子関係には，大きく分けると実親子関係と養親子関係の2つの柱がある。本章ではまず，実親子関係について，嫡出である子と嫡出でない子の場合に分けて，親子関係の成立要件を中心に説明する。法律上の父子関係の確定にあたっては，単純に血縁関係のみが意味を持つのではなく，複雑な問題も生じる。さらに，最近では生殖補助医療技術の進歩が目覚ましく，母子関係も含め，法律上の親子関係の法制度・理論の根本をいま一度見つめなおす時期にきている。続いて，養親子関係について，普通養子縁組と特別養子縁組の場合に分けて，その成立・効果・解消に関して順にみていく。実親子と養親子それぞれの親子関係の成り立ちには相違があるとはいえ，いずれにおいても，やはり子の福祉を念頭に制度のあり方を考えていく必要がある。

第1節 実 子

1 — 嫡 出 子

1 現行嫡出推定制度の問題点

　嫡出子とは，婚姻関係にある男女間に出生した子をいう。民法には嫡出子の母子関係について定めた規定はないが，母子関係は，通常，分娩の事実に基づいて客観的に証明することができる（学説・判例。最判昭37・4・27民集16巻7号1247頁）。このような考え方を「分娩者＝母ルール」という（生殖補助医療の場合については，→本節3 2）。

　それに対して，父子関係の証明・確定は容易ではない。2022年改正前は，妻が婚姻中に懐胎した子は夫の子と推定した上で，婚姻成立の日から200日を経過した後または婚姻の解消もしくは取消しの日から300日以内に生まれた子は，婚姻中に懐胎したものと推定する規定を置いていた（改正前772条。推定される嫡出子）。これにより，従来は以下のような問題が生じており，実務上の対応がなされてきた。

　(1)　**推定されない嫡出子**　婚姻成立の日から200日以内に生まれた子（推定されない嫡出子）の取扱いである。改正前772条の規定によれば，こうしたケースでは嫡出推定を受けない。しかし，わが国では，明治民法下においては，男女が挙式・同居の後，その女性が子を懐胎または出産するのを待って婚姻届を提出する慣行があった。このような場合に，婚姻成立の日から200日以内に生まれた子を嫡出子とせず，夫の子とするのに夫の認知（→84頁）を必要とすることは，当事者の意思や実情に合致しなかった。そこで，判例は，内縁が先行する場合には，婚姻成立の日から200日以内に出生した子も出生と同時に当然に父母の嫡出子の身分を有するとした（大連判昭15・1・23民集19巻54頁）。その後，戸籍実務においては，内縁関係の先行を調査する権限を持たないため，内縁関係中の懐胎かどうかにかかわらず，婚姻成立後に出生した子を嫡出子とする届出を受理する対応をとっていた。

　(2)　**無戸籍者問題**　改正前772条の規定のあり方をめぐっては，次のよう

な事例が2007年頃からマスコミでも報道され，議論されていた。女性が夫の
DVから逃れて別居することとなったが，その夫との婚姻中または離婚後に他
の男性との子を懐胎し，前夫との離婚後300日以内に子が出生したとする。こ
の場合に，子を後夫の子とする出生届の提出をするには，従来は，裁判（調停）
手続によらなければならなかった。そうした手続では前夫との関わりを避けが
たく，出生届の提出を躊躇するケースもあり，子が無戸籍となる問題が生じて
いた。しかし，2007（平成19）年5月7日法務省民事局長通達により，懐胎時期
が前夫との離婚後の場合に限っては，裁判（調停）手続によらなくとも，「懐胎
時期に関する証明書」を添付すれば後夫を父とする出生届をすることが認めら
れた（子の生物学上の父と婚姻しなかった場合には，母の嫡出でない子とすることも可
能となった）。

2 嫡出推定制度の改正

　2022年改正により772条の規律が改められ，**1**の各課題に対しても対応が図
られる。

　(1)　**嫡出推定の基本的規律**　　妻が婚姻中に懐胎した子は夫の子とする前提
は維持しつつ（772条1項前段*。文中の*の印は2022年改正法を指す），**1**(1)の実務
を踏襲し，女性が婚姻前に懐胎した子であって，婚姻成立後に生まれたもの
も，夫の子と推定することが明文化された（同項後段*）。懐胎を契機として婚姻
に至るカップルも増加し，子が婚姻後に出生している場合には夫の生物学上の
子である蓋然性があり，夫婦による養育も期待できることから，このような規
律が追加されている。

　(2)　**懐胎時期の推定**　　これまでも，子の出生時期が婚姻成立の日から200
日を経過した後または婚姻の解消もしくは取消しの日から300日以内であると
きは，その子は婚姻中に懐胎したものと推定していたが，この期間は現在の医
学的知見に照らしても合理的なものであるため，改正法でも維持された（772条
2項）。また，772条1項前段*または後段*の各規律の適用の有無について，外形
上明らかな事実である出生時期を基準として判断できるようにするため，婚姻
成立の日から200日以内に生まれた子は婚姻前に懐胎したものと推定する規定
が追加されている（同条2項*）。

　(3)　**婚姻が複数回の場合**　　**2**(1)の基本的規律の改正により，女性が子を

懐胎した時から子の出生時までの間に複数の婚姻をしていたときには，772条1項前段の嫡出推定と同項後段の嫡出推定との間に重複が生じうるほか，同項後段の嫡出推定とさらに別の婚姻に係る同項後段の嫡出推定との間にも重複が生じうる。

いずれの場合においても，子の出生の直近の婚姻における夫は，懐胎中の女性と婚姻し，その後に子が出生していることからすれば，当該夫の子である蓋然性があり，夫婦による子の養育が期待できる。そのため，女性が子を懐胎した時から子の出生時までの間に複数の婚姻をしていたときは，当該子は，その出生の直近の婚姻における夫の子と推定する（772条3項。死別も離婚の場合と同様に取り扱われる）。この改正は，772条1項の嫡出推定の例外として合理的な規律を設けるものであり，⓵(2)の問題について解決が図られたことになる。ただし，こうした規定の対象は，母の直近の婚姻成立後に子が生まれた場合に限られる。

なお，772条1項から3項までの規定により父が定められた子について，嫡出否認の訴え（→81頁）により当該父性が否認された場合には，その者との間の婚姻を除いた上で，子の出生の直近の婚姻における夫の子と推定する（同条4項）。

③ 父を定める訴え

⓶の嫡出推定制度の改正に伴い再婚禁止期間（改正前733条）が廃止され（→22頁），再婚禁止期間に違反して再婚した場合の父性重複は生じなくなった。ただし，重婚の禁止（732条）に違反して婚姻した女性が出産した場合には，父性推定の重複が生じうる。このような場合，父を定めることを目的とする訴えにより，裁判所が子の父を定める（773条，人訴2条2号）。

④ 嫡出否認の訴え

(1) **嫡出否認の訴えと現行or改正前の規定**　嫡出推定は法律上の推定にすぎず，反証によって覆すことができる。現実には，夫の子と推定されたものの，生まれた子が夫の子ではない場合も考えられる。このような場合に父子関係を否定する手続が**嫡出否認の訴え**である（改正前774条・改正前775条，人訴2条2号）。しかし，立法時には，嫡出推定によって推定された父子関係を，血縁上の親子関係がないことを理由に，誰からでもいつでも否定できるとすれば，

子の法律上の父を確保できない事態もあることが懸念されていた。そのため，嫡出否認の訴えについて，否認権者を原則として夫のみとし，出訴期間も父が子の出生を知った時から1年としていた（改正前777条）。一方で，嫡出否認について（前）夫の協力を得られない場合があり，当該規定も無戸籍者問題の一因になっているとの指摘があり，憲法14条1項，24条2項に反する旨主張する違憲訴訟も行われていた。

(2) **2022年改正** そのような嫡出否認の訴えの厳格性が，2022年改正では緩和された。出訴権者は父（774条1項）に加えて，①子（同項），②母（同条3項本文），③前夫（同条4項本文）にも拡大された。①子は法律上の父子関係の当事者である。子の否認権は，親権を行う母，親権を行う養親または未成年後見人により代理行使することができる（同条2項）。②母は，子の生物学上の父が誰であるかを最もよく知り，最終的に法律上の父と認められる者とともに子を養育することになる。ただし，母の否認権行使が子の利益を害することが明らかなときは，その行使は認められない（同条3項ただし書）。③前夫は，772条3項の規定により父が定められる場合において，子の懐胎時から出生時までの間に母と婚姻していた者を指す。前夫は，母が再婚しなければ子の父と推定されるべき地位にある。そのため，前夫が子の生物学上の父であるときは，前夫を子の法律上の父とするために，前夫に再婚後の夫の子であるという推定に対する否認権を認めている。ただし，前夫の否認権は，再婚後の夫婦の家庭に前夫が介入することを認めるものでもあるので，前夫の否認権行使が子の利益を害することが明らかなときは，否認権を行使することができない（774条4項ただし書）。

訴えの相手方は，父の否認権については子または親権を行う母（775条1項1号），子の否認権については父（同項2号），母の否認権については父（同項3号），前夫の否認権については父および子または親権を行う母である（同項4号）。同項1号または4号の否認権を親権を行う母に対し行使しようとする場合に，親権を行う母がいないときは，家庭裁判所は特別代理人を選任しなければならない（同条2項）。父または母は，子の出生後にその嫡出であることを承認したときは，それぞれその否認権を失う（776条）。

嫡出否認の出訴期間も伸長された。夫の否認権については，子の出生を知った時から（777条1号），子および母の否認権については，子の出生の時から（同

条2号・3号[*]），前夫の否認権については，前夫が子の出生を知った時からそれぞれ3年以内である（同条4号[*]）。母が懐胎から出産までの間に2以上の婚姻をしていた場合に，出生の直近の婚姻の夫の子とする推定につき否認の裁判が確定したときは，新たに父と定められた者に対する嫡出否認の訴えは，先の否認裁判の確定を知った時から1年とする（778条）。なお，子（法定代理人による場合を除く）は，父と継続して同居した期間が3年未満であるときは，21歳に達するまでは嫡出否認の訴えを提起することができる（778条の2第2項本文・同条3項[*]）。推定される父との間に生物学上の父子関係がないだけでなく，社会的にも親子としての実態がない場合には，子自らの判断による否認権行使の機会を保障することが相当であるからである。ただし，子の否認権行使が父による養育の状況に照らして父の利益を著しく害するときは，この限りでない（778条の2第2項ただし書[*]）。嫡出否認の訴えにより嫡出であることが否認された場合であっても，子は父であった者が支出した子の監護に要した費用を償還する義務を負わない（778条の3[*]）。

5 親子関係不存在確認の訴え

　嫡出推定が及ぶとされる期間に出生した子であるが，実際には夫による懐胎の可能性がないときに，判例上，嫡出否認の訴えによることなく，**親子関係不存在確認の訴え**により，夫と子との間の父子関係の存否を争うことが可能とされてきた。民法にはこの訴えに関する規定はなく，人事訴訟法の実親子関係の存否の確認の訴えに包含される（人訴2条2号）。2003（平成15）年の人事訴訟法制定以前には明文の規定がなく，民事訴訟における確認訴訟の類型のひとつとして，学説・判例上，認められてきたものである。したがって，確認の利益がある限り，誰からでも，いつでも訴えを提起することができる。

　判例は，妻の懐胎当時に夫婦が事実上の離婚状態にあった事案で，生まれた子は，「実質的には772条の推定を受けない嫡出子」であるとした（最判昭44・5・29民集23巻6号1064頁）。このような子を学説上，**推定の及ばない子**と呼ぶ。その他，懐胎時の夫の海外滞在，収監，失踪または夫婦が別居状態にあったなど，妻が夫の子を懐胎することが不可能なことが外観上明白な場合に限り，推定が及ばない子とする**外観説**が，現在の通説・判例がとる立場である。ただ，どのような場合に推定の及ばない子とされるかについては諸説ある。上記の場合に

□ **WINDOW 5-1**　◀◀

2022年改正と推定の及ばない子の法理

　2022年改正後も，推定の及ばない子の判例法理は維持される。ただし，婚姻前に懐胎され婚姻成立後に出生した子（772条１項後段）についても，当該法理により，嫡出否認の訴えによることなく父子関係を争うことができるかが問題となる。民法（親子法制）部会では，次のように議論が整理されている（部会資料25-2，６頁）。

　この問題は解釈に委ねられるが，その解釈にあたっては，婚姻中に懐胎された子をめぐる事情との差異などを踏まえ，判断することとなる。ただし，婚姻前については同居していない状況で懐胎するケースも相当程度あることから，仮に婚姻前懐胎の場合についても当該法理の適用が広く認められるものとすると，多数のケースで推定が及ばないこととなる。そうすると，婚姻前に懐胎した場合も夫の子と推定するとの規律を設けた趣旨を損なうのではないかとの懸念もある。

　一方，婚姻前懐胎子も婚姻中懐胎子も夫の子と推定され，一般的には，夫の生物学上の子である蓋然性が婚姻中懐胎子は婚姻前懐胎子の場合よりも高いことを考慮すれば，婚姻中懐胎子について認められる当該法理の適用について，婚姻前懐胎子であることのみを理由に制限することは合理性に欠けるとの指摘もある。そのため，婚姻前懐胎子について，当該法理をそのまま適用するかは別として，嫡出否認の訴えによることなく，父子関係を争うことも否定されるものではないとの解釈も可能と考えられている。

　加えて，夫の生殖不能，血液型の背馳，DNA鑑定など，科学的・客観的に夫の子ではありえない場合にも，嫡出推定の適用を排除する血縁説もある。下級審・調停では，このような立場も採用されている。また，夫婦がすでに離婚している場合には，もはや嫡出推定により守られるべき家庭の平和が存在しないとして血縁の事実によるとする家庭破綻（家庭平和）説や，母子が血縁上の父と新しい家庭を築いている場合に，血縁の事実によるとする新家庭形成説も主張される。下級審の中にはこうした折衷説を採用するものも現れている。しかし，家庭の破綻の認定は容易ではなく，新家庭が形成されたとしてもその安定が保障されるわけでもない。さらに，当事者（夫・妻・子）間に合意があれば嫡出推定の排除を認める説もあるが（家事277条，合意に相当する審判），親子という身分関係を当事者の自由な処分に委ねることへの疑問も呈されている。そのような問題点もあり，最高裁は一貫して外観説に立っている。生まれた子がDNA鑑定により明らかに夫の子でないとされても，性交渉の機会が全く失われていたのでなければ，その子は推定される嫡出子とする判断も示された（最判平26・7・17民集68巻6号547頁）（→ **WINDOW 5-1**）。

2——嫡出でない子

① 嫡出でない子の親子関係の成立

　嫡出でない子とは，婚姻関係にない男女の間に出生した子をいう。父母の婚姻を前提としないため，父子関係は，嫡出推定によっては成立せず，**認知**による（779条）。認知には，**任意認知**（781条）と**強制認知**（787条）の２種類の方式が存在する。条文上は，母子関係の成立にも認知を要するように読めるが，判例は，嫡出でない子の母子関係については，認知を必要とせず，分娩の事実により当然に生じるとしている（最判昭37・4・27民集16巻7号1247頁）。例外的に，棄児などの場合には母の認知が問題となることもありうる。

　わが国における嫡出でない子の出生割合は，全出生児の約2％であり，半数を超える国も少なくないヨーロッパの状況と比較すれば，低いといえる。

② 任意認知

　(1)　**認知の方式**　　任意認知は，戸籍法の定めるところにより届け出ることによってこれをする（781条1項，戸60条）。認知届は，届出によってはじめて効果を生じる創設的届出である。また，認知は遺言によっても行うことができるが（遺言認知：781条2項），この場合には，遺言の効力が発生する時（遺言者死亡時：985条1項）に認知の効力が生じ，遺言執行者がする届出は報告的届出である。それでは，夫が婚姻外でもうけた嫡出でない子を，妻との間に生まれた嫡出子として出生届をした場合に，この虚偽の嫡出子出生届に認知の効力を認めることはできるだろうか。かつては，実際にこのような事例が珍しくなかった。この届出は本来，無効であり，法律上の親子関係は成立しないはずである。しかし，判例は，このような場合に，父子間に嫡出親子関係はないとしても，非嫡出親子関係は認めてもよいと解し，虚偽の嫡出子出生届は認知届としての効力を有するとしている（最判昭53・2・24民集32巻1号110頁）。

　(2)　**認知能力**　　認知をするには，意思能力があれば足り，未成年者や成年被後見人であっても，その法定代理人の同意なく認知をすることができる。認知は原則として父が自由にすることができるが，認知を受ける子について，すでに他の父子関係が成立している場合には，認知をすることができない。

　また，①成年の子を認知する場合には，その子の承諾を得なければならない

（782条）。これは，父が子の幼少時には認知せず，成人した後に自らが扶養を受けたいがために認知するという身勝手な認知を防ぐためである。②胎児を認知する場合には，母の承諾を得なければならない（783条1項）。真実の父でない者による認知を防ぎ，母の名誉を保護するためとされる。③任意認知は，死亡した子に対しても，その子に直系卑属がいる場合に限り可能であるが，直系卑属が成年者であるときは，その承諾を得なければならない（同条2項）。父が死亡した子を認知して父子関係を成立させることを通じて，孫との間に親族関係を成立させることが目的であり，双方にとって利益となる場合がある。成年者である直系卑属の同意を要する理由は，①の場合と同じである。

（3）**認知の無効と取消し**　　認知者が認知能力を欠く場合や，認知者の知らない間に第三者が認知の届出をした場合は，たとえ真実の親子関係があったとしても認知は無効である。

　一方，真実に反する認知（不実認知）は無効とされるが，2022年改正前は子その他の利害関係人に，特段の期間制限なく無効主張を認めていた（改正前786条）。この点について，①子の身分関係がいつまでも安定せず，嫡出否認の訴えについて厳格な制限が設けられていることとの均衡を欠くとの指摘があった。また，②出訴権者の範囲が明らかではなく，真実の父ではない者が不実認知をした場合に，その認知者自身が，後からその無効を主張することが認められるかについて，学説上争いがあった。**意思主義**の立場は，父の意思表示に重きを置き，それによって親子関係が成立すると解していた。この立場によれば，認知者自身が一度示した意思を覆して認知無効を主張することは許されないことになる。反対に，**事実主義**の立場は，血縁の事実によってそもそも親子関係は存在するのであって，認知は単にその親子関係を確定する手続にすぎないとみて，認知者自身も786条の利害関係人に含まれるとしていた。判例は，事実主義の立場に立ち，不実認知をした認知者自身が786条により認知無効を主張することを認めた（最判平26・1・14民集68巻1号1頁）。

　2022年改正により，不実認知について，認知無効の訴えの出訴権者を①子またはその法定代理人（786条1項1号*），②認知をした者（同項2号*），③子の母（同項3号*）に限定することを明記した。出訴期間は，①および③の場合は，それぞれその者が認知を知った時から，②の場合は認知の時から7年以内である

（同項本文[*]）。ただし，③子の母は，認知無効の主張が子の利益を害することが明らかなときは認知無効の訴えを提起することができない（同項ただし書[*]）。また，出訴期間の特則として，子（法定代理人による場合を除く）は，認知をした者と認知後に継続して同居した期間が3年未満であるときは，子が21歳に達するまでは認知無効の訴えを提起することができる（同条2項本文[*]・同条3項）。ただし，認知をした者による養育の状況に照らして認知をした者の利益を著しく害するときは，この限りでない（同条2項ただし書[*]）。認知無効の訴えにより認知が無効とされた場合であっても，子は認知をした者が支出した子の監護に要した費用を償還する義務を負わない（同条4項[*]）。

　一方，785条では，認知者は認知を取り消すことができないとされている。本規定については，血縁上の親子関係の事実が存在する場合に，詐欺・強迫によって認知したときに問題となる。ここでは，意思主義と事実主義のいずれの立場をとるかによって見解が分かれる。前者によれば取り消すことができるが，後者によれば，親子関係の事実が存在する以上，たとえ詐欺・強迫を理由とする取消しであっても，認知者は認知を取り消すことができない。

③ 強制認知

　(1) **認知の訴えの当事者**　　任意認知がない場合には，認知の訴えによって強制的に認知させることができる。これを強制認知（裁判認知）という。原告は，子，その直系卑属，またはこれらの者の法定代理人である（787条本文）。子は，意思能力さえあれば制限行為能力者であっても認知の訴えを提起することができる（人訴13条1項）。ただ，判例は，子の法定代理人は，子が意思能力を有する場合にも訴えを提起できるとしている（最判昭43・8・27民集22巻8号1733頁）。被告は，原告が子の血縁上の父であると主張する者であり，その死亡後は検察官である（人訴42条）。

　(2) **出訴期間**　　父の生存中はいつでも訴えを提起できるが，父の死亡後は3年に限られる（787条ただし書）。**死後認知**の場合にこのような出訴期間の制限が設けられているのは，父の死亡後にあまりに年月が経過すると証拠が不明確になること，また濫訴を防止することに配慮されてのことである。ただし，例外的に，出訴期間の徒過がやむを得ない事情による場合は，父の死亡が客観的に明らかになった時が起算点とされる（最判昭57・3・19民集36巻3号432頁）。

(3) **父子関係の証明** 認知の訴えにおいては，原告と被告に血縁関係があることを原告側が証明しなければならない。かつては，①母と被告が母の懐胎時期に性的関係を持っており，かつ，②同時期に母が他の男性と性的関係を持っていなかったことの2点を証明しなければならなかった。そして，②に対して被告から反論が出されると（「不貞の抗弁」，「多数関係者の抗弁」），原告にはさらに，そのような事実がなかった旨の立証をすることが求められた（大判明45・4・5民録18輯343頁）。

しかし，こうした立証には困難が伴い，学説からの批判も多かったことから，その後，判例は，②への抗弁となる被告以外の男性との関係については，被告側が積極的に立証する必要があるとし，さらに①②に加えて，原告と被告の間に血液型上の背馳もないときは，父子関係の証明が認められるとした（最判昭32・6・21民集11巻6号1125頁）。現在ではDNA鑑定の普及により血縁上の父子関係の立証自体は容易になったが，今度は，科学的証拠にどれほど重きを置いてよいものかという本質的な問いが投げかけられている。

(4) **認知請求権の放棄** 父が，子の存在を婚姻家族に知られないようにするなどの目的で嫡出でない子やその母に金銭を支払い，その代わりに認知請求権の放棄を求め，当事者間で合意をすることが考えられる。しかし，判例は，認知請求権は，身分法上の権利たる性質，そしてこのような権利を認めた法意に照らし，放棄をすることができないとする（最判昭37・4・10民集16巻4号693頁）。

④ 認知の効果

認知の効果は，任意認知，強制認知を問わず同一である。認知によって，父と嫡出でない子の間に法律上の親子関係が形成され，その効果は，出生時にさかのぼる（784条本文）。ただし，第三者がすでに取得した権利を害することはできないとされ（同条ただし書），たとえば遺産分割の場面などで意味を持ってくる（910条。→200頁）。法律上の親子関係が形成されるということは，扶養や相続などの権利義務関係が互いに発生するということである。認知された子については，親権者を母から父へ変更すること（819条4項），氏を母の氏から父の氏へ変更すること（791条1項）ができる。

5 準　　正

　嫡出でない子は，**準正**によって，嫡出子の身分を取得する。準正は，嫡出でない子の保護，および法律婚主義に基づく婚姻の奨励を目的とする制度であり，①父に認知されていた子が父母の婚姻によって嫡出子となる**婚姻準正** (789条1項) と，②父母の婚姻後に認知された子が嫡出子となる**認知準正** (同条2項) がある。準正の効力発生時期は，条文上は，①の場合には「婚姻によって」，②の場合には「認知の時から」とされている。しかし，多数説は，②の場合にも，父母の婚姻の時から準正の効果が生じると解している。

3──生殖補助医療と親子関係

1 生殖補助医療の類型

　生殖補助医療とは，自然生殖によらず，**人工授精**や**体外受精**などの医療技術によって，人為的に子をもうけることをいう。一般に不妊治療と呼ばれるが，医療技術の進歩によって，その種類にもさまざまなものがみられる。まず，人工授精とは，最も早くから行われてきた生殖補助医療の形態であり，注射器状の器具を用いて精子を子宮に注入する方法である。人工授精は，さらに，①夫の精子を用いる配偶者間人工授精 (AIH：Artificial Insemination by Husband) と，②夫以外の男性の精子を用いる非配偶者間人工授精 (AID：Artificial Insemination by Donor) に分類される。

　また体外受精は，人為的に卵巣から取り出した卵子を培養器の中で精子と受精させ，受精後の受精卵 (胚) を子宮に移植する方法である。わが国では，日本産科婦人科学会の自主規制により，体外受精の実施は，夫婦または事実婚カップル間，かつ母体の生殖可能年齢の間に限定されている (→WINDOW 5-2)。

　さらに，妻が子宮の摘出などによって懐胎・分娩ができない場合に，他の女性に懐胎・分娩を依頼し，生まれた子を引き取るという**代理懐胎**も存在する。代理懐胎には，①依頼者夫の精子を代理母の卵子に人工授精の方法を用いて受精させ，代理母が懐胎・出産するサロゲートマザー型と，②依頼者夫の精子と依頼者妻の卵子を体外受精させ，その受精卵を代理母の子宮に移植し，代理母が懐胎・出産するホストマザー型が一般に想定される。

□ WINDOW 5-2

凍結精子による死後懐胎と父子関係

　日本産科婦人科学会は，夫の死亡後の凍結精子の利用は認めていない。しかし実際に，夫の死亡後，凍結保存していた精子により生まれた子の死後認知（787条ただし書）が問題となった事案がある。

　A男は，B女と婚姻後，白血病の放射線照射治療を受けることになった。Aは，無精子症になることを危惧し精子を凍結保存したが，後に死亡した。Bは，Aの両親とも相談し，亡Aの凍結保存精子を用いて体外受精を受け，A死亡から599日目に男児Xを出産した。Bは，XをAの嫡出子とする出生届を提出しようとしたが，民法772条の嫡出推定が適用されないため，受理されなかった。そこで，BがXの法定代理人として，死後認知訴訟を提起した。1審（松山地判平15・11・12民集60巻7号2585頁）は死後認知を認めなかったが，原審（高松高判平16・7・16民集60巻7号2604頁）は，親子関係を認めることでAの親族との間に親族関係が生じ，Aの直系血族との間で代襲相続権が発生する実益があるとして死後認知を認めた。これに対して，最高裁（最判平18・9・4民集60巻7号2563頁）は，死後懐胎子と死亡した父には，親権，扶養，相続などの権利義務関係が生じる余地がないとして，死後認知を認めなかった。最高裁は，本判決において立法の必要性にもふれている。諸外国では死後生殖を明確に禁止したり，一定の条件のもとで認める立法が行われている。

② 法的親子関係

　このような生殖補助医療によって子が出生した場合，法的親子関係はどのようになるのか。この問題は，民法制定時には想定されていなかったことであり，民法上の既存のルールとの関係が問われ，複雑な問題が生じる。

　(1)　人工授精　　人工授精のうち，AIHの場合は，夫の精子により婚姻中の妻が懐胎・出産したのであるから，嫡出推定が適用されると考えてよい。

　これに対して，AIDにおいては，夫以外の精子が用いられるので，AIDによって生まれた子は嫡出推定を受けるのかが問題となっていた。従来，学説ではAIDが夫の同意を得て行われた場合には，嫡出推定が適用され，夫が法律上の父となると解されていた。夫の同意により，夫は子の嫡出性を承認したものとして否認権を失うという解釈である（776条の類推適用）。裁判例でも，夫婦の離婚に際し，AIDによって生まれた子の親権が争われた事案で，夫の同意を得て人工授精が行われた場合には嫡出推定が適用されるから，妻が父子関係の不存在を主張することはできないとの判断を示していた（東京高決平10・9・16家月51巻3号165頁）。「生殖補助医療の提供等及びこれにより出生した子の親子

関係に関する民法の特例に関する法律」(生殖補助医療法。2020〔令和2〕年12月4日成立，同月11日公布）は，このような学説・裁判例を踏襲し，提供精子による生殖補助医療に同意した夫は，嫡出否認の訴えをすることができない旨規定している（同法10条）。また，嫡出否認権者の拡大に対応して（→81頁），子および妻も同様に嫡出否認をすることができないものとされた（同条）。

なお，夫の同意なくAIDが行われた場合については，夫からの嫡出否認の訴えが認められることになる（大阪地判平10・12・18家月51巻9号71頁）。この場合，そうすると，AIDによって生まれた子は精子提供者に対して認知の訴えをすることができるかが問題となるが，通常は精子提供者は匿名とされているため，その子には法律上の父を確保することができない。

(2) **体外受精**　体外受精については，実際には，日本産科婦人科学会の自主規制に反して，提供精子，提供卵子，その双方が用いられる可能性がある。夫または夫以外の精子と妻の卵子を受精させた受精卵（胚）を妻の子宮に移植する方法で実施した場合は，人工授精の場合と同様に嫡出推定が適用され，生まれた子は夫婦の子となると解される。凍結保存していた夫婦の受精卵を別居中の妻が夫に無断で移植して生まれた子についても，嫡出推定により父子関係を認める判断がなされている（最決令元・6・5判例集未登載）。他に問題となるのは，近年とくに増加しているといわれる卵子提供である。海外渡航をして提供を求める例が少なくなく，一部の国内医療機関での公表例（匿名の第三者からの提供を含む）もある。従来の解釈論に照らせば，この場合も，子の法律上の母はあくまで出産した妻であり，父は婚姻中の妻が懐胎しているから夫ということになる。生殖補助医療法では，他人の卵子を用いた生殖補助医療により懐胎・出産した子について，出産した女性をその母とすることが明記された（同法9条）。

(3) **代理懐胎**　ホストマザー型では，遺伝的には依頼者夫婦の子であるが，分娩者＝母ルールに則れば，子の母は懐胎・出産した第三者の女性である。このホストマザー型により生まれた子の母子関係が争われた事案は，当時，マスコミで大きく報道された。病気による子宮摘出手術のため妊娠が不可能となった妻と夫が渡米し，アメリカ人女性が代理母となり出産した。出産したネバダ州の裁判所では親子関係が認められ，依頼者夫婦を父母とする出生証

□ WINDOW 5-3

生殖補助医療をめぐる立法の動き

　生殖補助医療については，技術の進歩が法律の先を行き，課題が山積している。わが国のこれまでの主な動きは次のようなものである。

　2003 (平成15) 年4月，厚生科学審議会生殖補助医療部会が「精子・卵子・胚の提供等による生殖補助医療制度の整備に関する報告書」を公表した。これを受けて，同年7月には，法務省の法制審議会生殖補助医療関連親子法制部会が中間試案を公表した。そこでは，①女性が自己以外の卵子を用いた生殖補助医療により子を懐胎し出産したときは，出産した女性を母とする，②妻が夫の同意を得て，夫以外の精子を用いた生殖補助医療により子を懐胎したときは，その夫を父とする，③精子提供者は子を認知することができない (精子提供者に対する認知の訴えも認められない) などとされていた。当時の議論の内容は，生殖補助医療法に結びついたといえる。

　しかし，同法では，代理懐胎を含む生殖補助医療行為に関する規制，精子・卵子・胚の提供やあっせんの規制，子の出自を知る権利等の規律については見送られ，残された課題となっている。代理懐胎については，2008 (平成20) 年4月に日本学術会議が報告書「代理懐胎を中心とする生殖補助医療の課題―社会的合意に向けて」を公表し，代理懐胎を原則として禁止し，営利目的の代理懐胎には処罰を求めることを提案している。諸外国の法状況も参照しつつ検討が進められており，子の福祉の観点に配慮した立法が期待される。

明書が発行された。しかし，日本では夫婦の嫡出子とする出生届が受理されず，夫妻は裁判を行ったが，最高裁は「現行民法の解釈としては，出生した子を懐胎し出産した女性をその子の母と解さざるを得」ないとして，出生届の受理を認めなかった (最決平19・3・23民集61巻2号619頁)。サロゲートマザー型でも同様に，現在の解釈論に従えば，法律上の母は代理母ということになる。

　従来はサロゲートマザー型が主流であったが，体外受精の技術の発達に伴い，今日ではホストマザー型が多くを占めている。

　今後は，卵子提供を受けて，さらに別の女性に代理懐胎を依頼するというケースも否定できない。前掲最決平19・3・23においても，立法による解決が待たれると述べられており，生殖補助医療による親子関係について，早急な法整備が求められている (→WINDOW 5-3)。

第2節　養　　子

　養子制度とは，血縁関係のない者の間に人為的に法律上の親子関係を創設するものである。かつての家制度のもとでは，養子制度は，跡継ぎを確保することを目的とした「家のための養子」であった。あるいは，老後の扶養や労働力の確保を目的とする「親のための養子」という色彩が濃かった。しかし，現代では，実親の養育に恵まれない子に親を与えて保護する「子のための養子」に主眼が置かれている。

　養子縁組には普通養子縁組と特別養子縁組の2類型がある。普通養子縁組は，養親となる者と養子となる者との合意により成立するので，一種の身分法上の契約とみることができる。これに対して，後者は，1987(昭和62)年の法改正によって設けられた要保護児童の福祉のための制度であり，要件・手続がより厳格である。

1──普通養子

① 普通養子縁組の成立要件

　(1)　**形式的要件**　普通養子縁組は，婚姻の場合と同様に，戸籍法の定めるところにより届け出ることによって成立する(799条による739条の準用)。

　かつてわが国では，生後間もない他人の子をもらい受け，自己の嫡出子として出生届を提出するという，いわゆる「藁の上からの養子」の慣行があった。この場合には，当然，嫡出親子関係は生じないが，養子縁組の成立を認めることはできるであろうか。いわゆる無効行為転換の法理が問題となり，学説上はこれを肯定する説も有力であるが，判例は，大審院以来，身分行為の要式性を強調し，虚偽の嫡出子出生届に一貫して養子縁組の効力を認めていない(大判昭11・11・4民集15巻1946頁，最判昭25・12・28民集4巻13号701頁，最判昭50・4・8民集29巻4号401頁)。もっとも，近時，最高裁は，虚偽の嫡出子出生届がなされ，事実上の親子関係が長期にわたり継続した事案において，親子関係不存在確認の訴えが権利の濫用にあたり許されないと判示している(最判平18・7・7民集60巻6号2307頁)。

(2)　**実質的要件**　　養子縁組を成立させるためには，以下の実質的要件を満たさなければならない。

①縁組意思の合致が求められる。縁組の意思とは，届出意思のみでは足りず，社会通念上，真に親子であると認められる関係を成立させる意思が必要とされる（実質的意思説）。ただ，わが国の普通養子縁組の目的は跡継ぎの確保，節税対策などを含み多種多様であり，実質的意思の存否の判断は難しい。

②養親となる者は，20歳でなければならない（養親適格：792条）。2018年改正前は，婚姻によって成年擬制（旧753条）を受けた者も養親となることができるという戸籍先例・学説があった。

③尊属養子・年長養子は認められていない（793条）。たとえば兄が弟を養子にすることは可能であるが，甥が年下のおじを養子にすることはできない。子の福祉を考えれば，養親となる者と養子となる者の間には，本来，親子らしい年齢差が必要とも考えられるが，民法は，そのような規定を設けていない。成年養子も可能であり，孫などの直系卑属を養子とすること，自己の嫡出でない子を養子とすることもできる。

④後見人が被後見人を養子とする場合には，家庭裁判所の許可を得る必要がある（794条）。後見の任務が終了した後，その管理の計算が終わらない間も同様である。これは，養子縁組が後見の不正を隠蔽する手段となるのを防止するためである。

⑤配偶者のある者が縁組をするには，その配偶者の同意を得なければならない（796条本文）。配偶者の一方が単独で縁組をする場合であっても，その縁組は扶養・相続などの場面で他方配偶者に重大な影響を及ぼすからである。配偶者が意思を表示することができない場合は，同意は不要である（同条ただし書）。

さらに，養子となる者が未成年の場合の普通養子縁組については，次のような規定がある。

⑥配偶者のある者が未成年者を養子とする場合は，配偶者とともにしなければならない（795条本文）。ただし，配偶者の嫡出子を養子とする場合（連れ子養子）は，単独で縁組することができる。また，配偶者が意思を表示することができない場合（行方不明の場合を含む）も単独で縁組することができる（同条ただし書）。

⑦養子となる者が15歳未満であれば，意思能力の有無は問題とならず，つねに縁組能力を欠き，法定代理人が子に代わって承諾をする（797条1項）。これを**代諾縁組**という。また，法定代理人が承諾をする場合に，養子となる者の父母でその監護をすべき者が他にあるときは，その同意を得なければならない（同条2項前段）。父母が離婚して，父が親権者，母が監護者とされている場合がこれにあたる。また，2011（平成23）年の民法改正によって，養子となる者の父母で親権を停止されているものがあるときも同様とされた（同項後段）。

　なお，代諾縁組については，適法な代諾を欠く縁組の効力が問題となる。たとえば，生まれて間もない他人の子AをB・C夫婦が嫡出子として虚偽の出生届をした後，戸籍上の父母であるB・Cが代諾してAが養子となった場合である。かつて判例は，このような縁組は絶対的に無効であると判示していた（大判大7・7・5新聞1474号18頁等）。しかし，学説からの批判が強く，最高裁は，正当な法定代理人でない者のした代諾は無権代理にあたるとして，子が15歳に達した後に追認をすれば（116条），養子縁組は縁組の成立時にさかのぼって効力を生じるとした（最判昭27・10・3民集6巻9号753頁）。

　⑧未成年者を養子とする場合には，家庭裁判所の許可が必要である（798条本文）。これは，未成年養子の悪用を防止し，養子縁組が子の福祉に適うかどうかを後見的に判断するためである。このような趣旨から，自己または配偶者の直系卑属を養子とする場合には，家庭裁判所の許可は不要とされている（同条ただし書）。しかし，学説ではこの点を疑問視し，未成年養子については例外なく家庭裁判所の許可を必要とすべきであるという見解もある。本条の縁組許可の判断にあたっては，縁組の目的，養親となる者の人格・経済的事情が総合的に審査される。

② 普通養子縁組の無効と取消し

　（1）**縁組の無効**　縁組当事者間に縁組意思がない，または縁組の届出をしないときは，縁組は無効である（802条）。しかし，通説によれば，後者の場合はそもそも縁組が不成立と解すべきであるから，無効原因は縁組意思がないことのみと解される。判例では，兵役義務を免れるための縁組，芸妓稼業をさせるための縁組などが無効とされている。一方，節税のための縁組については，最高裁は「節税の動機と縁組をする意思とは，併存し得る」とし，直ちに無効

になるとはいえないとの判断を示した (最判平29・1・31民集71巻1号48頁)。

(2) **縁組の取消し** 縁組を取り消すことができるのは，まず，縁組の実質的要件に違反した次のような場合である (803条)。①養親が20歳未満である場合 (804条)，②養子が養親の尊属または年長者である場合 (805条)，③後見人と被後見人との間の縁組について家庭裁判所の許可がない場合 (806条)，④配偶者の同意を要する縁組について同意がない場合 (806条の2第1項)，⑤監護者の同意を要する代諾縁組について同意がない場合 (806条の3第1項)，⑥未成年養子について家庭裁判所の許可がない場合 (807条) である。また，⑦養子縁組が詐欺・強迫による場合 (808条による747条の準用)，⑧同意を要する縁組について，その同意が詐欺・強迫による場合 (806条の2第2項・806条の3第2項) も，縁組を取り消すことができるが，これらの取消しの実例はほぼない。

縁組の取消しの効果については，婚姻の取消しの効果に関する規定 (748条) が準用されている (808条1項)。したがって，縁組の取消しには遡及効が認められない。養子は復氏し，財産の返還義務を負う (808条・748条)。

③ 普通養子縁組の効果

養子は，縁組の日から，養親の嫡出子の身分を取得する (809条)。養子が未成年者であるときは，養親の親権に服する (818条2項)。養親・養子は互いに相続権を有し (887条・889条)，扶養義務を負う (877条)。また，養子と養親の血族との間には，法定血族関係が発生する (727条)。これに対して，養親およびその血族と養子の血族との間には血族関係は発生しない。したがって，縁組前に生まれた養子の子は，養親およびその血族とは血族関係にない。なお，普通養子縁組は，実方親族との親族関係には何ら影響を及ぼさない。縁組後も実親との親子関係も存続するため，扶養・相続の権利義務が残ることになる。

氏に関しては，養子は，養親の氏を称する (810条本文)。ただし，成年養子の事例も多く，養子が婚姻していることもあるので，婚姻によって氏を改めた者が養子となった場合は，その婚姻の継続中は，氏を改める必要はなく，婚氏を称する (同条ただし書)。

④ 普通養子縁組の解消：死亡による解消

養親または養子の死亡により，養親子関係は当然に消滅する。しかし，養親の親族と養子との間に生じた法定血族関係は，縁組当事者の一方の死亡によっ

て消滅するわけではない。この関係を消滅させるためには，生存当事者は，家庭裁判所の許可を得て離縁をする必要がある（811条6項）。これを**死後離縁**という。死後離縁によって養子は復氏し，また養方の親族の扶養義務を免れるなどの効果があるが，養子が養親の多額の財産を相続した後に離縁を求めるなどの道義に反することを許すべきではないため，家庭裁判所の許可が必要である。

5 普通養子縁組の解消：離縁

(1) **協議離縁**　縁組の当事者は，その協議で離縁することができる（811条1項）。協議離縁は，協議離婚の場合と同様に，意思の合致（実質的要件）と届出（形式的要件）によって成立する。養子が15歳未満の場合は，養親と，離縁後に養子の法定代理人となるべき者との協議で離縁がなされる（代諾離縁：同条2項）。法定代理人となるべき者については，①実親の一方または双方が生存している場合は実親であり，②縁組後に実親が離婚している場合には，実親の協議によってその一方に定める。協議が調わない場合には，家庭裁判所の審判による（同条3項・4項）。③実親が死亡している場合など，法定代理人となるべき者がいないときは，養子の親族その他の利害関係人の請求によって，家庭裁判所が離縁後に未成年後見人となるべき者を選任する（同条5項）。

なお，夫婦共同縁組の場合において未成年者と離縁する場合は，養親の一方が意思を表示することができないときを除いて，夫婦共同で離縁しなければならない（811条の2）。単独離縁を認めれば，未成年者の共同縁組の抜け道となり，未成年者の福祉にそぐわないためである。

(2) **裁判離縁**　離婚の場合と同様に，協議，調停，審判を経ても離縁が成立しない場合には，縁組当事者は，法定の離縁原因に基づいて離縁の訴えを提起することができる（814条1項）。

離縁原因には，①悪意の遺棄（1号），②3年以上の生死不明（2号），③その他縁組を継続しがたい重大な事由（3号）であり，①②が具体的離縁原因，③が抽象的離縁原因である。①②を理由とするものは稀であり，③が理由となることが多い。③は，親子としての精神的・経済的生活関係を維持することが困難なほどに信頼関係が破壊され，もはや回復が見込めない状況にあることを指す。そして，ここでも離婚の場合と同様に，有責当事者からの離縁請求が認められるのかという問題が考えられるが，判例は，これを否定している（最判昭39・8・

4民集18巻7号1309頁）。しかし，有責配偶者からの離婚請求が一定の条件のもとに認められるに至ったため（→第3章第3節），今後も離縁の事例で同様の判断が維持されるかについては疑問も呈されている。なお，①②の離縁原因については，それらが存在しても，裁判所は，一切の事情を考慮して縁組の継続を相当と認めるときは，離縁の請求を棄却することができる（814条2項による770条2項の準用）。

(3) **離縁の効果**　離縁によって養親子関係は消滅する。養子と養親の血族との法定血族関係も消滅し，縁組後に養子と婚姻した配偶者および養子の直系卑属・その配偶者と，養方との親族関係も終了する（729条）。養子が未成年者であれば，養親は親権を失い，実父母の親権が回復することになる。

　養子は，離縁によって縁組前の氏に復する（離縁復氏：816条1項本文）。ただし，養子が，夫婦共同で養親となっていた者の一方のみと離縁する場合には復氏しない（同項ただし書）。また，婚氏続称と同様の届出から，縁組時の氏を続称できる制度が1987（昭和62）年に新設された。縁組の日から7年経過後に離縁によって縁組前の氏に復した者は，離縁の日から3か月以内に届け出れば，縁氏続称が可能とされている（同条2項）。

2——特別養子

1 特別養子縁組制度の背景

　特別養子縁組は，縁組の日から実親との親子関係を終了させ，養親との間に実親子と変わらない親子関係を成立させる縁組である。この制度は，1987（昭和62）年に新設された。本格的な議論の契機となったのは，1973（昭和48）年の菊田医師事件である。同事件は，宮城県の産婦人科医の菊田医師が，人工妊娠中絶を望んで来院する女性に中絶を思いとどまらせ，生まれたばかりの子を，子に恵まれない夫婦に斡旋していたものである。菊田医師は，その夫婦の嫡出子として届出をさせるために，出生証明書の偽造を行っていた。この行為は当然ながら犯罪であるが，菊田医師の考えには理解を寄せる人も多く，後に特別養子縁組制度へと結びついたのである。

2 特別養子縁組の成立要件

　特別養子縁組の成立には，以下の要件を満たす必要がある（817条の2）。

①養親となる者は，配偶者のある者でなければならず，必ず夫婦共同で縁組をしなければならない（817条の3第1項・第2項本文）。特別養子の場合は子の年齢も比較的低いため，一般に両親が揃っており安定した家庭が望ましいということ，また，特別養子は，実親との関係が断絶するため，戸籍上も両親が存在することが望ましいことからである。

ただし，夫婦の一方が他の一方の嫡出子（連れ子）を特別養子にする場合には，単独縁組が可能である（同項ただし書）。もっとも，実際には，特別養子縁組には，後述する要保護性の要件があり，連れ子の場合にはすでに1人は実親がいることを理由に要保護性がまず認められないというのが実情である。

②養親となる者は，25歳以上でなければならない（817条の4）。養親となる夫婦の一方が25歳以上であれば，他方は20歳以上であれば足りる（同条ただし書）。この要件は，幼い子の健全な育成のためには養親が精神的・社会的に成熟していることが望まれること，また養子との間に実親子関係と同様の年齢差があることが望ましいことに配慮したものである。ただ，養親の年齢については下限のみで，上限は定めていないため，現実には養親子の年齢差が大きく開いている特別養子縁組も一部ある。そのため，請求時の養親の年齢の上限を定めるべきとの見解もある。

③養子となる者は，審判請求時に原則として15歳未満でなければならず，（817条の5第1項前段）。養親となる者が養子を15歳に達する前から監護し（里子として養育してきた場合など），やむを得ない事由により15歳までに請求がされなかったときは，15歳以上でも可能である（同条2項）。15歳以上の者が自ら普通養子縁組をすることができることを考慮し，15歳が基準とされている。2019年改正前は養子適格を原則として6歳未満としていたが，諸外国と比較しても低い年齢設定であり，特別養子縁組の数が伸び悩んでいる一因ともいわれていた。

また，養子となる者は，審判確定時に18歳未満でなければならない（同条1項後段）。養子となる者が15歳に達している場合においては，特別養子縁組の成立には，その者の同意がなければならない（同条3項）。

④養子となる者の父母の同意が必要である（817条の6）。特別養子縁組によって，実親子関係が終了するという重大な効果が生じるためである。ここにいう父母には，実父母のみならず養父母も含む。問題となるのは法律上の親子関係

であり，親権の有無とは無関係である。したがって，離婚後に親権者とならなかった親や親権を喪失したり停止されたりしている親も同意権を有し，嫡出でない子を認知した父（親権者は母）も同意権を有する。子を認知していない男性については，法律上の親子関係が存在しないため，その同意は要件とはならない（ただ，実務では，未認知であっても血縁上の父が判明している場合には，その血縁上の父の意向が聴取されている）。例外として，父母がその意思を表示することができない場合，または父母による虐待，悪意の遺棄その他養子となる者の利益を著しく害する事由がある場合には同意は不要である（同条ただし書）。また，2019年改正により，父母の同意は，養子となるべき者の出生の日から2か月を経過した後にすることができることとなった（家事164条の2第1項・同条5項1号）。

　同意の撤回は，2019年改正前は，特別養子縁組の審判確定前であればいつでも可能であったが，特別養子縁組の手続が不安定になることが問題視されていた。そこで，同改正で，父母の同意について次の2段階手続が導入された。すなわち，実親による養育状況および実親の同意の有無等を判断する第1段階の審判（**特別養子適格の確認の審判**）と，養親子のマッチングを判断する第2段階の審判（**特別養子縁組の成立の審判**）である（家事164条の2・164条）。第1段階の審判における実親の同意は，家庭裁判所への書面の提出によって，または審問において行うが，その同意の日から2週間経過後は撤回不可となる（家事164条の2第5項）。養親となるべき者は，第1段階の審判における裁判所の判断が確定した後に試験養育を開始することができ，一方，実親は第2段階の審判には関与することができない。

　養親となるべき者が第1段階の審判を申し立てるときは，必ず第2段階の審判と同時に申し立てなければならない（家事164条の2第3項）。2つの審判を同時にすることも可能で，この場合においては，特別養子縁組の成立の審判は，特別養子適格の確認の審判が確定するまでは確定しない（家事164条11項）。なお，児童相談所長は，第1段階の審判の申立人または参加人として主張・立証することができる（児福33条の6の2・33条の6の3）。

　⑤要保護性が認められる必要がある。つまり，父母による監護が著しく困難または不適当であることその他特別の事情がある場合において，子の利益のた

□ WINDOW 5-4　　　　　　　　　　　　　　　　　　　　　　◀◀

特別養子縁組の戸籍

　特別養子縁組では実親子関係を断絶する一方で，近親婚の制限，子の出自を知る権利の保障を考慮し，その戸籍は次の手続により編製される。

　家庭裁判所の審判が確定した後，養親は10日以内に，審判の謄本を添付して，届け出なければならない（戸68条の2・63条1項：報告的届出）。この届出により，実親の本籍地において，特別養子を筆頭者とする単身の新戸籍が編製される（戸20条の3第1項・30条3項）。このとき，特別養子の氏は養親の氏で記載される。そして特別養子は，その中間戸籍から，直ちに養親の戸籍に入る（戸18条3項）。その戸籍では，父母欄に養父母の氏名のみが記載され，実父母の氏名は記載されない。続柄欄には，「長男・長女」といった記載がされる。そして養子の単身戸籍は除籍され，除籍簿として保存される（戸12条1項）。

　普通養子縁組の場合は，戸籍を閲覧すれば，「養父」「養母」として養親の名が記載されており，身分事項欄には縁組日や代諾者が記され，従前戸籍の欄で実親の氏名を確認することができる（単身戸籍は編成されない）。これに対して特別養子縁組の場合は一見してわからない仕組みになっているが，現戸籍の詳細をみると，「民法817条の2による裁判確定日」との記載がある。そのため，一定の年齢になり，疑問に思い調べることがあれば養子であることに気づく可能性もある。

　養子の単身戸籍は，関係者しか閲覧請求できないようになっているため，プライバシーが保護されると同時に，養子自身は，さらにこの中間の単身戸籍を媒介して調べていくと，養子縁組当時の本籍地や実親の氏名を知ることができる。そのように，必要に応じて子が実親の戸籍を検索することができ，ひいては，その情報から実親を探すことができるように配慮されている。

めとくに必要であることが求められる（817条の7）。親に虐待を受けた子，棄児などで，児童福祉法に基づき施設に入所している場合には，要保護性が認められるといえる。すでに①で言及したように，連れ子の場合には実親による監護を受けているため，この要件にはあたらないと判断される。一方で，代理懐胎により出生した子の場合には，特別養子縁組の成立が認められている（神戸家姫路支審平20・12・26家月61巻10号72頁，静岡家浜松支審令2・1・14判時2496号82頁）。

　⑥試験養育期間を経る必要がある。養親となる者が養子となる者を6か月以上の期間監護した状況を考慮しなければならない（817条の8第1項）。第2段階の特別養子縁組の成立の審判において，養親の適格性や養親子間の適合性を判断する材料となる。ただし，里親が里子を特別養子とする場合のように（里親委託は児童福祉法上の措置であり，法的親子関係は形成されない），養子縁組前から

図表5-1　普通養子と特別養子の差異

	普通養子縁組	特別養子縁組
成立の方式	合意と届出	家庭裁判所の審判
成立要件	本書93頁以下の①～⑧	本書98頁以下の①～⑥
効　果	実親との親子関係は継続する。	実親との親子関係は断絶する。
離　縁	協議離縁・調停離縁・審判離縁・裁判離縁が可能。	原則として認められない（一定の場合にのみ例外的に家庭裁判所の審判で認められる）。
戸籍上の記載	養子・養女と明記される。実父母と養父母が記載される。	長男・長女などと記載される（一見しては養子とわからない）。養父母を父母として記載。

監護されており，その状況が明らかであるときは，改めて6か月の試験養育期間は必要ではない（同条2項）。

③ 特別養子縁組の効果

　特別養子縁組によって，養子が養親の嫡出子の身分を取得し，養子と養親の血族との間に法定血族関係が発生することは，普通養子縁組の場合と共通する。また，養子は養親の氏を称し，養親の親権に服する。加えて，特別養子縁組の場合に特徴的な効果として，養子と実方の父母およびその血族との親族関係が終了する（817条の9）。ここにいう実方の父母とは，民法817条の6に規定される父母と同義であり，実父母のほか，養父母も該当する。

　なお，父母の一方が他方の嫡出子を単独で特別養子とした場合には，養子と他方の配偶者およびその血族との親族関係は終了しない（817条の9ただし書）。親族関係終了後も，近親婚の禁止は適用される（734条2項・735条）。

④ 特別養子縁組の離縁

　特別養子縁組の場合には，原則として，離縁は認められない（817条の10第2項）。ただし例外として，養親による虐待，悪意の遺棄，その他養子の利益を著しく害する事由があり，かつ実父母が相当の監護をすることができる場合において，養子の利益のためにとくに必要であると認められるときには，家庭裁判所の審判によって離縁することが認められている（同条1項）。この離縁を請求できるのは，養子，実父母または検察官であり，養親は請求することができない。離縁の日から，養子と実父母およびその血族との間においては，特別養子縁組によって終了した親族関係と同一の親族関係が生じる（817条の11）。特別養子縁組離縁の請求は，実際にはほとんどない。

第**6**章

親権, 後見, 扶養

●本章で学ぶこと

未成年者は成年に達するまでの間，親権者のもとで養育される。では，親権者は，具体的にどのような権利を持ち，義務を負うのだろうか。親権の内容とその適切な行使について学ぶ。近年，社会問題となっている児童虐待など親権が適切に行使されない場合に，民法が用意している対策についても取り上げる。また，（適切に）親権を行使する者がないときのために，未成年後見制度も用意されている。その場合には，誰がどのような内容の職務を行うのか。一方で，後見には，2000（平成12）年に施行された，判断能力が不十分な成年者を保護するための成年後見制度もある。高齢化社会において，最近では，判断能力低下時に備えて信頼できる者との間で締結しておく任意後見契約の重要性も増している。扶養は，自己の収入および資産で生活を維持することができない者に対して，経済的援助を行うことをいう。これら親権，後見・保佐・補助，扶養は，互いに関連を持つ制度である。

第1節　親　権

1　子のための親権

　父母は，未成年の子を監護教育し，子の財産を管理する。その根拠となる権利を**親権**と呼ぶが，親権の行使にあたっては，義務的な側面にも配慮しなければならない。1989年に国連で採択された**児童の権利に関する条約**（日本は1994年に批准）も，子どもという存在を単なる保護の対象を超えて，独立した権利主体と捉えている。わが国でも親権は，かつては家父長権に始まり，父権として構成されていたが，今日では子の利益を図るための権利として認識されている。

2　親権者と子

　(1)　**親権に服する子**　　親権に服するのは，成年に達しない子である（818条1項）。各々の精神的成熟や経済的自立とは無関係であり，年齢によって一律に規制されている。

　(2)　**親権者**　　明治民法では，婚姻中も原則として父の単独親権とされていたが，現行民法では，父母が婚姻中であるときは，父母が共同して親権を行使する（818条3項）。ただし，父母の一方の死亡・行方不明（事実上，親権行使が不可能な場合），親権の停止・喪失（法律上，親権行使が不可能な場合）により親権を行うことができないときは，他の一方が親権を行うことになる（同項ただし書）。なお，父母双方が死亡したときは，未成年後見が開始する（838条1号，→111頁）。

　父母が離婚したときについては，第4章の説明のとおりであるが，では，離婚後に親権者となった者が死亡したときは，他方が親権者となるのであろうか。この点について，従来は，親権者が死亡すれば当然に未成年後見が開始し（838条1号），他方の親が適任であればその親を後見人に選任すればよいと解されていた。しかし，現在の通説・実務では，他方の親が適任であれば，家庭裁判所による親権者変更ができるとされている。

　養子については，養親が親権者となる（818条2項）。養父母が婚姻中は，共同して親権を行うが（同条3項），養父母が離婚した場合は，いずれかの単独親権となる。養父母の一方が死亡した場合は，他方が親権者となる。養父母双方

□ WINDOW 6-1

子の引渡し

　別居中や離婚後の父母間では，ときに子どもの奪い合い紛争が起きる。その場合，子を手元に置いている親に対して，他方の親はどのような法的主張を行えるのか。

　まず，①親権者は非親権者に対して，自己の親権行使に対する妨害排除請求として，民事訴訟法によって子の引渡しを請求することができる。明文の規定はないが，判例上，認められている（最判昭35・3・15民集14巻3号430頁）。

　また，②離婚後に親権者・監護者とならなかった親が親権者・監護者に子を引き渡さないときは，親権者・監護者は，766条の「子の監護に関する処分」として子の引渡しを請求することができる。別居中の夫婦間についても，766条の類推適用が認められている。反対に，親権者・監護者とならなかった親が子の引渡しを求める場合は，親権者の変更（819条6項），監護者の指定・変更によることになる。

　そのほか，③人身保護法による子の引渡請求も可能である。人身保護法は，他に救済の目的を達するのに適当な方法があるときは適用されない（人身保護規則4条ただし書，補充性の原則）。ただ，手続が迅速であり，刑事罰も定められているため，766条の審判前の保全処分導入後も子の引渡しにおいて利用されてきた。しかし，最判平5・10・19民集47巻8号5099頁を契機として，その傾向に歯止めがかけられている。本判決では，人身保護請求の認容には，「拘束又は拘束に関する裁判若しくは処分がその権限なしにされ又は法令の定める方式若しくは手続きに著しく違反していることが顕著である」こと（顕著な違法性）が必要なことを確認したうえで，別居中の夫婦間の紛争について，拘束者による子の監護が「子の福祉に反することが明白」でなければならないとの制限を示した（明白性の要件）。

が死亡した場合には，通説によれば，実父母の親権は回復せず，未成年後見が開始する。これに対して，養父母と養子が離縁した場合には，実父母の親権が回復する（811条2項・3項）。

　嫡出でない子については，母が単独で親権を行使する。父が子を認知した場合は，親権者を父に定めることも可能であるが，父子関係の成立により当然に親権者となるわけではなく，父母の協議による（819条4項）。その協議が調わないとき，または協議ができないときは，家庭裁判所の審判による（同条5項）。

③ 親権の行使：身上監護権

　親権は，身上監護と財産管理からなる。親権者は，子の利益のために，子を監護および教育をする権利を有し，義務を負う（820条。**身上監護**）。ただし，親権者が監護および教育をするにあたっては，子の人格を尊重するとともに，子の年齢および発達の程度に配慮しなければならず，かつ，体罰その他の子の心

身の健全な発達に有害な影響を及ぼす言動をしてはならない（821条。体罰等の禁止）。改正前822条の懲戒権は児童虐待の正当化の口実となっているとの指摘があり，2022年改正で削除された。また，親権者は子の居所を指定することができ（822条。**居所指定権**），子は親権者の許可がなければ職業を営むことができない（823条。職業許可権）。これは，自ら営業する場合（6条1項）のみならず，雇用されて働く場合も該当する。

　なお，身分行為に関する代理権については，民法の個別規定による。認知の訴え（787条），15歳未満の子の縁組の代諾（797条），相続の承認・放棄（917条・915条1項）などがある。

④ 親権の行使：財産管理権

　親権を行う者は，子の財産を管理し，その財産に関する法律行為についてその子を代表する（824条。**財産管理権**）。「代表」とは「代理」と同義と解してよい。財産管理の具体的内容は，財産を保存，利用，改良する行為である。財産の維持・増加という目的の範囲においては，処分行為も含まれると解されている。さらに，親権者は，未成年者の法律行為に同意を与える権限も有する（5条）。

　では，父母が共同で親権を行使する場合において，その一方が他の一方の意思に反して共同名義で法律行為を代理し，または法律行為に同意を与えたときについては，どのように考えるべきか。本来であれば，代理または同意の効果は生じないはずであるが，第三者保護の必要性から，第三者が悪意でなければ有効とされている（825条）。これに対し，父母の一方が無断で他方の単独名義で代理をした場合は無権代理であり，追認がない限り効力を生じない（表見代理の類推適用により相手方が保護される場合はある）。父母の一方が無断で他方の単独名義で同意をした場合には，追認がない限り子の行為を取り消すことができる。

　親権者は，財産管理権を行使するにあたって，自己のためにするのと同一の注意義務を負う（827条）。後見人の財産管理における注意義務については，善良なる管理者の注意義務（869条・644条）が要求されていることに比べて，注意義務の程度が軽減されている。

　子が成年に達したときは，親権を行った者は，遅滞なくその管理の計算をしなければならないが（828条），その子の養育および財産管理の費用はその子の

☐ **WINDOW 6-2**　　　　　　　　　　　　　　　　　　　　　　　◀◀

国際的な子の連れ去りとハーグ条約

　近年，国際結婚の増加に伴ってその破綻も問題となり，両親が国境を越えて子を奪い合うケースも増加している。このような場合については，ハーグ条約（「国際的な子の奪取の民事上の側面に関する条約」）が規律する。16歳未満の子を親の一方が他方に無断で国外に連れ去った場合には，原則として，子を元の居住国に返還しなければならない。日本を含め加盟国は100か国を超えている。面会交流の支援を求めることもできる。親が日本人と外国人のケースに限らず，日本人同士のケースも対象となる。

　返還手続において裁判になった場合，日本では東京・大阪家裁のいずれかで返還可否の判断が行われる。返還が認められないのは次のようなケースである。①連れ去りから1年が経過した後に申立てがされ，かつ子が新たな環境に適応している場合（条約12条2項），②申立人が連れ去り時に現実に子を監護していなかった場合（条約13条1項a号），③返還により子が心身に害悪を受け，または耐え難い状態に置かれるような重大な危険がある場合（条約13条1項b号），④子が返還を拒み，かつ当該子がその意見を考慮するに足る年齢・成熟度に達している場合（条約13条2項）である。

　とくに，③は「重大な危険の抗弁」と呼ばれるものであるが，日本のハーグ条約実施法（「国際的な子の奪取の民事上の側面に関する条約の実施に関する法律」）では，考慮事由が具体的に列挙されている（実施法28条2項）。子が直接に暴力等を受けるおそれ（1号）のほか，相手方・子が常居所地国に入国すれば，子に心的外傷を与えることとなる暴力を相手方が受けるおそれ（2号），常居所地国で申立人または相手方による子の監護が困難な事情（3号）が斟酌される。

　一方，返還すべき場合については，従来から強制執行の実効性の問題が指摘されていたところ，2019（令和元）年の民事執行法・ハーグ条約実施法改正により，強制執行に関する規律（実施法134条以下）の明確化が図られた。

財産の収益と相殺したものとみなされる（同条ただし書）。つまり，親権者は，子の財産の収益（子の不動産の賃料など）を，子の財産の管理費用や養育費に充てることができる。ただ，ここで問題となるのは，収益が費用を上回る場合である。その差額分は親権者が取得できると考えてよいか。近年では，親権は子の利益のために行使するという考え方が浸透しており，この規定は収益権を認めるものではなく，明白な余剰については子に返還しなければならないとする見解が一般的である。

⑤ 利益相反行為

　(1)　**利益相反行為の禁止**　　次の場合には，子の利益を保護するため，親権者の代理権を制限する必要が生じる。第1は，親権者とその子の利益が相反す

る場合であり，親権者は，その子のために家庭裁判所に特別代理人の選任を請求しなければならない（826条1項）。第2は，親権に服する子が数人いる場合において，そのうちの1人と他の子との利益が相反するときであり，親権者は，その一方のために特別代理人の選任を請求しなければならない（同条2項）。これらの規定に反して，親権者が特別代理人選任の請求をせずに子を代理すれば，それは無権代理行為となるから，子が成年に達した後に追認しなければその効力は本人に及ばないとするのが判例（最判昭46・4・20家月24巻2号106頁）・通説の立場である。また，特別代理人の選任を請求せずに子の行為に同意を与えた場合も，その行為は取り消しうべき行為となる。共同親権者の一方のみと子の利益が相反する場合には，判例（最判昭35・2・25民集14巻2号279頁）・通説によれば，利益が相反する一方の親権者に特別代理人を選任し，その特別代理人と他方の親権者が共同で代理をすることになる。

(2) **利益相反行為の判断基準**　親権者が子に自己所有の不動産を贈与する無償行為など，親権者にとっては不利益となるが子にとってはもっぱら利益となる行為は，利益相反行為には該当しない。対して，子の財産を親権者に譲渡または売却するなどの行為は，利益相反行為となる。また，親権者と子の間のみならず，第三者と子の法律行為について親権者が子を代理する場合にも，利益相反行為の規定が適用される。しかし，その場合には第三者の保護（取引の安全）との調整を図る必要も生じる。判例は，取引の安全を重視し，もっぱら行為の外形から判断する外形説（形式的判断説）をとる（最判昭37・10・2民集16巻10号2059頁）。外形説によれば，たとえば，親権者が，子の養育費のために自己名義で借金をして，子の不動産に抵当権を設定する行為は利益相反行為にあたる。主債務者である親権者と物上保証人である子が利益相反の関係に立つからである。これに対して，親権者が，自己の遊興費に充てる目的で子の名義で借金をして，子の不動産に抵当権を設定する行為は利益相反行為にあたらない。親権者は子を代理して法律行為を行い，その法律行為の効果が子に帰属するのであり，行為の外形からみれば，親権者が利益を得る構図にはならないからである。学説では，子の利益の保護を重視し，行為の動機や目的などを考慮する実質説（実質的判断説）が有力である。

　もっとも，判例は外形説に立ちつつも，代理権濫用の法理により子の保護を

図る立場を示している。すなわち，行為の相手方が代理権濫用の事実を知りまたは知ることができたときは，民法旧93条ただし書の類推適用により，当該行為の効果が子に及ばないとしていた（最判平4・12・10民集46巻9号2727頁）。なお，2017年の債権法改正により，代理権濫用に関する規定が設けられ，このような濫用行為は無効ではなく，無権代理行為として扱われることになった（107条）。

⑥ 親権の制限

児童虐待には，児童福祉法，児童虐待防止法（「児童虐待の防止等に関する法律」）による対応も考えられるが，民法上は，以下の制度が用意されている。

(1) **親権喪失** 親権喪失の要件は，父または母による虐待または悪意の遺棄があるとき，その他父または母による親権行使が著しく困難または不適当であり子の利益を著しく害すること，かつ，2年以内にその原因が消滅する見込みがないことである。この場合，家庭裁判所は，子，その親族，未成年後見人，未成年後見監督人または検察官の請求によって，**親権喪失**の審判をする（834条）。児童相談所長も請求することができる（児福33条の7）。これによって，親権（身上監護権および財産管理権）の全部の行使を制限することになる。

2011（平成23）年の民法改正までは，親権喪失の原因は，「親権を濫用し，または著しく不行跡であるとき」と規定されていたが，改正により「子の利益を著しく害するとき」という文言が明記され，内容も具体化された。親権喪失の審判の請求権者も拡大され，従前は子の親族と検察官に限られていたが，未成年後見人，未成年後見監督人のほか，子自らの請求も認めている。家庭裁判所は，申立てに基づいて審判前の保全処分を命じることができる（家事174条）。なお，親権喪失審判がなされた場合には，子の戸籍の身分事項欄に，その旨記載される。

(2) **親権停止** 親権喪失制度については従来，①要件が厳格なため，比較的程度の軽い事案において必要な親権制限をすることができない，②効果が大きいため，親権喪失後の親子の再統合に支障をきたすおそれがある，③医療ネグレクトの事案のように，一定期間について親権を制限すれば足りる場合に，過剰な制限になるおそれがあるといった問題点が指摘されていた。そこで，「最後の手段」ではなく「最初の手段」としても利用できる柔軟な制度をめざして，親権喪失制度の見直しとともに，**親権停止**制度（834条の2）も創設された。

　親権停止の要件は，親権の行使が困難または不適当であることにより子の利益を害することである。請求権者は，親権喪失の審判の場合と同じである。停止期間の上限は２年であり，期間の更新は認められないが，再度，親権停止の審判を請求することが可能である。家庭裁判所は，申立てに基づいて審判前の保全処分を命じることができる（家事174条）。親権停止審判がなされた場合にも，子の戸籍の身分事項欄に，その旨記載される。

　(3)　**管理権喪失**　　財産管理についてのみ問題がある場合は，管理権喪失（835条）によって対応することができる。管理権喪失の要件は，財産管理権の行使が困難または不適当であることにより子の利益を害することである。請求権者は親権喪失・停止の審判の場合と同じである。

　(4)　**親権制限の取消し**　　親権喪失，親権停止，管理権喪失の原因が消滅したときは，家庭裁判所は，本人，その親族の請求によって，親権喪失，親権停止，管理権喪失の審判を取り消すことができる（836条，児福33条の７）。これにより，親権を喪失または停止されていた親は，再び親権を行使することが可能になる。子は本来，親のもとで養育されるのが望ましいとの考えに基づき，取消しの制度が存在する。

　(5)　**親権・管理権の辞任**　　親権を行う父または母は，やむを得ない事由があるときは，家庭裁判所の許可を得て，親権の全部または管理権を辞任することができる（837条１項）。重病・服役などが考えられるが，親権は子のための制度であり，安易な辞任は認められるべきではないため，家庭裁判所の許可が必要とされている。辞任の理由となった事由が消滅したときは，家庭裁判所の許可を得て，親権・管理権を回復することができる（同条２項）。

第2節　後　　見

　後見には，**未成年後見**と**成年後見**があるが，いずれも判断能力の不十分な者に対する法的保護の制度である。未成年後見は，親権による保護を受けることのできない未成年者を保護の対象とする制度であり，親権の補充的機能を持つ。成年後見は，広義には，精神上の障害により事理を弁識する能力が不十分

な成年者を保護の対象とする制度全体を指す。詳細をみると，成年後見には，**法定後見**と**任意後見**があり，法定後見はさらにその保護の必要の程度に応じて，（狭義の）**成年後見**，**保佐**，**補助**の3類型に分けられる。

1──未成年後見

① 未成年後見の開始原因

　未成年後見は，未成年者の親権を行う者がいないとき，または親権者が財産管理権を有しないときに開始する（838条1号）。親権者の死亡または親権の喪失・停止・辞任により法律上親権を行う者がいない場合のみならず，親権者が行方不明，精神上の障害などにより事実上親権を行うことができない場合も含む。ただし，父母の共同親権の場合に，一方のみに親権喪失・停止等の事由が生じたとしても，他の一方が引き続き親権を行使することになり，後見は開始しない。

② 未成年後見人の選任

　未成年後見の職務を行う者（**未成年後見人**）の選任には次の2つの方法がある。1つは未成年者に対して最後に親権を行う者が遺言により指定する方法であり（839条），もう1つは，その指定がないときに，未成年者本人またはその親族その他の利害関係人の請求により，家庭裁判所が選任する方法である（840条1項）。児童相談所長も請求することができる（児福33条の8）。父または母は，自らの親権・管理権の喪失・停止・辞任によって未成年後見人を選任する必要性が生じたときは，遅滞なくその選任を請求する義務を負う（841条）。未成年後見人が選任され，その保護を受ける者を**未成年被後見人**という。

　2011（平成23）年の民法改正により，未成年後見人選任に際して考慮すべき事情が明示された（840条3項）。未成年被後見人の年齢，心身の状態，生活および財産状況，未成年後見人となる者の職業・経歴，未成年被後見人との利害関係の有無，未成年被後見人の意見その他一切の事情を考慮しなければならないとされている。また，同改正前は，未成年後見人は1人に限定されていたが（旧842条），現在では当該条文は削除され，複数でも可能とされている（840条2項）。自然人のみならず，法人を未成年後見人に選任することもできるようになった（同条3項括弧書）。

③ 未成年後見人の職務

　未成年後見人は，未成年者の身上監護について，親権者と同一の権利義務を有する（857条）。財産管理および財産行為の代理権についても，親権者と同一の権利義務を有する（859条）。ただし，その際の注意義務は親権者の場合よりも重く，後見人は，善管注意義務を負う（869条による644条の準用）。

　未成年後見人が複数ある場合には，共同してその権限を行使するが（857条の2第1項），家庭裁判所は，職権で，一部の未成年後見人について，財産に関する権限のみを行使すべきことを定めることができる（同条2項）。たとえば未成年者の財産管理は弁護士や司法書士などの専門家が行い，身上監護は未成年者の親族が行うなど，事務の適切な分掌が可能となる。さらに，財産に関する権限について，各未成年後見人が単独で行使すること，または数人の未成年後見人で分掌して行使すべきことを定めることもできる（同条3項）。

　未成年後見人の報酬については，家庭裁判所が，未成年後見人および未成年被後見人の資力その他一切の事情によって，未成年被後見人の財産の中から，相当な報酬を後見人に与えることができる（862条）。

④ 未成年後見人の辞任・解任・欠格

　後見人は，正当な事由があるときは，家庭裁判所の許可を得て辞任することができる（844条）。正当な事由とは，たとえば老齢・疾病などのため後見事務を適切に遂行できないとされるときである。その場合，新たに後見人を選任する必要が生じたときは，家庭裁判所に選任を請求しなければならない（845条）。

　また，後見人に不正な行為，著しい不行跡その他後見の任務に適しない事由があるときは，家庭裁判所は，後見監督人（後述），被後見人，親族，検察官の請求により，または職権で，後見人を解任することができる（846条）。近年では，親族・専門家を問わず，後見人が被後見人の財産の横領により解任される例も少なくない（この場合に親族相盗例〔刑法244条〕が準用されないことについては，→8頁参照）。このような犯罪を防止するために，2012（平成24）年2月から，後見制度支援信託の新制度が導入された。これは，被後見人の一定額を超える財産を信託銀行の口座に移し，後見人がまとまった金額を引き出す際には家庭裁判所の許可を必要とするものである（後述の〔狭義の〕成年後見の場合にも利用できるが，保佐・補助，任意後見では利用できない）。

　なお，後見人になることができないと法定されている者は，後見欠格である（847条）。後見人は，被後見人の身上監護や財産管理を行う能力が前提とされ，また被後見人と利害関係に立つ者は望ましくないことなどから，①未成年者，②家庭裁判所で法定代理人，保佐人，補助人となることを免ぜられた者，③破産者，④被後見人に対して訴訟をし，またはした者，ならびにその配偶者および直系血族，⑤行方の知れない者が後見欠格とされている（同条）。後見人に選任された後にこれらの欠格事由が発生した場合には，その発生とともに当然に後見人の地位を失う（大決昭12・6・9民集16巻771頁）。

⑤ 未成年後見監督人の選任と職務

　未成年後見人の監督には，**未成年後見監督人**を選任することができる。未成年後見監督人は，未成年後見人を指定することができる者が遺言で指定することができる（848条）。あるいは，家庭裁判所が必要であると認めたときは，被後見人，その親族もしくは後見人の請求により，または職権で選任される（849条）。

　後見監督人の辞任・解任・欠格などについては後見人の規定が準用されるが（852条），さらに後見監督人については，後見人と一定の身分関係にある場合には適切な職務の執行を期待できないので，後見人の配偶者，直系血族，兄弟姉妹は後見監督人になることができない（850条）。

　後見監督人の職務は，①後見人の事務を監督すること，②後見人が欠けた場合に遅滞なくその選任を家庭裁判所に請求すること，③急迫の事情がある場合に必要な処分をすること，④後見人またはその代表する者と被後見人との利益が相反する行為について被後見人を代表することである（851条）。

⑥ 未成年後見の終了

　未成年後見は，未成年被後見人の死亡によって終了する。また，未成年被後見人の成年到達によっても終了する。これらの場合には後見の必要性がなくなることから，後見の絶対的終了という。後見人の死亡，辞任・解任，欠格事由の発生の場合にも従前の後見人の任務は終了するが，このような場合を後見の相対的終了という。未成年後見が終了すれば，未成年後見人またはその相続人は，原則として2か月以内に，後見職務において生じたすべての財産の収入および支出の計算をしたうえで（870条），管理していた財産を本人に返還しなければならない。

2——成年後見

① 後　　見

(1)　**成年後見の開始原因**　　成年後見は、「精神上の障害により事理を弁識する能力を欠く常況にある者」を保護するための制度であり、後見開始の審判によって開始する（7条・838条2号）。後見開始の審判は、家庭裁判所が、本人、配偶者、4親等内の親族、未成年後見人、未成年後見監督人、保佐人、保佐監督人、補助人、補助監督人または検察官の請求によってする（7条）。また、身寄りのない高齢者などに配慮し、市町村長も請求することができる（老福32条、知的障害28条、精神51条の11の2）。審判にあたっては、明らかにその必要がないと認められる場合を除き、本人の精神状況について鑑定をしなければならず（家事119条1項）、本人の陳述を聴かなければならない（家事120条1項1号）。

(2)　**成年後見人の選任**　　**成年後見人**は、後見開始の審判をする際に、家庭裁判所によって職権で選任される（843条1項。後見人が欠けたときについては、同条2項）。後見開始の審判において成年後見人が選任され、その保護を受ける者を**成年被後見人**という。1999（平成11）年改正前の禁治産制度では、夫婦の一方が禁治産宣告を受けたときにはその配偶者が当然に後見人となるとされていたが、現行法では廃止されている。また、成年後見人については、1999年の改正時より、複数後見人（843条3項・859条の2）、法人を選任することが可能とされている（843条4項）。

(3)　**成年後見人の職務**　　成年後見人は、成年被後見人の生活、療養看護および財産の管理につき成年被後見人の意思を尊重し、その心身の状態および生活の状況に配慮しなければならない（858条）。ここにいう療養看護には、介護などの事実行為は含まない。成年後見人は、善管注意義務を負う（869条による644条の準用）。成年後見人は、成年被後見人の居住の用に供する建物またはその敷地について、売却、賃貸、賃貸借の解除または抵当権の設定その他これらに準ずる処分をする際には、家庭裁判所の許可を得なければならない（859条の3）。

　成年後見人が複数ある場合には、家庭裁判所が、職権で、数人の後見人が、共同して、または事務を分掌して、その権限を行使することを定めることがで

□ WINDOW 6-3

成年後見制度の改正

　成年後見制度は，かつては禁治産宣告と準禁治産宣告の2類型であった。しかし，そのような制度に対しては，柔軟性に欠け利用しにくいとの批判があり，1999（平成11）年に法改正がなされた。新制度では，自己決定の尊重，残存能力の活用，ノーマライゼーションなどの理念が打ち出され，現行の後見・保佐・補助の3類型に改められた。また，禁治産・準禁治産は宣告を受けると戸籍に記載されていたが，改正後の3類型については戸籍には記載されず，法務局が管理する「後見登記等ファイル」への登記のみである。

　この制度の大きな変更から20年以上が経過した現在，ますます高齢化が進んでいる。また，2013（平成25）年には日本は「障害者の権利に関する条約」を批准した。そのようななか，成年後見制度の利用促進に向けた動きがみられる。2016年4月6日には「成年後見事務の円滑化を図るための民法及び家事事件手続法の一部を改正する法律」が成立し，成年後見人の権限拡張がなされた。成年後見人は，①成年被後見人宛の郵便物を開いて見ることが可能となり（860条の3第1項），②成年被後見人死亡の場合に，相続人が相続財産を管理することができるに至るまで，相続財産の保存行為，相続債務の弁済，その死体の火葬または埋葬に関する契約の締結をすることが可能となった（873条の2）。

　また，2016（平成28）年4月15日には「成年後見制度の利用の促進に関する法律」が公布された（同年5月13日施行）。それに基づき，成年後見制度利用促進基本計画（2017〜21年度）が策定された。その計画には，①成年後見人や親族だけでなく，福祉・法律などの専門職も含めた地域のネットワークを構築すること，②成年後見人の職種・資格に関する欠格条項を縮小することなどが盛り込まれ，2019（令和元）年6月7日には，②の欠格条項を一括削除する法律が成立した。第2期成年後見制度利用促進基本計画（2022〜2026年度）においても，①は引き続き課題として挙げられている。

きる（859条の2第1項）。なお，報酬については，未成年後見人と共通する規定により，家裁は，成年後見人および成年被後見人の資力その他一切の事情によって，成年被後見人の財産の中から，相当な報酬を成年後見人に与えることができるとされている（862条）。

　(4)　その他　成年後見人の辞任・解任・欠格については，未成年後見の規定と共通する（→112頁）。

　成年後見人の監督には，**成年後見監督人**を選任することができる。成年後見監督人は，家庭裁判所が必要があると認めるときは，被後見人，その親族もしくは後見人の請求により，または職権で選任される（849条）。後見監督人の辞任・解任・欠格，後見監督人の職務についても未成年後見と共通である（→113頁）。

　成年後見は，成年被後見人の死亡，本人の事理弁識能力の回復による後見開

始の審判の取消し（10条），保佐・補助への移行によって終了する（絶対的終了）。また，後見人の死亡，辞任・解任，欠格事由の発生によっても終了する（相対的終了）。成年後見人の任務が終了したときに財産管理の計算をしなければならないのも，未成年後見の場合と同様である（870条）。

② 保　佐

保佐は，「精神上の障害により事理を弁識する能力が著しく不十分な者」を保護するための制度であり，保佐開始の審判によって開始する。保佐開始の審判は，本人，配偶者，4親等内の親族，後見人，後見監督人，補助人，補助監督人または検察官の請求による（11条）。保佐開始の審判を受けた者は**被保佐人**となり，**保佐人**が付けられる（12条）。

保佐人は，被保佐人が行う借財，保証，不動産の売買，訴訟行為等，民法13条1項に掲げられた重要な法律行為および同条2項の審判によって指定された法律行為について同意を与える権限を有し，同意なしに行われたそれらの行為については取消権・追認権（120条・122条）を有する。また，家庭裁判所は，特定の法律行為について保佐人に代理権を付与する旨の審判をすることもできる（876条の4第1項）。ただし，本人以外の者の請求による場合には，本人の同意を要する（同条2項）。

保佐人は，保佐の事務を行うにあたっては，被保佐人の意思を尊重し，かつ，その心身の状態および生活の状況に配慮しなければならない（876条の5第1項）。保佐人は善管注意義務を負い，居住用不動産を処分する場合の家庭裁判所の許可，報酬については，成年後見の場合に準じる（同条2項）。保佐人の選任，辞任・解任・欠格についても，成年後見人の場合に準じる（876条の2第2項）。また，家庭裁判所は，必要があると認めるときは，被保佐人，その親族もしくは保佐人の請求により，または職権で，保佐監督人を選任することができる（876条の3第1項）。

保佐は，被保佐人の死亡，本人の事理弁識能力の回復による保佐開始の審判の取消し（14条1項），後見・補助への移行によって終了する（絶対的終了）。また，保佐人の死亡，辞任・解任，欠格事由の発生によっても終了する（相対的終了）。保佐人の任務が終了したときに財産管理の計算をしなければならない（876条の5第3項による870条の準用）。

③ 補　　助

補助は，「精神上の障害により事理を弁識する能力が不十分な者」を保護するための制度であり，補助開始の審判によって開始する。補助開始の審判は，被補助人となるべき者，配偶者，4親等内の親族，後見人，後見監督人，保佐人，保佐監督人または検察官の請求による（15条1項）。本人以外の者の請求により補助開始の審判をするには，本人の同意を得なければならない（同条2項）。補助開始の審判を受けた者は**被補助人**となり，**補助人**が付けられる（16条）。

補助の場合，同意権については，家庭裁判所は，請求によって，特定の法律行為について，補助人に同意権（取消権・追認権）を付与する旨の審判（17条1項）を行うことができる。ただし，同意権を与えることができるのは13条1項に規定する行為の一部に限られ，本人以外の請求の場合には本人の同意が必要である（17条2項）。また代理権についても，代理権を付与する旨の審判を行う（876条の9第1項）。本人以外の者の請求による場合には，保佐の場合と同様に，本人の同意を要する（同条2項）。

補助人は，補助の事務を行うにあたっては，被補助人の意思を尊重し，かつ，その心身の状態および生活の状況に配慮しなければならない（876条の10第1項）。補助人は善管注意義務を負い，居住用不動産を処分する場合の家庭裁判所の許可，報酬については，成年後見の場合に準じる（同項）。補助人の選任，辞任・解任・欠格についても，成年後見の場合に準じる（876条の7第2項）。また，家庭裁判所は，必要があると認めるときは，被補助人，その親族もしくは補助人の請求により，または職権で，補助監督人を選任することができる（876条の8第1項）。

補助は，被補助人の死亡，本人の事理弁識能力の回復による補助開始の審判の取消し（18条1項），後見・保佐への移行によって終了する（絶対的終了）。また，補助人の死亡，辞任・解任，欠格事由の発生によっても終了する（相対的終了）。補助人の任務が終了したときに財産管理の計算をしなければならない（876条の10第2項による870条の準用）。

④ 任意後見

(1) **任意後見契約制度の趣旨**　成年後見制度には，後見・保佐・補助の3類型を指す**法定後見制度**のほかに，**任意後見制度**もある。法定後見制度は，禁

治産・準禁治産制度に由来するが，任意後見は，1999（平成11）年の改正で新しく導入された制度である。民法とは別に「任意後見契約に関する法律」がある。

(2) **任意後見契約の締結・開始**　法定後見制度では，家庭裁判所が申立てに応じて後見人・保佐人・補助人を選任するのに対して，任意後見契約では，本人が将来に備えて，自分の信頼をおける者と契約を締結しておく。任意後見契約は，「委任者が，受任者に対し，精神上の障害により事理を弁識する能力が不十分な状況における自己の生活，療養監護及び財産の管理に関する事務の全部又は一部を委託し，その委託に係る事務について代理権を付与する委任契約」である（任意後見2条1号）。

任意後見契約は，通常の委任契約とは異なり要式契約であり，法務省令で定める様式の公正証書によって締結しなければならない（任意後見3条）。公正証書が作成されれば，公証人から登記所への嘱託によって，任意後見契約の登記がなされる。任意後見契約が効力を生じるのは，家庭裁判所によって**任意後見監督人**が選任された時からである（任意後見2条1号）。任意後見監督人の選任は，委任者の事理弁識能力が不十分な状況になったときに，本人，配偶者，4親等内の親族，任意後見受任者の請求により，家庭裁判所によって行われる（任意後見4条1項）。任意後見契約の効力発生とともに，任意後見受任者は**任意後見人**となり（任意後見2条3号・4号），本人は被後見人となる。任意後見人は法人（後見登記等に関する法律5条3号），複数人（同条5号）でもよい。

任意後見人の職務内容は，個々の必要性に応じて契約で定めたものである。ただし，代理権付与の対象となる事務であるため法律行為に限られ，介護などの事実行為は含まれない。任意後見人は，本人の意思を尊重し，かつ，心身の状況等に配慮して事務を行わなければならない（任意後見6条）。任意後見は委任契約の一種であるから，任意後見人は善管注意義務を負う（644条）。任意後見監督人が任意後見人の事務を監督する（任意後見7条）。

(3) **任意後見と法定後見の関係**　任意後見という制度が用意されているということ自体にも，成年後見制度の自己決定尊重の理念が現れているといえる。このことから，原則として，任意後見が法定後見に優先し，両者が併存することはない。任意後見監督人を選任する場合において，家庭裁判所は，本人の法定後見開始の審判を取り消す必要がある（任意後見4条2項）。任意後見契

約が登記されている場合には，家庭裁判所は，本人の利益のためにとくに必要があると認めるときに限り，法定後見開始の審判をすることができる（任意後見10条1項）。任意後見開始後に，本人が法定後見開始の審判を受けたときは，任意後見契約は終了する（同条3項）。

(4)　**任意後見の重要性**　　超高齢社会において任意後見の重要性は増しており，弁護士・司法書士などの専門家と任意後見契約を締結するケースでは，任意後見契約とともに，①本人が事理弁識能力を失うまでの間について，本人を委託者，専門家を受託者とし，受託者が本人の財産を管理する財産管理契約，また，②本人の死後に，本人の残した財産を管理・処分するなどの死後事務委任契約を締結することもある。死後事務委任契約については，委任契約は本人の死亡によって必ずしも終了するものではないという判例（最判平4・9・22金法1358号55頁）があり，有効と解されている。さらに，③任意後見人が本人の遺言執行者（1006条）に指定されることもあり，本人が健康なうちから死後に至るまで，その財産を任意後見受任者（任意後見人）が一貫して管理することになる。

　今後の活用が期待される制度であるが，任意後見契約締結時や任意後見契約の効力発生後に生じうるさまざまな問題も指摘されており，対応が必要である。

第3節　扶　　養

1 扶養の意義

　扶養とは，疾病・老齢などの自然的理由，あるいは失業などの社会的理由により，自らの資産・経済力で生活を維持することができない者に対して行う援助をいう。扶養には，民法が一定の親族間について義務を課す**私的扶養**と，国家が生活困窮者を扶助する**公的扶助**がある。そのいずれが優先するかについて，生活保護法は，私的扶養が公的扶助に優先するという**私的扶養優先の原則**を明記している（生活保護4条2項）。

2 扶養義務の種類

　民法が定める扶養義務には，一般に次の2種類があると考えられている。1つは，**生活保持義務**であり，扶養義務者が扶養権利者に対して，自己と同程度

の生活水準を保障する義務である。これに対して，**生活扶助義務**とは，扶養義務者が自己の現在の生活水準を維持したうえで，さらに余力がある場合において扶養権利者を扶養する義務である。前者の方がより重い義務と位置づけられ，夫婦間の扶養義務や親の未成年子に対する扶養義務が該当する。それに対して，後者には，親と成人した子，祖父母と孫，兄弟姉妹間の扶養義務が該当する。しかし，このような区分には批判も多く，たとえば老親に対する扶養義務を生活扶助義務とすることが妥当なのかという異論もある。

　具体的な規定をみると，夫婦間の扶養義務については，民法752条の同居・協力・扶助義務が根拠となる。また，親の未成熟子に対する扶養義務については，通説は877条1項に含まれるものと解している。これは，実際の法律上の問題としては，婚姻中の父母間では婚姻費用の分担（760条），離婚後については子の監護に要する費用の分担（766条1項）の問題として現れる。

③ 扶養義務者

　直系血族および兄弟姉妹は，互いに扶養をする義務がある（877条1項）。これに対して，3親等内の親族間では，特別の事情があるときに家庭裁判所の審判によって扶養義務を負う（同条2項）。3親等内の親族であるので，たとえば，おじ・おば，甥・姪（3親等の傍系血族），配偶者の親（1親等の直系姻族）についても扶養義務が生じることがある。

　直系血族間および兄弟姉妹間においても，具体的な扶養義務の発生には，扶養権利者が扶養を必要とする状態（要扶養状態）にあり，かつ扶養義務者に扶養義務を履行することができる資力があることが要件である。さらに，扶養権利者から扶養義務者に扶養の請求をすること，または当事者間の協議成立や扶養を命じる家庭裁判所の審判が必要であるとする学説もある。

④ 扶養の順序・方法

　問題は，扶養当事者が複数いる場合である。扶養義務者が数人いる場合や扶養権利者が数人いる場合の義務・権利の優先順位が問題となる。まずは当事者の協議に委ねられるが，協議が調わないときには家庭裁判所の審判で定められる（878条）。審判による場合には，裁判例や学説に基づく次のような一般原則が1つの目安となる。すなわち，①877条1項の義務が同条2項の義務に優先する，②生活保持義務が生活扶助義務に優先する，③未成熟子については，親

権・監護権の有無を問わない（嫡出でない子を認知した父は，親権者でなくとも，親権者である母と同順位で資力に応じて扶養義務を負うとした裁判例として，広島高決昭37・12・12家月15巻4号48頁），④普通養子縁組における養親子間の扶養義務は，実親のそれに対して優先する，⑤血縁関係の近い者が優先し，傍系より直系，親等がより近い者，父母の一方を同じくする兄弟姉妹よりも父母の双方を同じくする兄弟姉妹が優先する。

　扶養の方法についても，当事者の協議に委ねられ，協議が調わないときは，扶養権利者の需要，扶養義務者の資力その他一切の事情を考慮して家庭裁判所が定める（879条）。扶養の方法としては，現物・金銭による**給付扶養**のほかに，扶養義務者が扶養権利者を引き取って世話をする**引取扶養**もありうる。ただ，引取扶養は強制することができないという問題もあり，金銭扶養の形態が一般的である。また，定期金によるのが原則である。扶養料の一括払いは，将来の請求権の放棄につながるおそれがあり，被扶養者の生活維持を考えれば望ましくない場合が多いからである。

⑤ 扶養の権利義務の変更・消滅・処分

　誰がどの程度扶養義務を負うかが決められたとしても，扶養権利者・義務者の事情が変化することがある。たとえば，当事者の疾病，失業，就職，相続等による財産取得，物価の変動などが考えられる。そのような事情の変更が生じたときは，家庭裁判所は以前の協議・審判を変更したり，取り消したりすることができる（880条）。扶養義務は，一定の親族関係に基づくものであるため，当該親族関係（養子縁組による関係や姻族関係）が消滅すれば，それに伴い消滅する。

　なお，扶養請求権は，一身専属権であり，処分することができない（881条）。すなわち，扶養請求権を譲渡，質入れ，相殺，放棄することなどは認められない。扶養請求権の差押えも制限されている（民執152条1項1号）。これに対し，履行期到来後の扶養請求権は，譲渡したり放棄することが可能であり，消滅時効にもかかる（168条）とするのが通説である。また，扶養請求権は相続の対象ともならない（896条ただし書）。ただし，協議・調停・審判によって具体的権利が形成されている場合は，この限りでない。つまり，権利者が請求をして履行期が到来した後に権利者が死亡した場合には，扶養請求権も相続されると解されている（通説）。

6 過去の扶養料

(1) **過去の扶養料の請求の可否**　扶養とは，現に生じている要扶養状態の解消を図るための経済的援助である。そうであれば，過去の扶養料は，本来，請求できないということになる。しかし，それでは，扶養権利者に対して本来履行するべき扶養義務を怠った者に利することになってしまう。そこで，判例や学説の多くは，過去の扶養料の請求も認めている。ただし，いつの時点までさかのぼって請求が認められるかについては，見解が分かれる。要扶養状態と扶養可能状態という扶養の要件を満たした時点からとする考えもあるが，そうすると，扶養義務者が認識していなかった期間に蓄積した多額の扶養料を請求されるおそれもある。そのため，生活保持義務においては，要件を満たした時点までさかのぼって請求が認められる一方，生活扶助義務においては，要件を満たしたうえで権利者からの請求があった時点までさかのぼるとする見解が有力である。「特別の事情」による3親等内の親族間の扶養については，家庭裁判所の審判があってはじめて扶養義務が発生するので，過去の扶養料を請求することはできない。

(2) **立替扶養料の求償**　扶養義務者間での立替分の求償も可能である。たとえば，兄弟姉妹のうちの1人がその扶養義務の範囲を超えて親を扶養した場合に，その義務の範囲を超える部分につき，他の兄弟姉妹に求償できる（最判昭26・2・13民集5巻3号47頁）。このように，扶養義務者の一部が求償する場合は，扶養しなかった義務者が法律上の原因なくして義務を免れているので，不当利得に基づく求償による（703条）。また，隣人など扶養義務を負わない第三者が扶養義務者に対して求償する場合には，義務なく他人の事務の管理をしているため，事務管理に基づく求償が可能である（702条）。いずれも本来は民事訴訟手続によるべき事項であるが，扶養義務者間の求償については，求償額を決定する前提として扶養義務者間の順位や分担の割合を定めることが前提となるため，家事審判手続によることが認められている（最判昭42・2・17民集21巻1号133頁）。

第**7**章

相　　続

●本章で学ぶこと

　人が死亡した場合に，その人が遺した財産（相続財産）は一定の遺族が承
継する。これが相続制度である。相続制度は古来から世界各国に存在する
が，そのあり方にはそれぞれに特色がある。本章では，まず相続制度を支え
てきた基本的な考え方（相続の意義）や，そもそもなぜ死者の遺した財産を
遺族が承継することが認められるのか（相続の根拠）を学ぶ（第**1**節）。これ
に続いて，わが国の相続制度がいかなる変遷をたどってきたかを概観した
後，現在のわが国の相続制度について全体像を理解する（第**2**節）。わが国
の相続は，人の死亡によって開始するが，本章では，その相続の開始原因を
めぐる問題についても言及する（第**3**節）。

　なお，相続人ではない者が相続人として相続財産を占有するといった事態
が生じることがある。本章では，この場合に，真実の相続人はどのように救
済されるのかについても学ぶ（第**4**節）。

第1節 相続の意義と根拠

① 相続の意義

(1) **相続制度の生成** 一般的な意味において，相続とは，人の死亡を契機として，その人の財産上の権利義務を一定の親族が承継することをいう。洋の東西を問わず，社会において財産の私的所有（私有財産制）が認められるようになると，それとともに相続制度も生まれ，発展することになる。もっとも，それぞれの時代や社会によって，私有財産制のあり方や親族共同体（家族）のあり方はさまざまであるから，相続の対象，相続人の範囲，相続の方法など，具体的な相続制度のあり方や内容にも，時代により，社会によりさまざまな違いがある。このうち，これまでの相続制度を支えてきた基本的な相続観として，次の2つを挙げることができる。

ひとつは，相続を団体本位にみる考え方であり，家族主義的ゲルマン的相続観とも呼ばれる。この考え方によると，相続は，親族集団の維持・存続に必要な財産（家産）の承継と理解される。親族集団の維持のためには，家産の散逸を防ぐ必要があるから，家産は，親族集団の統率者（家長）が管理し，その家長としての地位とともに，次の家長へと引き継がれた。したがって，相続は，家産の管理者としての地位の承継という意味を持つことになる。

いまひとつの考え方は，相続を個人本位に理解しようとするものであり，個人主義的ローマ的相続観とも呼ばれる。この考え方によると，相続は，死者個人の財産の承継と理解される。個人が獲得した財産は，親族集団に帰属するわけではなく，まさにその個人に帰属する。その者が死亡すると，その者の財産は遺族に承継されることになるが，その場合の相続は，死者に扶養されてきた遺族の生活保障としての意味を強く持つことになる。

それぞれの時代，それぞれの国の相続法は，以上のような基本的考え方の組合せで成り立っており，全体主義的な考え方と個人主義的な考え方をいかに調和させるかで，それぞれの相続法の特徴が生み出されている。

(2) **相続法の立法** 相続法の立法のあり方としては，大きく**法定相続主義**と**遺言相続主義**の2つがある。法定相続主義とは，法律の規定に従い，一定の

事実の発生（典型的には被相続人の死亡）を原因として，あらかじめ定められた一定の相続人が権利義務を承継するとする建て前である。これに対して，遺言相続主義とは，法律の規定によらず，被相続人の自由な意思に基づいて表明された終意処分（遺言）に従って，相続人が指定され，権利義務が承継されるとする建て前である。遺言相続主義は英米法系諸国で採用され，法定相続主義はヨーロッパ大陸法系諸国で採用されてきたといわれる。もっとも，法定相続主義によってたつ諸国においても，遺言による財産処分の自由も保障するのが一般的である。その場合，相続は遺言があればそれに従い，遺言がない場合には，法定相続によることになる。

　なお，遺言による財産処分を認めるとしても，被相続人が遺言によって相続人を指定すること（相続人の指定）まで認める場合と，特定の者に一定の財産を譲与すること（遺贈）を認めるにとどまる場合がある。相続人の指定は，遺言制度が発達したローマ法に由来するものであり，現在では，ドイツ法がローマ法を継受して，遺言による相続人指定を認めている。一方，遺贈は，ゲルマン社会において形成されてきたものであり，フランス法が受け継いでいる。

　わが国の相続法が法定相続主義にたつのか遺言相続主義にたつのかについては，学説上も見解が一致していない。わが国においても遺言の自由は保障されており，被相続人の遺言があれば，法定相続に優先して，遺言に従って財産が承継される。その限りでは，わが国の相続法は遺言相続主義によるということもできる。しかし，現行制度について，遺言による別段の意思表示がない限り，法定相続によるのが原則と理解することも可能である。まして，わが国では，遺言の自由が保障されているといっても，遺言による相続人の指定まではできないし，遺贈がある場合でも，兄弟姉妹以外の法定相続人には画一的に遺留分（最低限留保すべき遺産の持ち分）が認められており，遺言の自由も相当程度の制約を受けている。その意味では，法定相続主義をとるというべきであろう。

② 相続の根拠

　法定相続においては，被相続人が死亡すると，一定範囲の親族が相続人となり，被相続人の権利義務を承継する。わが国の民法の場合，まず被相続人の血族が相続人とされるほか（第1順位：子およびその代襲者〔887条〕，第2順位：直系尊属〔889条1項1号〕，第3順位：兄弟姉妹およびその代襲者〔889条1項2号・2項〕），

被相続人に配偶者がいれば，配偶者はつねに相続人になる（890条）。ここで問題となるのは，なぜこれらの者が相続人とされるのか，相続権が認められる根拠は何か，である。

　この問題については，それぞれの時代における相続の意義や役割を背景にして，さまざまな考え方が提示されてきた。たとえば，①被相続人との血縁関係の存在が相続権の根拠とする説（血の代償説），②人は過去から将来へと世代を通じて縦の共同体を形成しており，死者の財産はこの共同体関係者に相続されるとする説（縦の共同体説），③遺産には相続人の財産形成への貢献による潜在的持分が含まれており，その清算が相続権の根拠とする説（清算説），④被相続人と生活をともにしてきた者の生活保障を相続権の根拠とする説（生活保障説），⑤被相続人の意思を推定して相続人が定められるとする説（意思推定説）などである。

　もっとも，これらの説のいずれか1つで，現在の法定相続人の相続権の根拠を説明することはできない。結局のところ，相続権の根拠は1つではない，というほかないが，現在は，一組の夫婦を中心とする核家族が家族形態の主流となっているので，人の死亡は，核家族の解体とその家族に属する構成員の生活の再編を意味する。そこで，③や④の考え方が，現在の相続権の根拠として最も説得力を持つことになる。とくに社会の高齢化に伴って，相続が開始するまでの婚姻期間も長くなっているから，③や④の考え方をふまえ，遺された配偶者をいかに保護するかが，相続法上の課題として意識されるようになっている。

第2節　相続法の歴史と現在

① 相続法の変遷

（1）**明治民法における相続法**　わが国においては，古く律令時代には，身分相続について長子単独相続制がとられていたが，財産相続については共同分割相続であったといわれている。しかし，武家時代に入って封建制が進展するにつれて，武家社会では長子単独相続制が支配的となった。その後，明治時代に入ってはじめて，相続に関する統一法典が誕生する。1898（明治31）年に制定

公布された明治民法である。

　この明治民法第5編が相続について定めており，それは武家法における長子
単独相続制を採り入れたものであった。すなわち，当時は，相続法においても
「家」という概念で把握される大家族集団の維持・存続が最大の眼目とされて
いた。そこで，家の統率者としての戸主の地位が家の財産（家産）とともに次
の戸主へと承継される制度（家督相続）が相続制度の中心に位置づけられた。次
の戸主（家督相続人）は，第1に男子，第2に嫡出子，第3に年長者を優先して
定められたから（旧970条），嫡出女子よりも，婚外に男子がいれば，その男子
が優先した。また，家督相続は，戸主の死亡だけではなく，隠居，国籍喪失，
女戸主の入夫婚姻の離婚によっても開始した（旧964条）。もとより家の構成員
がそれぞれに財産を所有することはあり，そうした構成員個人の財産について
は，家督相続とは別に，遺産相続制度が用意されていた（旧992条以下）。遺産相
続は，家督相続とは異なり，共同相続制であり，直系卑属，配偶者，直系尊属，
戸主の順で相続人になるものとされていた。

　なお，明治時代の後半には，わが国においても工業化が著しく進展し，都市
部への人口流入，核家族化の進行に伴って，家制度も形骸化し，家制度と家族
生活の実態とは一致しなくなりつつあった。そこで，1927（昭和2）年に臨時法
制審議会が相続法改正の要綱を公表し，相続法の改正が企図されたが，抜本的
な改正が実現するのは戦後である。

　(2)　**戦後の民法改正**　　日本国憲法の制定を受けて，相続法も「個人の尊厳
と両性の本質的平等」（憲24条2項）に合致したものであることが必要となった。
そこで，1947（昭和22）年に「日本国憲法の施行に伴う民法の応急的措置に関す
る法律」が制定・施行され，その後，この法律は，1948（昭和23）年に施行され
た現行の相続法（民法第5編相続）に受け継がれた。戦後の民法改正は，いうま
でもなく封建的家父長的な家制度の廃止，男女不平等規定の改正を主たる内容
とする。それは，相続法上，家督相続制度の全面的廃止につながり，相続は，
死者個人の財産の承継制度に純化することになった。さらに具体的な改正点と
して，①隠居などの生前相続を認めず，相続の開始原因を死亡に限定したこ
と，②血族相続人の間では諸子均分相続制を導入したこと，③配偶者相続権を
確立したこと，④相続と祭祀財産承継を分離したことなどが挙げられる。

その後も，戦後社会の経済構造・家族構造の変動や家族観の変化に伴って，相続法の改正が行われている（→図表序-1〔4頁〕）。

まず1962（昭和37）年に相続制度の整備を目的として，①同時死亡の推定規定の新設（32条の2），②代襲相続制度の整備（887条），③相続人不存在の場合の特別縁故者への財産分与制度の新設（現958条の2）などの改正が行われた。

また，1980（昭和55）年には，相続における配偶者の地位の向上と相続人間での実質的平等の実現をめざして，大規模な改正が実施された。具体的な改正点は，①配偶者相続分の引上げ（900条），②寄与分制度の新設（904条の2），③兄弟姉妹の代襲相続権の制限（887条・889条），④遺産分割基準の明確化（906条），⑤遺留分の改定（1042条）である。

さらに，1999（平成11）年の改正では，成年後見制度の改正に伴って，聴覚・言語機能障害者が公正証書遺言などをすることができるように関係規定が整備されている（→WINDOW 11-3）。

なお，明治民法の遺産相続制度においては，非嫡出子の相続分を嫡出子の半分とする規定があり（旧1004条但書），戦後の民法においても，同様の規定が900条4号ただし書に受け継がれた。この規定の是非をめぐっては長らく議論されてきたが，最大決平25・9・4（民集67巻6号1320頁）は，ついにこれを憲法違反と判断した。これを受けて，同年12月に民法の一部改正法が成立し，900条4号ただし書の非嫡出子相続分差別規定は削除された（→WINDOW 8-3）。

さらにその後，非嫡出子相続分差別規定が削除されたことを契機として，相続人として残された配偶者の保護が必要との問題提起がされるようになった。また，社会情勢としても少子高齢化が進み，相続開始時における配偶者の年齢も高くなる一方，相続人となる子も経済的に独立している場合が多くなり，相続において配偶者の保護を図るべき必要性が高まってきた。こうした観点から相続法制の見直しが必要と認識されるようになり，2018（平成30）年7月に「民法及び家事事件手続法の一部を改正する法律」が成立した。もっとも，この改正法は，相続における配偶者保護だけではなく，従来の実務において生じていた問題点に対応することもねらいとしており，結果として改正点は極めて多岐にわたっている。すなわち，(1)配偶者居住権の創設（1028条〜1041条。→188頁，204頁）のほか，(2)遺産分割等に関する見直し（①配偶者に居住用不動産の遺贈等が

あった場合の優遇〔903条４項。→158頁〕，②預貯金債権の払戻し制度の創設〔909条の２。→192頁〕，③遺産分割前に遺産に属する財産が処分された場合の取扱い〔906条の２〕など），(3)遺言制度に関する見直し（①自筆証書遺言の方式緩和〔968条２項。→216頁〕，②遺言執行者の権限の明確化〔1007条，1012条〜1016条。→第11章第**4**節〕，③法務局における自筆証書遺言の保管制度の創設〔遺言書保管法の制定。→WINDOW11-2など〕），(4)遺留分制度の見直し（①遺留分減殺請求権から遺留分侵害額請求権への改定〔1046条１項。→232頁〕，②遺留分算定方法の明確化〔1043条〜1047条。→第12章第**2**節〕），(5)相続の効力等に関する見直し（①法定相続分を超えて権利を承継した場合における対抗要件主義の採用〔899条の２。→193頁〕，②相続分指定がある場合における債務の承継に関する規律〔902条の２。→WINDOW10-2〕），(6)相続人ではない親族による特別の寄与制度の創設（1050条。→WINDOW8-4）である。

　また，最近は所有者不明土地（不動産登記簿により所有者が直ちに判明しない土地または判明しても連絡がつかない土地）が増加しており，その結果，土地の利活用が困難となるほか，土地の管理不全から周辺環境の悪化にもつながる事態をもたらしている。そこで，こうした問題に対応するために，2021（令和３）年４月に「民法等の一部を改正する法律」が成立した。相続制度に関連する主な改正としては，①相続開始時から10年以上経過した後に遺産分割を請求する場合には，特別受益や寄与分を考慮した遺産分割ができなくなるとの規律の新設（904条の３。→154頁），②不動産を共同相続した相続人の中に不特定または所在不明の相続人がいる場合に，その者の持分を他の共有者が取得・譲渡できるとの規律の新設（262条の２・262条の３），③相続人の存在が明らかでない場合の清算手続の期間の短縮（952条２項・957条等。→176頁），④不動産の相続登記の義務化（不登76条の２第１項・164条１項）などがある。

② 現行制度における相続

　(1)　**現行法上の相続**　　現行相続法における相続とは，人が死亡した場合に，法律に定められた一定範囲の親族が一定の割合で，その死者個人の財産に属した一切の権利義務を，当然かつ包括的に承継することをいう。さらに以下の点に注意する必要がある。

　(a)　**当然承継主義**　　そもそも相続とは自然人を念頭に置いた制度であって

（法人に相続はない），一定の事実（相続の開始原因）の発生に権利義務の承継という法律効果を結び付けることを内容としている。現行法上，相続の開始原因は，唯一「人の死亡」である（882条）（→第**3**節）。人が死亡すると，その瞬間に死者（被相続人という）の財産上の権利義務は，相続人に承継されるのであって，相続人が被相続人の死亡を知っているかどうかとは関係なく，何らの手続も要せずして，権利義務の承継という効果が生ずる。これを**当然承継主義**という。

相続人は，現行法上，被相続人の配偶者と血族とされており（→140頁），それぞれの相続分も法定されているが，同順位の血族相続人が数人いる場合は，性別・年齢にかかわりなく均分とされる（均分相続の原則）（→151頁）。

(b) **包括承継主義**　相続の対象となるのは，被相続人個人の財産に属した一切の権利義務である。被相続人の人格と密接な関わりを持った権利義務（一身専属的な権利義務）は相続の対象にはならないが，それ以外の権利義務は，その種類や性質を問わず，また権利のみならず義務も含めて一括して相続人に承継される（→182頁）。これを**包括承継主義**または包括承継の原則という。

もとより，私的自治の原則からしても，相続は決して強制されない。相続人には放棄の自由があり，自己のために相続の開始があったことを知った時から3か月以内に家庭裁判所で放棄の申述をすることができる。放棄をすると，その者ははじめから相続人にならなかったものとみなされる。一方，上記の期間内に何らの申述もしなければ，相続を承認したものとみなされる（→第9章）。

(2) **遺産共有**　相続が開始した場合に，数人の相続人がいるときは，各相続人が相続分に従って，遺産を共有することになる。これが**遺産共有**の状態である（→185頁）。遺産には，通常，不動産や動産など，複数の財産が含まれる。各相続人は，これらの遺産全体に対する相続分を第三者に譲渡するなどの処分をすることも可能であるが，現在の判例・通説によると，遺産に含まれる個別の財産についても，相続人は相続分に応じて共有しているものと解されており，各相続人は，その個別財産上の共有持分（たとえば，相続人として2人の子がいるという場合に，遺産に含まれる一筆の土地の2分の1の持分）を処分することもできる。

(3) **遺産分割**　相続開始後に発生した遺産共有の状態は，最終的に遺産分割の手続によって解消される。すなわち，**遺産分割**とは，遺産に含まれる個別

の財産を各相続人に配分する手続である。まずは相続人間の協議で配分を決定することができ，協議ができない場合は，家庭裁判所の調停または審判による（→202頁）。遺産分割の対象となる財産は，相続の対象となった被相続人の財産上の権利義務である。ただし，可分の債権・債務が相続財産に含まれる場合（たとえば，被相続人が生前に第三者に金銭を貸していた場合や借りていた場合）については，遺産分割の対象にはならず，各相続人に相続開始と同時に相続分に応じた割合で分割帰属するというのが原則である（→191頁）。

　遺産分割は，相続人の合意（協議または調停）によってする場合には，相続分にこだわる必要はないが，家庭裁判所の審判によってする場合には，各相続人の法定または指定相続分を基礎として算定される具体的相続分（→154頁）に従うことになる。いずれの方法によるとしても，遺産分割が成立すると，相続開始の時にさかのぼってその効力が生ずる（→197頁）。

　(4)　遺　言　　遺言の自由は保障されているから，被相続人は遺言によって遺産の承継について定めることができる。遺言は，遺産の承継には関係のない事項についてもすることができるが（→212頁），遺産の承継に関する遺言として重要なのは，「**相続分の指定**」（→152頁），「**遺産分割方法の指定**」（→203頁），「**遺贈**」（→222頁）である。これらの遺言と法定相続の関係をどのように理解するかは難解な問題であるが，相続分の指定と遺産分割方法の指定は，被相続人の意思による法定相続の修正と理解できようし，遺贈は，相続人に限らず，第三者に対しても遺産の全部または一部を譲与することができるものであるから，相続とは別の遺産の処分と理解することができる。

　もっとも，兄弟姉妹以外の法定相続人には，**遺留分**（最低限留保すべき遺産の持ち分）が認められており，相続分の指定や遺贈によって相続人の遺留分が侵害される場合には，それらの相続人は，遺留分の侵害額に相当する金銭の支払いを請求することができる（→232頁）。

第3節 相続の開始

① 相続の開始原因

相続は，被相続人の死亡によって開始する（882条）。「死亡」とは，自然死亡を意味するが，自然死亡が確認できない場合でも，民法上は，認定死亡や失踪宣告によって，死亡と扱われる。

(1) **自然死亡**　自然死亡は，一般的には，心臓の不可逆的停止，呼吸の不可逆的停止および瞳孔の散大という3つの徴候で判断される（死の三徴候）。ところが，1997（平成9）年の「臓器の移植に関する法律」は，心臓の機能が維持されていても，脳幹を含む全脳の機能が不可逆的に停止するに至ったと判定された場合（脳死の状態），本人の意思が表示されていたり，遺族の承諾があるときは，移植のために臓器の摘出ができるとしている。そこで，この脳死も人の死と認めるべきとの見解も有力になっているが，見解は一致していない。

(2) **認定死亡**　ある者が，水難，火災などの事故により死亡したことが確実である場合には，死体が確認されていなくても，調査にあたった官公署等は死亡地の市町村長に死亡の報告をしなければならない（戸89条）。これに基づいて，戸籍に死亡の記載がされると，その者は戸籍に記載された年月日に死亡したものと推定される。これが認定死亡である。

(3) **失踪宣告**　ある者が，一定期間生死不明の状態にあるとき，家庭裁判所は，利害関係人の請求により，失踪宣告をすることができ，失踪宣告があると，宣告を受けた者は死亡したものとみなされる。具体的には，7年間生死不明の状態にある者に，家庭裁判所が失踪宣告をすると（30条1項），その者は，その期間が満了した時に死亡したものとみなされるほか（31条）（普通失踪），戦争や船舶の沈没などの危難に遭遇した者が，その危難が去った後に1年間生死不明の状態である場合に，家庭裁判所が失踪宣告をすると（30条2項），その者は，その危難が去った時に死亡したものとみなされる（31条）（危難失踪）。

② 相続の開始時期

相続が開始するのは，被相続人が死亡した時である。相続人となることができるのは，相続が開始した時に，生存していた者に限られる（**同時存在の原則。**

□ WINDOW 7-1 ◀◀

同時死亡の推定

　Aに妻Bと母親C，子Dがいたところ，Aと子Dが搭乗していた飛行機が墜落し，その結果として2人とも死亡した場合，①Aが子Dより先に死亡していたとしたら，Aが死亡した瞬間に，Aの遺産は妻Bと子Dが相続し，その後子Dも死亡したのだから，子Dが相続したAの遺産はBが親として相続することになり，結局，妻BがAの遺産のすべてを相続することになる。これに対して，②子DがAより先に死亡したとしたら，子DはAの相続人にはならないから，Aの遺産は妻Bと母Cが相続することになる。このように，死亡の時期の先後により，相続人となる者が異なることになる。民法は，死亡の先後が明らかでないときは，それらの者は同時に死亡したものと推定する（32条の2。AとDが同時に死亡した場合は，AとDの間では相続は起きないから，Aの遺産は妻Bと母Cが相続することになる）。なお，この場合に死亡の原因は同一である必要はない。したがって，Aと子Dが別々の事故で死亡した場合でも，死亡時期の先後が確定できないときは，同時に死亡したものと推定される。

→140頁）。また，相続の対象となるのは，相続が開始した時に，被相続人の財産に属した権利義務である。したがって，いつ相続が開始したか（いつ被相続人が死亡したか）は，相続人の確定や相続財産の確定にあたって，きわめて重要な意味を持つ。

　被相続人の死亡の時期は，死亡届に添付される死亡診断書，死体検案書または死亡の事実を証明する書面に基づいて戸籍簿に記載される年月日時分をもって確定される（戸86条2項）。とくに被相続人の死亡の時期が重要な意味を持つのは，被相続人とその推定相続人（相続が開始した場合に相続人となるべき者）の死亡時期が近接していて，死亡の先後が確定できない場合である。どちらが先に死亡したかによって，誰が相続人となるかが変わってくるからである。そこで，どちらが先に死亡したかが明らかでない場合は，それらの者は同時に死亡したものと推定される（32条の2。→WINDOW 7-1）。

③ 相続の開始場所

　相続は，被相続人の住所において開始する（883条）。相続の開始地を規定する意味は，その相続に関する事件の裁判管轄を定めるところにある。もっとも，手続法にも，事件の類型ごとに具体的な裁判管轄が定められている（民訴5条14号・15号，家事191条・209条等）。

第4節 相続回復請求権

1 相続回復請求権の意義

　相続が開始した後，相続人ではない者が相続人として相続財産を占有している場合がある（この者を表見相続人という）。この場合，真実の相続人（真正相続人という）は，自らの相続権が侵害されていることを理由に，相続財産の取戻しを請求することができる。これが**相続回復請求権**である。たとえば，被相続人Aに2人の子B・Cがいるという場合，Aの死亡によって，Aの財産はB・Cに相続されるが，実はBは，戸籍上はAの子となっているものの，生後間もなくAが友人Dからもらい受けて，虚偽の出生届をした子であったというとき（藁の上からの養子），BはAとは親子関係になく，Aの相続人ではないから（表見相続人），相続人は唯一Cのみとなる。すなわち，Bは真正相続人Cの相続権を侵害していることになり，Cは，Bに対して相続回復請求権を行使し，Bが占有している相続財産の回復を求めることができる。

　もっとも，現在の民法は，相続回復請求権については，この請求権を行使できる期間を規定しているのみで（884条），この権利の性質や要件，効果などについてはまったく規定していない。そのため，これらについては判例・学説の解釈に委ねられてきた。

2 相続回復請求権の性質

　明治民法においては，当時の家制度のもとで，家督相続が中心であったから，相続回復請求権（旧966条・993条）は，戸主（家督相続人）ではない者が家督相続をしてしまった場合に，真正の家督相続人が戸主権をはじめとする相続財産をめぐる諸権利を回復するための制度と位置づけられてきた。そのため，当時の学説としては，相続回復請求権は真正の家督相続人が戸主たる地位を回復するための形成権であって，個別の財産を取り戻すための請求権ではないとする見解（形成権説）もみられた。

　しかし，現在の相続制度は，単純に個人の財産の承継制度であるから，相続回復請求権といっても，真正相続人が自らの相続権に基づいて，相続財産に対する侵害の排除を求める請求権とみる考え方（請求権説）が通説となっている。

　相続人は，相続の開始により，その相続分に応じて，個々の相続財産の所有権（共同相続の場合は共有持分権）を取得している。そうすると，表見相続人が相続財産を侵害している場合でも，個々の相続財産の所有権に基づく物権的請求権を行使すれば相続財産の回復を実現することはできる。そこで問題となるのは，相続回復請求権を請求権と理解するとしても，個々の相続財産をめぐる個別の請求権と相続回復請求権との関係をどのように理解するかである。

　この問題については諸説があり，まず，相続回復請求権は，相続財産に含まれる個々の財産権に基づく物権的請求権とは別の独立した請求権と解する説（独立権利説）がある。この説は，相続回復請求権を包括承継人としての相続人の地位の回復を目的とする権利と理解し，相続資格を争点として，相続財産を包括的に回復する権利であるとする。これに対して，相続回復請求権は，侵害されている個々の相続財産について生じる個別の請求権が集合したものと解する説（集合権利説）がある。この説によると，真正相続人が表見相続人に対して，個々の相続財産の引渡しを請求したり，登記の抹消を請求する場合も相続回復請求と位置づけられることになる。これが現在の多数説である。そのほか，相続回復請求権は請求権ではなく，相続財産をめぐって相互に自分が承継すべきことを主張している場合に，相手方の相続権を否認するために認められた訴権であるとする説（訴権説）もある。こうした考え方の違いは，とくに884条の適用範囲（→後述**4**）をめぐる議論に影響を与えることになる。

③ 相続回復請求権の消滅

　(1)　**期間制限**　884条は，相続回復請求権に関する唯一の規定である。この規定によると，相続回復請求権は，相続人またはその法定代理人が相続権を侵害された事実を知った時から５年間行使しないときは，時効によって消滅するものとされ，相続開始の時から20年を経過したときも同様とされる。しかし，本節**2**で触れたように，真正相続人は，相続によって個々の相続財産の所有権（共有持分権）を取得しているのであり，相続財産への侵害を排除するためには，その所有権に基づく物権的請求権を行使することができるし，そもそも所有権は消滅時効にはかからない。884条は，それにもかかわらず，物権的請求権に消滅時効を認めたのと同じ結果をもたらすことになるから，その根拠がどこにあるかが問われることになる。

　この期間制限の根拠については，明治民法以来，相続関係の早期確定と相続財産をめぐる取引の安全を図るためと説明されてきた。しかし，単純に個人の財産の承継制度となった現在の相続制度のもとでも，このような理由づけが妥当するかについては，これを疑問とする見解も根強い。期間制限の結果として，本来真正相続人の保護を目的としていたはずの制度が，逆に表見相続人を保護する制度になっているともいえるからである。

　いずれにしても，期間制限が設けられている以上，その期間の起算点をどこに置くかが重要な問題となる。884条は，まず5年の短期消滅時効について「相続権を侵害された事実を知った時」としているが，判例・通説は，真正相続人の利益を考慮して，真正相続人が単に相続開始の事実を知った時ではなく，自己が真正相続人であることを認識し，しかも自己が相続から除外されていることを認識した時と解している（大判明38・9・19民録11輯1210頁）。また，884条が定める20年の期間について，学説は，除斥期間と解しているが，判例はこれを時効と解し，中断や時効の利益の放棄を認める（最判昭23・11・6民集2巻12号397頁）。もっとも，判例は，20年の起算点について，相続権の侵害の有無にかかわらず相続開始時としており，権利を行使しうる時とはしていないので，この点では除斥期間と同様の扱いをしている。

　(2)　**取得時効との関係**　　相続回復請求権が時効によって消滅するより前に，表見相続人が占有している相続財産について取得時効（162条）が完成してしまう場合がある。明治民法下の判例は，真正相続人保護の観点から，相続回復請求権が時効消滅するまでは，表見相続人による取得時効の抗弁を認めていなかった（大判昭7・2・9民集11巻192頁）。もっとも，判例は，表見相続人から相続財産を譲り受けた第三者については，前主である表見相続人の占有も合わせて第三者の時効取得を認めている（大判昭13・4・12民集17巻675頁）。

　学説は，前掲大審院昭和7年判決が，家督相続の回復請求事件であったことから，この判例の立場が現在も妥当するかは疑わしいとする見解が有力であり，表見相続人が自ら占有をしていた場合に限って，取得時効を排除する理由はないとして，884条が定める期間が経過する前であっても，表見相続人による取得時効の抗弁を認める。

4 884条の適用範囲

相続回復請求権を行使することができるのは，真正相続人またはその法定代理人である（884条）。また，判例は相続回復請求権の相続は否定するが，真正相続人を相続した相続人が自己の相続権を侵害されたことを理由に相続回復請求権を行使することはできるとした（大判大7・4・9民録24輯653頁）。

問題となるのは，相続回復請求権の相手方である。相続回復請求権の相手方とされると，884条の適用を受け，相手方は5年の短期消滅時効を援用することができ，相続権を侵害されている真正相続人は，もはや相続回復請求権を行使できなくなる。それだけに，判例・学説ともに，相手方の範囲を制限して解釈しようとする傾向にある。

とりわけ議論のあるのは，**共同相続人間での相続回復請求**である。共同相続人の一部の者が自己の相続分を超えて相続財産を占有支配している場合に，そうした共同相続人に対して，他の共同相続人が侵害の排除を求めるときも，884条の適用を受けるのかである。この場合に請求の相手方となるのは請求者と同じ真正相続人であって，まったく相続資格のない者（非相続人）が相続人として相続財産を占有している場合（たとえば本節**1**の「藁の上からの養子」）とは異なる。

学説（本節**2**）のうち，相続回復請求権を相続人の地位の回復を目的とする権利と理解する独立権利説，互いの相続資格の存否を決め手として争いを処理する特殊な訴権とする訴権説によれば，共同相続人間の争いは相続回復請求権の問題にはならない。これに対して，相続回復請求権は個々の相続財産から生じる物権的請求権の集合体と解する集合権利説によると，共同相続人間の争いについても，とくに884条の適用を否定する理由はないことになる。

当初の裁判例は，相続財産をめぐる関係の早期確定という884条の趣旨から，共同相続人間での争いについても884条の適用を認めるものが多くみられた。ところが，最高裁は，昭和53年12月20日の大法廷判決（民集32巻9号1674頁）において，884条の適用を認めるかどうかの判断にあたって，共同相続人間での争いであるかどうか（請求の相手方が共同相続人であるかどうか）は基準としないことを明らかにした。むしろ，この判決によると，表見相続人が884条の消滅時効を援用できるのは，自らが相続人でないことにつき善意であり，かつ相続権があると信ぜられるべき合理的な事由がある場合に限られる。したがって，

共同相続人の一部が自己の相続分を超えて相続財産を占有している場合も，他の共同相続人の相続分を侵害していることを知っていたときは，その者が884条の消滅時効を援用することはできない（対悪意者不適用説）。こうした考え方によると，884条の適用が考えられるのは，戸籍上の相続人が実は真正相続人ではなく，本人もそのことを知らなかった場合や，戸籍上の相続人が真正相続人ではあるが，戸籍には記載のない真正相続人が他にもおり，それを知らなかった場合など，ごく限られた事案ということになる。

　なお，その後の判例（最判平11・7・19民集53巻6号1138頁）は，上記の大法廷判決をさらに補充して，「善意かつ合理的事由の存在」は，相続権の侵害開始時点を基準として判断されること（884条の全期間を通じて「善意かつ合理的事由の存在」が求められるわけではない），「善意かつ合理的事由の存在」の内容は，「他に共同相続人がいることを知らず，かつ，これを知らなかったことに合理的な事由があったこと」であること，こうした「善意かつ合理的事由の存在」は，消滅時効を援用しようとする者が立証責任を負うことを明らかにした。

⑤ 転得者による消滅時効の援用

　表見相続人から相続財産を譲り受けた善意の第三者（転得者）がいる場合に，真正相続人が所有権に基づく相続財産の返還請求や移転登記抹消請求をしてきたとき，この転得者が884条の消滅時効を援用できるかが問題となる。この点につき，判例は，表見相続人が「善意かつ合理的事由の存在」を欠くために，相続回復請求権の消滅時効を援用できない場合は，表見相続人から相続財産を譲り受けた転得者も相続回復請求権の消滅時効は援用できないとした（最判平7・12・5家月48巻7号52頁）。

　こうした判例の考え方によると，善意の転得者が保護される場面はきわめて限られることになる。そこで学説においては，94条2項の類推適用や，32条1項後段の類推適用によって転得者の保護を図ろうとする考え方がある。もっとも，前者は，判例・通説によるならば虚偽の外観作出について真正相続人に帰責性があることが求められるし，後者は，転得者が善意無過失でさえあれば，その権利取得を認めようとするものであるが，失踪宣告に対する第三者の信頼と表見相続とを同一に論じられるかは疑問とする批判もある。

第**8**章

相続人と相続分

●本章で学ぶこと

　本章では，被相続人の財産を承継する相続人と，各相続人の相続分について学ぶ。民法は，被相続人と一定の身分関係にある者について，誰がどのような順位で相続権を得るか（相続人となるか）を定めている（第**1**節）。しかし，場合によっては，相続欠格や廃除の制度によって相続権が剥奪されることもある（第**2**節）。まずは，このような制度によって，誰がどのような場合に相続人となる資格があるのかを学ぶ。

　次に，各相続人がどれだけの相続財産を承継するかについて学ぶ。相続財産の分配は，各相続人の相続分を基礎として行われる。相続分は，法定されているほか，被相続人が指定することもできる（第**3**節）。さらに，相続人の中に，生前に被相続人から利益を得た者や被相続人に対して貢献していた者がいる場合，そうした事情に応じて相続分を調整することができる（第**4**節）。ここでは，相続分の譲渡（第**5**節）も含め，相続分の意義や決定の過程について確認する。

第1節　相　続　人

1──法定相続人の種類と順位

① 相続人となる者

相続が開始すると，被相続人の財産は相続人に包括的に承継される。民法は，相続人となることができる者をすべて法定しており（**法定相続人**），それ以外の者は相続人になりえない。被相続人が遺言によって相続人を指定することもできず，この点では遺言の自由が制約されているといえる。

法定相続人は，配偶者相続人と血族相続人とに分けられる。血族相続人は，被相続人と一定の血族関係にある者を指し，具体的には，子，直系尊属および兄弟姉妹である。また，子や兄弟姉妹の直系卑属が，子や兄弟姉妹に代わって被相続人を相続することがある（代襲相続について，→143頁）。血族相続人は，一定の血族関係にある全員が常に相続人となるわけではなく，被相続人との関係に応じて順位がつけられている。第1順位が子（およびその代襲者），第2順位が直系尊属，第3順位が兄弟姉妹（およびその代襲者）である。前順位の者がいる場合，後順位の者は相続することができない。したがって，たとえば被相続人に子がいる場合，子が相続人となり，後順位の直系尊属や兄弟姉妹は相続人とならない。もし被相続人に子やその代襲者がおらず，第2順位の直系尊属がいる場合には，直系尊属が相続人となる。このように，前順位にあたる者から優先して相続人となる。また，配偶者相続人は，血族相続人のうち相続人となる者と同順位で相続人となる（890条後段）。したがって，たとえば第1順位の子がいる場合，配偶者は子と同順位の相続人とされ，配偶者と子とが両者とも相続人となる。

いずれの場合でも，相続財産は被相続人の死亡によって当然に相続人に承継されるために（当然承継主義），相続人は，相続開始時に権利主体として存在していなければならない（**同時存在の原則**。同時死亡の場合について，→WINDOW 7-1）。もっとも，同時存在の原則には，胎児という例外がある。そもそも人は出生によってはじめて権利能力を得るとされているため（3条），出生前の胎児

は権利能力を有しておらず，財産を承継できないはずである。しかし，出生の時期によって財産取得の可否が左右されることは不公平と考えられるため，相続においては，胎児はすでに生まれたものとみなされ（**出生擬制**），胎児にも権利能力が認められている（886条1項。なお，遺贈についても同様に胎児の権利能力が認められている）。ただし，胎児が死体で生まれたときは，出生擬制はなされない（同条2項）。胎児の権利能力をめぐっては，学説上，停止条件説（胎児の段階では権利能力を認めず，生きて生まれてきた場合には，胎児の時にさかのぼって権利能力を認める説）と解除条件説（胎児の段階で権利能力を認め，死産の場合には，権利能力がはじめから無かったことにする説）との対立がある。判例は，停止条件説に立つものと解されている（大判大6・5・18民録23輯831頁）。

② 配偶者相続人

被相続人に配偶者がいる場合，その配偶者は，常に相続人となる（890条前段）。配偶者に相続権を認める根拠は，被相続人の財産に対する配偶者の潜在的持分の清算および被相続人死亡後の生活保障にあるとされている。

ここにいう配偶者は，法律上の配偶者を指す。したがって，実際には婚姻関係が破綻しているような状態であっても，あるいは婚姻後すぐに相続が開始した場合であっても，法律上の配偶者であれば，婚姻期間の実態や長短を問わず，相続人となる。他方で，被相続人の死亡時に配偶者である必要があるため，離婚した元配偶者は相続人にならない。また，相続においては法律関係の画一的な処理が望ましいこと等から，戸籍の記載から明らかとならない内縁や事実婚のパートナーも相続人となることができない（内縁や事実婚のパートナー関係の死亡解消について，→32頁）。

③ 血族相続人

（1） **第1順位：子**　第1順位として，被相続人の子が相続人となる（887条1項）。子が複数いる場合は，同順位の相続人となる。ここにいう子は，法律上の親子関係が存在する子を指す。被相続人が親権や監護権を有するか否か，嫡出子か嫡出でない子か，実子か養子かは問われない（ただし，特別養子縁組の場合，養子と実方との親族関係が終了するため，子は実父母の相続人とならない。特別養子縁組の効果について，→101頁）。他方で，血縁関係があっても法律上の親子関係がない場合は，相続人とならない。たとえば，嫡出でない子については男

親による認知がなければ法律上の親子関係が作られないために，認知されていない子は男親の相続人になることができない。

被相続人の孫やひ孫などの直系卑属は，固有の相続権を持たない。しかし，被相続人の子が死亡・相続欠格・廃除によって相続人とならない場合，直系卑属が子に代わって相続する（代襲相続，887条2項・3項）。

(2) **第2順位：直系尊属**　第1順位の者（子あるいはその代襲者）が相続人とならない場合，第2順位として，被相続人の直系尊属が相続人となる（889条1項1号本文）。被相続人にとって父方の直系尊属であるか母方の直系尊属であるかは問われず，また，養子縁組をしている場合には養方の直系尊属も相続人となる（ただし，被相続人が特別養子である場合，実方との親族関係は終了しているために，実方の直系尊属は相続人とならない〔817条の9本文〕。なお，同条ただし書にあたる場合は例外的に実方の直系尊属も相続人となる）。もっとも，直系尊属全員が常に相続人となるわけではなく，親等の近い者が優先的に相続人となる（889条1項1号ただし書）。たとえば，被相続人に子がおらず，被相続人の父と祖父がいる場合，親等の近い父が相続人となり，祖父は相続人とならない。父がいない場合には祖父が相続人となるが，これは代襲相続ではなく，祖父自身に固有の相続権がある。また，親等が同じ者が複数いる場合は，すべて同順位の相続人となる。たとえば，被相続人に子がおらず，被相続人の父と母がいる場合，父と母は同じ1親等であるから，両者とも同順位の相続人となる。

(3) **第3順位：兄弟姉妹**　第1順位の者も第2順位の者も相続人とならない場合，第3順位として，兄弟姉妹が相続人となる（889条1項2号）。性別や年齢，父母の一方のみを同じくする者（半血の兄弟姉妹）か父母の双方を同じくする者（全血の兄弟姉妹）か，実の兄弟姉妹か養子縁組による兄弟姉妹かは問われない。兄弟姉妹が複数いる場合は，すべて同順位の相続人となる。たとえば，被相続人に子や直系尊属がおらず，兄と妹がいる場合，兄と妹は同順位の相続人となる。

兄弟姉妹については，第1順位の子と同様に代襲相続がある。すなわち，被相続人の甥や姪は，固有の相続権を持たないものの，被相続人の兄弟姉妹が死亡・相続欠格・廃除によって相続人とならない場合，甥や姪が兄弟姉妹に代わって相続する（889条2項）。

2 ── 代襲相続

① 代襲相続の意義

　代襲相続とは，相続開始以前に相続人となるべき者（被代襲者）が死亡・相続欠格・廃除によって相続人とならない場合，その者の子（代襲者ないし代襲相続人）が代わりに同順位の相続人として，被代襲者が受けるべきであった相続分を承継することをいう（887条2項・889条2項・901条）。被代襲者に死亡等の事情が生じなければ，被代襲者を通じて相続を受けられたはずという期待を保護し，相続人の間の衡平を図ることを目的とする。

② 代襲原因

　代襲相続は，相続人となるべき者が相続開始以前に死亡し，または相続欠格にあたり，あるいは廃除によって相続権を失った場合に生じる。被相続人と相続人となるべき者が同時に死亡した場合も，代襲相続が生じる。このように，代襲相続が生じる原因を**代襲原因**という。なお，相続放棄は代襲原因には含まれない。

③ 代 襲 者

　代襲者は，被相続人の子の直系卑属（887条2項・3項）または兄弟姉妹の子（889条2項）である。また，代襲者は，被相続人の直系卑属でなければならない（887条2項ただし書）。したがって，被相続人の養子が縁組前に子をもうけていた場合，被相続人と養子の子との間に親族関係は生じないから（727条），養子の子は代襲者になることができない（縁組の効果について，→95頁）。例外的に，養子縁組前にもうけた子が，養

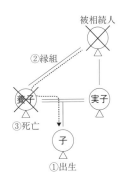

子ではなく実子を通じて被相続人の直系卑属である場合に，代襲相続を認めた例がある（大阪高決平元・8・10判タ708号222頁。右図参照）。

　被相続人の子だけでなく，代襲者となるべき子の子（孫）にも代襲原因がある場合，その者の子（ひ孫）が代襲して相続人となる（**再代襲**）。こうした再代襲は，直系卑属がいる限り認められる（887条3項）。他方で，被相続人の兄弟姉妹が代襲される場合には，再代襲は生じず，兄弟姉妹の子である甥または姪の

みが代襲者となる。

　代襲者は，相続開始時に（少なくとも胎児として）存在すればよいと解されており，代襲原因発生時に存在する必要まではない（ただし，死後懐胎子に代襲相続は認められない。→WINDOW 5-2）。

3 ──相続資格の重複

　相続資格は，配偶者や一定範囲の血族に与えられる。しかし，親族間での婚姻や養子縁組等によって，1人の相続人が1人の被相続人との関係で二重に相続権を得る場合がある。この場合，当該相続人は，二重に相続人となって相続分を取得するか（ひいては，一方の資格のみの相続放棄が可能か，一方に相続欠格や廃除の事由が生じた場合に他方の資格にも影響するか）という**相続資格の重複**の問題がある。学説の多くは，2つの身分が民法上排斥し合う関係になければ，二重の相続を肯定する。

　たとえば，Aには子Bがおり，Bには子Cがいる場合で，AがCを養子にしたとする。Aの死亡時にBがすでに死亡していたならば，Cは，Aの養子としての相続資格と，Bの代襲者としての相続資格とを持ちうる。多数説によれば，養子であることと実の孫であることは両立するため，二重に相続することができる。

　また，養子と実子が婚姻をしている場合に，一方が死亡したとする。このとき，被相続人に直系卑属や直系尊属がいないならば，生存配偶者は，被相続人の配偶者としての相続資格と被相続人の兄弟姉妹としての相続資格とを持ちうる。この場合においても，多数説によれば，配偶者であることと兄弟姉妹であることは両立するため，二重に相続することができる。

　なお，被相続人が自らの嫡出でない子と養子縁組をした場合，子には実子（嫡出でない子）としての相続資格と，養子（嫡出子）としての相続資格とが観念できる。しかし，これらの身分は民法上両立しえず，子は養子（嫡出子）としてのみ相続すると考えられている。

☐ WINDOW 8-1

法定相続情報証明制度

　相続にあたっては預金の払戻や登記の移転等の手続が必要であり，そうした手続ごとあるいは手続機関（銀行や法務局）ごとに，被相続人の戸除籍謄本等の書類一式を収集して提出しなければならない。しかし，そうした書類の収集は時間面や費用面で相続人の負担となっていると指摘されていた。こうした問題を受けて，2017年5月29日から法務局における「法定相続情報証明制度」が開始された。

　この制度では，相続人が法務局に戸除籍謄本等の必要書類および相続関係を一覧に表した図（法定相続情報一覧図）を提出すると，登記官によって提出書類の不備や誤りのないことが確認された後，法定相続情報一覧図が5年間保管される。その後，相続手続のために必要となった場合には，従来の書類一式の代わりに，登記官による認証文が付された法定相続情報一覧図の写しを利用することができる。なお，被相続人の死亡後に子の認知があった場合や，被相続人の死亡時に胎児であった者が生まれた場合，一覧図の写しが交付された後に廃除があった場合等には，再度，法定相続情報一覧図の保管を申し出ることができる。

第2節　相続欠格と廃除

1 相続資格の剥奪

　民法は，一定の身分関係があれば，その者に相続権を認めて相続人としている。しかし，一定の身分関係があるからといって，相続人に著しい非行行為がある場合にまで相続権を認めることは，公平の観点からも公益の観点からも妥当とは言い難い。そこで民法は，一定の場合に相続資格を剥奪する制度として，相続欠格と廃除という2つの制度を設けている。相続欠格にあてはまり，あるいは相続から廃除された相続人は，相続資格を失い，当該相続についてはいないものとして扱われる。したがって，その者を抜きにして遺産分割をすればよく，場合によっては代襲相続が生じる。

2 相続欠格

　(1)　相続欠格の意義　　**相続欠格**は，相続人の著しい非行を理由にその者の相続資格を法律上当然に剥奪する制度である。相続欠格に該当する者（欠格者）は一定範囲の相続人に保障される遺留分の権利さえも失うという強い効果があり（遺留分について，→232頁），相続欠格は，相続人の非行行為に対する民事上

の制裁であると解されている。891条は，1号から5号において相続欠格にあたる5つの事由（欠格事由）を定めている。1号および2号は，被相続人や他の相続人に対する生命侵害を欠格事由とし，3号から5号は，被相続人の遺言の自由に対する侵害を欠格事由とする。

　(2)　**欠格事由**　1号は，故意に被相続人または相続について前順位もしくは同順位にある者を死亡するに至らせ，または至らせようとしたために，刑に処せられた者を欠格者とする。殺人行為について既遂か未遂かは問われないが，故意に殺人行為に及び，殺人罪（刑199条）や殺人未遂罪（刑203条）等の刑に処せられたことが必要である。殺害の意思のない傷害致死（刑205条）の場合や，正当行為（刑35条）・正当防衛（刑36条）・緊急避難（刑37条）にあたる場合等は，本号の欠格とならないと解されている。また，執行猶予が付けられた場合について，通説は，執行猶予期間が経過すれば，刑の言渡しが効力を失うため（刑27条），欠格にならないとする。

　殺人行為の対象となるのは，被相続人のほか，前順位もしくは同順位にあたる相続人である。すなわち，第2順位の直系尊属が第1順位の子を殺害した場合や，第1順位の子らの間で殺人行為が行われた場合にも，欠格となる。

　2号は，被相続人が殺害されたことを知ったにもかかわらず，そのことを告発または告訴をしなかった者を欠格者とする。被相続人が殺害されたことを告発または告訴することは，相続人にとっての義務と考えられるからである。ただし，相続人に是非の弁別がないとき，または殺害者が自己の配偶者もしくは直系血族であったときは，この限りでない。

　3号から5号は，被相続人の遺言に関して不当な干渉行為をした者を欠格者とする。すなわち，詐欺または強迫によって，被相続人が相続に関する遺言をし，撤回し，取り消し，または変更することを妨げた者（3号），詐欺または強迫によって，被相続人に相続に関する遺言をさせ，撤回させ，取り消させ，または変更させた者（4号），相続に関する被相続人の遺言書を偽造し，変造し，破棄し，または隠匿した者（5号）が欠格者とされる。もっとも，5号の偽造ないし変造に関しては，相続人が，押印を欠く遺言書につき，被相続人の意思を実現させるために法形式を整える趣旨で押印した場合には，欠格者にあたらないと判断した判例がある（最判昭56・4・3民集35巻3号431頁）。

(3)　**二重の故意**　相続欠格に関しては，欠格事由にあたる行為をした相続人につき，その行為についての故意だけでなく，その行為によって相続で不当に利益を得ようとする故意を要するか（**二重の故意**）との議論がある。二重の故意を要するとすれば，たとえば，3号の詐欺や強迫による遺言の妨害の場合，被相続人を欺罔して錯誤に陥らせたり，あるいは畏怖を生じさせたりする故意だけではなく，遺言を妨害することで自らが相続法上有利な地位に立とうとする故意を要することになる。判例では，5号の遺言書の破棄または隠匿に関して，相続人の行為が不当な利益を目的としない場合には欠格にあたらないとしたものがあり（最判平9・1・28民集51巻1号184頁），二重の故意が求められている。

(4)　**相続欠格の効果**　欠格事由に該当する者は，欠格事由が相続開始前に生じた場合はその時から，欠格事由が相続開始後に生じた場合は相続開始時にさかのぼって，法律上当然に被相続人との関係で相続資格を失う。相続欠格にかかる審判手続等は設けられていないが，欠格事由の有無は，相続開始後の相続回復請求（884条）や遺産分割の手続において，あるいは欠格事由があることを理由とする相続人の地位不存在確認の訴えにおいて問題となることがある。

欠格の効果は相対的であり，特定の被相続人との関係でのみ相続資格を失う。たとえば，父を殺害した子は，父の相続においては欠格者となるが，自らの配偶者の相続においては欠格者とならない。もっとも，1号の欠格事由にあたる場合，他の相続においても欠格にあたることがある。たとえば，父Aを殺害しようとした子Bは，父Aの相続において欠格となるだけでなく，母Bの相続においても，同順位の相続人（A）を殺害しようとしたことから，欠格にあたる。

欠格者は相続開始時から相続権を有さないため，その者を除いて，相続分が算定され，遺産分割が行われる。さらに，欠格者は，被相続人から遺贈を受ける資格も失う（965条による891条の準用）。

(5)　**相続欠格の宥恕**　欠格にあたる行為があるとしても，それを被相続人が許す（宥恕する）場合，相続資格を剥奪しないことは可能か。学説では，被相続人の意思の尊重の観点から宥恕を肯定する見解もみられる一方，相続欠格の公益性の観点から否定する見解もみられる。裁判例では，兄弟を殺害した欠格者につき，父の相続において宥恕を認めたものがある（広島家呉支審平22・10・5

家月63巻5号62頁)。

③ 廃　除

(1) 廃除の意義　　**廃除**は，相続欠格事由に該当するほど重大でなくとも，相続させることは妥当ではないと考えられる非行がある場合に，被相続人の意思に基づいて，家庭裁判所が相続資格を剥奪する制度である。それゆえ，廃除は，相続欠格と同様に，相続人の非行行為に対する民事上の制裁の意味を持つ。

(2) 廃除の対象　　廃除の対象となる者は，推定相続人（相続が開始した場合に相続人となるべき者）のうち，遺留分を有する者である。遺留分は兄弟姉妹以外の相続人に認められているから（1042条1項），配偶者，子およびその直系卑属ならびに直系尊属が廃除の対象となる。兄弟姉妹は遺留分を有さないから，かりに被相続人が兄弟姉妹への相続を望まない場合，廃除の制度によらずとも，その者の相続分をゼロと指定したり，他の者にすべての財産を分配したりすることで足りる。

(3) 廃除事由　　廃除事由は，相続人の被相続人に対する虐待もしくは重大な侮辱またはその他の著しい非行である。いずれの事由においても，客観的にみて相続権を剥奪するに値するだけの理由が必要であり，被相続人と相続人との間の相続的協同関係（倫理的・経済的な家族の信頼関係）を破壊する行為，あるいは関係の修復を著しく困難にする行為であることを要すると解されている。もっとも，個々の事案においては，行為の態様だけでなく，被相続人側の態度や相続人側の改心など諸般の事情が考慮されており，画一的な判断基準を設けることは困難である（廃除の判断について，→WINDOW 8-2）。

(4) 廃除の手続　　廃除の請求権は被相続人の一身専属権であり，廃除は，被相続人が生前に家庭裁判所に対して廃除の請求をするか（892条），もしくは遺言で廃除する意思を表示し，その遺言に基づいて遺言執行者が家庭裁判所に対して廃除の請求をする（893条前段）ことによってなされる。遺言による場合，遺言執行者は，遺言の効力発生後，遅滞なく廃除を請求しなければならない。いずれの場合も，被相続人の恣意的な廃除を防ぐために，廃除事由の有無の判断は家庭裁判所に委ねられている。廃除の請求は，調停の対象とされておらず，請求に基づいて家庭裁判所が審判手続を開始する（家事188条・別表第一86項）。廃除の審判が確定した場合，廃除を請求した者が10日以内に戸籍事務管

廃除の判断

　廃除事由にいう「虐待」は被相続人の肉体または精神に苦痛を与える行為をいい，「侮辱」は被相続人の名誉または自尊心を著しく傷つける行為をいう（もっとも，裁判例において両者は厳密に区別されていない）。「著しい非行」は，虐待や重大な侮辱にあてはまらないが，それらに類する行為をいう。

　廃除が認められる行為としては，告訴や訴訟の提起，暴行や暴言，遺棄，浪費等が挙げられる。たとえば，かねてより非行を繰り返し，暴力団員と交際したり，元暴力団員と婚姻し，親の反対にもかかわらず親の名前を記載して披露宴の招待状を出す等していた事案において，裁判所は，重大な侮辱とは「被相続人に対し精神的苦痛を与え又はその名誉を毀損する行為であって，それにより被相続人と当該相続人との家族的協同生活関係が破壊され，その修復を著しく困難ならしめるものをも含む」とし，右事案において親の相続からの子の廃除が認められている（東京高決平4・12・11判時1448号130頁）。

　もっとも，廃除事由にあたる行為があったとしても，被相続人に直接向けられていない非行（東京高決昭59・10・18判時1134号96頁）や，被相続人側にも帰責性がある場合（東京高決平8・9・2家月49巻2号153頁）のように，具体的な事情によっては廃除が否定されている。

掌者に届出をし，戸籍に廃除の旨が記載される（戸籍97条・63条1項）。

　廃除を認容する審判が確定する前に被相続人が死亡し，遺産の管理が必要となった場合には，家庭裁判所は，親族，利害関係人または検察官の請求によって，遺産の管理について必要な処分を命ずることができる（895条）。

　(5)　**廃除の効果**　廃除の審判の確定によって，相続人はその時から相続権を失う。遺言による廃除の場合は，被相続人の死亡の時にさかのぼる（893条後段）。廃除の効果は相続欠格同様に相対的であり，被廃除者は特定の被相続人との関係でのみ相続資格を失うこととなる。もっとも，相続欠格とは異なり，廃除は，被廃除者の受遺者としての地位には影響を与えないため（相続欠格のような準用規定は無い），廃除されても遺贈を受けることは可能である。

　(6)　**廃除の取消し**　廃除は被相続人の意思に基づく民事上の制裁であることから，いったん廃除の審判が確定したとしても，被相続人はいつでも廃除の取消しを家庭裁判所に請求することができる（894条1項）。遺言によっても廃除を取り消すことができる（同条2項）。廃除が取り消された場合，取消しの審判が確定した時からもしくは相続開始時にさかのぼって被廃除者の相続資格が

回復する。また，取消しの請求をした者が10日以内に戸籍事務管掌者に届出を
し，戸籍に廃除が取り消された旨が記載される（戸籍97条・63条1項）。

 ## 第3節　法定相続分と指定相続分

① 相続分の意義

　相続人が1人だけという場合，その者が単独相続人として被相続人の権利義
務を相続する（単独相続）。他方，相続人が複数いる場合には，複数の相続人が
共同相続人として共同で相続する（共同相続）。

　共同相続の場合，各共同相続人は，相続開始から遺産分割までの間に相続財
産の総体に対して権利ないし地位を有する。この権利ないし地位を指して「相
続分」と表現することがある（たとえば905条参照）。もっとも，「相続分」という
用語は別の意味で使われることも多い。各共同相続人は，その相続分に応じて
被相続人の権利義務を承継する（899条）とされているが，ここにいう相続分は，
相続財産の総体に対して各相続人が有する権利の割合，言い換えれば，分数的
な割合で表される持分率（相続分率）のことを意味する。この相続分は，被相続
人が遺言によって指定することができ（指定相続分，902条），指定が無ければ，
法律の規定による（法定相続分，900条および901条）。指定相続分あるいは法定相
続分が相続財産の分配の基礎とされる。さらに，共同相続においては，各共同
相続人にかかわる事情（特別受益や寄与分）を踏まえて最終的に取得する財産額
の調整が行われる。そうした調整を経て算定された各共同相続人の取得すべき
相続財産の具体的な価額のことも「相続分」と表現される（この意味での相続分
は，具体的相続分と呼ばれる）。このように，同じ「相続分」という表現がされて
いても，条文によってその意味する内容が異なりうる。

② 法定相続分

　(1)　**法定相続分と相続人の組み合わせ**　　遺言によって相続分が指定されて
いなければ，各相続人は，900条および901条に定められた**法定相続分**に応じて
遺産に対する権利を取得する。法定相続分は，まず，配偶者相続人と血族相続
人の組み合わせごとに定められている（900条1号～3号）。また，同順位の血族

相続人が数人あるときは，原則として各自の相続分は均分される（同条4号本文）。したがって，被相続人に配偶者がおらず，同順位の血族相続人のみが相続人となる場合には，相続分は相続人の人数に応じて均分される。たとえば，相続人が子3人であるときは，法定相続分はそれぞれ3分の1である。

(2)　**配偶者および子**（900条1号）　　配偶者と子が相続人であるときは，配偶者の法定相続分が2分の1，子の法定相続分が2分の1である。子が数人あるときでも子全員で2分の1の法定相続分が割り当てられ，これを子の人数に応じて均分する（900条4号本文）。被相続人が子の親権や監護権を有するか否か，嫡出子か嫡出でない子か，実子か養子かといった事情は，法定相続分に影響しない（嫡出でない子の法定相続分について，→**WINDOW 8-3**）。

　[例①]　相続人は，配偶者Aと子B・C・Dである。相続財産は6000万円である。

　Aの相続分：6000万円×1/2　　　　　　＝3000万円
　Bの相続分；6000万円×1/2×1/3＝1000万円
　Cの相続分：6000万円×1/2×1/3＝1000万円
　Dの相続分：6000万円×1/2×1/3＝1000万円

(3)　**配偶者および直系尊属**（900条2号）　　　配偶者と直系尊属が相続人であるときは，配偶者の法定相続分が3分の2，直系尊属の法定相続分が3分の1である。直系尊属が数人あるときは，その人数に応じて3分の1を均分する（900条4号本文）。

　[例②]　相続人は，配偶者Aと父Bおよび母Cである。相続財産は6000万円である。

　Aの相続分：6000万円×2/3　　　　　　＝4000万円
　Bの相続分：6000万円×1/3×1/2＝1000万円
　Cの相続分：6000万円×1/3×1/2＝1000万円

(4)　**配偶者および兄弟姉妹**（900条3号）　　　配偶者と兄弟姉妹が相続人であるときは，配偶者の法定相続分が4分の3，兄弟姉妹の法定相続分が4分の1である。兄弟姉妹が数人あるときは，その人数に応じて4分の1を均分する（900条4号本文）。ただし，相続人となった兄弟姉妹の中に，父母の一方のみを同じくする兄弟姉妹（半血の兄弟姉妹）と父母の双方を同じくする兄弟姉妹（全血の兄弟姉妹）とがいる場合，半血の兄弟姉妹の相続分は，全血の兄弟姉妹の相続分の2分の1となる（同号ただし書）。

［例③］　相続人は，配偶者A，父母の一方のみを同じくする兄Bおよび父母の双方を
同じくする妹Cである。相続財産は6000万円である。

Aの相続分：6000万円×3/4　　　　　　　＝4500万円

Bの相続分：6000万円×1/4×1/（1+2）＝500万円

Cの相続分：6000万円×1/4×2/（1+2）＝1000万円

(5)　代襲者の相続分　　　代襲者の相続分は，その直系尊属（被代襲者）が受けるべきであった相続分と同じである（901条本文）。ただし，代襲者が数人あるときは，その相続分を人数に応じて均分する（同条ただし書）。

［例④］　被相続人は，妻Aとの間に子BおよびCをもうけたものの，Cは子DとEを残して被相続人より先に死亡した。したがって，相続人は，A，B，そしてCを代襲するDおよびEである。相続財産は6000万円である。

Aの相続分：6000万円×1/2　　　　　　　　＝3000万円

Bの相続分：6000万円×1/2×1/2　　　　　＝1500万円

Dの相続分：6000万円×1/2×1/2×1/2＝750万円

Eの相続分：6000万円×1/2×1/2×1/2＝750万円

③ 指定相続分

(1)　相続分の指定　　　被相続人は，遺言によって相続分を定め，または相続分を定めることを第三者に委託することができる（902条1項）。このように定められた相続分を**指定相続分**という。指定相続分は，法定相続分に優先し，指定相続分に沿って相続人に相続財産が承継される。相続分指定の効果は，被相続人による指定の場合は遺言の効力発生時に，第三者に委託された場合は相続開始時にさかのぼって生じる。

相続分は，共同相続人全員について指定することも，共同相続人の一部の者についてのみ指定することもできる。指定されなかった共同相続人の相続分は，法定相続分の定めによる（902条2項）。たとえば，相続人が被相続人の配偶者Aと子BおよびCである場合に，Aの相続分が3分の1と指定されたとする。このとき，相続分が指定されていないBおよびCの相続分は，Aの指定相続分を除いた3分の2を均分する。なお，配偶者に相続分の指定がなされ

相続財産が6000万円の場合

─1/3の指定─	─────残り2/3を均分─────	
配偶者 A 2000万	子 B 2000万	子 C 2000万
3000万	法定相続分	3000万

□ WINDOW 8-3　　　　　　　　　　　　　　　　　　　　　　　◀◀

嫡出でない子の法定相続分

　かつては，相続人の中に嫡出子と嫡出でない子がいる場合，嫡出でない子の法定相続分は，嫡出子の相続分の2分の1と規定されていた（旧900条4号ただし書）。この規定は，法律上の配偶者との間に出生した嫡出子の立場を尊重するとともに，他方で嫡出でない子にも一定の法定相続分を認めることにより嫡出でない子を保護しようとしたものであった。しかし，嫡出子と嫡出でない子について相続分の差を設けることは，法の下の平等（憲法14条1項）に反するのではないかと指摘されてきた。

　この問題について，最高裁（最大決平7・7・5民集49巻7号1789頁）は合憲の判断をしたものの，5名の裁判官が反対意見を述べており，見解が分かれていた。その後，再びこの問題を扱った最高裁（最大決平25・9・4民集67巻6号1320頁）は，社会的な意識や家族形態の変化，法制度の変化等を総合的に考察すれば，「家族という共同体の中における個人の尊重がより明確に認識されてきたことは明らかであ」り，「法律婚という制度自体は我が国に定着しているとしても……認識の変化に伴い，……父母が婚姻関係になかったという，子にとっては自ら選択ないし修正する余地のない事柄を理由としてその子に不利益を及ぼすことは許されず，子を個人として尊重し，その権利を保障すべきであるという考えが確立されてきている」などとして，遅くとも2001（平成13）年7月当時においては，嫡出子と嫡出でない子の法定相続分を区別する合理的な根拠はなかったと判断した。こうした最高裁の判断を受け，2013（平成25）年12月5日，旧900条4号ただし書を削除する法改正がなされた（同月11日施行）。

　ていない場合について，配偶者の相続分を相続財産全体の2分の1とする説と，指定相続分を除いた残部の2分の1とする説とで学説の対立がある。

　(2)　**相続分指定と第三者**　　相続分の指定がなされると，その指定相続分に従って各共同相続人は相続財産について持分を有することになる。すなわち，相続財産中の不動産等の個々の財産や債権・債務は，共同相続人間において指定相続分の割合で帰属する。もっとも，第三者との関係においては注意が必要である。相続による権利の承継は，法定相続分を超える部分については，対抗要件を備えなければ第三者に対抗することができない（899条の2第1項）。また，相続財産中の債権につき，法定相続分を超えて債権を承継した共同相続人が債務者にその承継の通知をしたときは，共同相続人の全員が債務者に通知をしたものとみなされる（同条2項）。

　相続債務については，その債権者は，相続分の指定がされた場合であっても，各共同相続人に対し，法定相続分に応じてその権利を行使することができ

る（902条の２本文）。かりに債権者も相続分の指定に従わなければならないとするならば，債務者（被相続人）の意思次第で一方的に債務の承継割合を変更できることになり，債権者が不測の損害を被る可能性がある。そこで，相続債権者に対して相続分の指定の効力は及ばないこととされている。もっとも，債権者は，共同相続人の１人に対して指定相続分に応じた債務の承継を承認することによって，指定相続分に応じた債務の履行請求が可能である（902条の２ただし書。相続分指定の場合について，→WINDOW 10-2）。

第4節　具体的相続分

1 具体的相続分の意義

　各共同相続人は，法定相続分または指定相続分に応じて被相続人の権利義務を承継する。しかし，単純に法定相続分や指定相続分によって遺産を分割すると相続人間の公平が図られないことがある。民法は，個別の事情に応じて実質的に公平になるように，最終的に取得する財産額を調整する制度として，特別受益（903条・904条）および寄与分（904条の２）を設けている。調整の結果として算定された相続財産の価額を**具体的相続分**という。

　もっとも，いわゆる所有者不明土地への対策としてなされた2021年改正において，相続開始時から10年を経過した後に遺産分割がされる場合には，特別受益や寄与分による調整はなされない旨の規定が新設された（904条の３柱書本文）。調整の利益を失わせることによって，早期に遺産分割を行うよう間接的に促し，所有者不明土地を生まないようにする趣旨である。遺産分割がされずに10年を経過した時は，法定相続分または指定相続分に従って遺産分割を行うことになる。ただし，10年を経過する前に相続人から家庭裁判所に遺産分割の請求があったとき（同条１号），または10年の期間満了前６か月以内の間に，遺産分割を請求できないやむを得ない事由が相続人にあり，その事由が消滅した時から６か月を経過する前に，その相続人から家庭裁判所に遺産分割の請求があったとき（同条２号）は，例外とされる。２号における「やむを得ない事由」としては，相続開始時から10年が経過した後に相続人になった者の場合や遺産

分割禁止の定めがある場合が考えられる。また，相続人全員が具体的相続分によって遺産分割を行うとの合意をした場合には，904条の3の規定にかかわらず，その合意に従って遺産を分割することができると解される。

② 特別受益

（1）**特別受益の意義**　共同相続人の中に被相続人から生前に多額の援助を受けた者がいる場合であっても法定相続分に従って相続財産を分割するとすれば，援助を受けていない共同相続人にとっては不公平である。そこで，民法は，相続財産の前渡しとみられるような特別な利益を得たという事情が相続人にある場合には，その前渡しされた利益について，遺産分割の際に考慮に入れることとしている。これが**特別受益**の制度である。すなわち，共同相続人の中に，被相続人から一定の遺贈や贈与を受けた者がいる場合，遺産分割の際にすでに得た利益を差し引きして，最終的に取得すべき具体的相続分を計算する（903条・904条）。

（2）**特別受益者**　被相続人から特別受益にあたる財産を受けた者を**特別受益者**という。特別受益者は共同相続人であることを要するため，相続欠格にあたり，あるいは廃除によって相続権を失った者，または相続放棄をした者は，特別受益者にあたらず，相続分の調整を受けることもない。また，特別受益者として相続分の調整を受けるのは原則として受益した相続人本人であり，被相続人がその相続人の父母や配偶者等に遺贈や贈与をしても，当該相続人の相続分は調整されない。

　問題となるのは代襲相続である。まず，被相続人が代襲者に贈与をしていた場合，代襲原因が生じた後の贈与であれば特別受益にあたり，代襲者の相続分が調整される。しかし，代襲原因が生じる前の贈与が特別受益にあたるか否かについては見解が分かれている。通説は，代襲原因が生じる前の贈与は相続分の前渡しとは言えないとして，特別受益にあたらないとする。他方で，相続人間の公平の観点から特別受益者にあたるとする説も有力である。また，被相続人が被代襲者に贈与をしていた場合は，通説・裁判例によれば，代襲者が特別受益者として相続分の調整を受けると解されている（福岡高判平29・5・18判時2346号81頁）。

（3）**特別受益にあたる贈与・遺贈**　特別受益にあたるのは，被相続人によ

る遺贈と，一定の生前贈与である（903条1項）。被相続人から相続人に対する遺贈は，すべて特別受益となる。他方で，生前贈与については，婚姻もしくは養子縁組のための贈与または生計の資本としての贈与に限られる。婚姻や養子縁組のための贈与としては，一般に支度金や持参金，結納金等が挙げられる。もっとも，挙式費用については，特別受益にあたるとする裁判例（名古屋高金沢支決平3・11・22家月44巻10号36頁）があるものの，学説では否定的な見解が有力である。生計の資本としての贈与は，広く受益者の生活の基盤となるような贈与を指し，営業資金や住宅購入費の贈与，農地の分与等が典型例である。また，贈与という形式でなくとも，たとえば，借金の肩代わり（高松家丸亀支審平3・11・19家月44巻8号40頁）や，学費等の教育費の支出（札幌高決平14・4・26家月54巻10号54頁）といった経済的な利益の提供についても特別受益にあたりうる。しかし，いずれの受益についても，被相続人の資産状況や社会的地位等に照らして，通常の親族としての扶養義務の範囲内と考えられる程度の贈与であれば，特別受益にあたらないと解されている（学費や留学費用の特別受益該当性を否定したものとして，名古屋高決令元・5・17判時2445号35頁）。

　しばしば問題となるのは，生命保険金請求権である。判例は，原則として特別受益にあたらないとしながらも，903条の趣旨に照らして是認しえないほどの著しい不公平が相続人間に生じるような特段の事情がある場合には，903条を類推適用することで生命保険金請求権についても特別受益に準じて扱うとする（最決平16・10・29民集58巻7号1979頁）。なお，共同相続人全員がそれぞれ同程度の贈与を受けていた場合には，是正すべき不公平はないと考えられるから，特別受益にあたるとして相続分の調整を図る必要はない。

　特別受益にあたる遺贈や贈与は，相続開始時の価額を基準として調整される（通説）。贈与の対象が動産や不動産である場合，たとえ滅失したり価格の増減があったりしたときでも，相続開始時に原状のまま存在するものとみなして価額を評価する（904条）。また，贈与の対象が金銭である場合，相続開始時の貨幣価値に換算して評価する（最判昭51・3・18民集30巻2号111頁）。

　(4)　**具体的相続分の計算**　　特別受益者はすでに相当な利益を得ているから，相続分を減額して調整しなければならない。その算定にあたっては，①被相続人が相続開始時に有していた財産の価額に，特別受益にあたる贈与の価額

を加算する（このように贈与の価額を加算することを「持ち戻す」「持戻し」などという）。こうして算出されたものを「**みなし相続財産**」という。被相続人が相続開始時に有していた財産の価額は積極財産を指すと解されており，相続債務は控除されない。また，加算されるのは「贈与」の価額であり，特別受益となる「遺贈」の価額は相続財産中に含まれているため，加算しない。続いて，②みなし相続財産に，各共同相続人の法定相続分率または相続分の指定がされている場合には指定相続分率を乗じ，各共同相続人の相続分額（これを「一応の相続分」や「本来の相続分」という）を算出する。最後に，③算出された各共同相続人の相続分額から，特別受益たる遺贈や贈与の価額を控除する。控除を経て算出された残額が，その者の相続分となる。

> [例⑤]　被相続人は，積極財産として9000万円を残して死亡した。相続人は子A・B・Cである。被相続人は，生前にAに対して生計の資本として現金3000万円の贈与をしており，さらにBに対して2000万円の遺贈をする旨の遺言を残している。なお，相続分の指定はされていない。

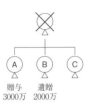

各共同相続人の具体的相続分を算定すると：

①みなし相続財産：9000万円＋3000万円＝1億2000万円

②A・B・Cの法定相続分は各3分の1であるから，1億2000万円×1／3＝4000万円

③Aには3000万円，Bには2000万円の特別受益があると認められるから，

　Aの具体的相続分：4000万円－3000万円＝1000万円

　Bの具体的相続分：4000万円－2000万円＝2000万円（他に遺贈として2000万円）

　Cの具体的相続分：4000万円

(5)　超過特別受益者がいる場合の取扱い　　具体例⑤において，かりにAへの贈与が6000万円であるとすれば，Aの具体的相続分は，具体例⑥のように，「－1000万円」となる。このように相続財産に対して受益額が多い場合，相続人の具体的相続分がゼロないしマイナスになることがある（このような相続人を「超過特別受益者」という）。超過特別受益者は相続分を受けることができず，具体的相続分はゼロとなる（903条2項）。他方で，特別受益は現に存在する相続財産を公平に分配するための制度であって，超過特別受益者が超過分を返還する必要はない。

　もっとも，超過分がある以上はその超過分を他の共同相続人が負担せざるを得ないから，どのように負担を割り振るかが問題となる。学説上見解が分かれているが，超過特別受益者も含めて具体的相続分額を算定したうえで，超過特別受益者以外の相続人の具体的相続分の割合で相続財産（遺贈を除いた積極財産）を分ける方法が有力である（具体的相続分基準説）。

　［例⑥］　例⑤において，Aへの贈与が6000万円であった。
　各共同相続人の具体的相続分を算定すると：
　①みなし相続財産：9000万円＋6000万円＝1億5000万円
　②A・B・Cの法定相続分は各3分の1であるから，1億5000万円×1／3＝5000万円
　③Aには6000万円，Bには2000万円の特別受益があると認められるから，
　　Aの具体的相続分：5000万円－6000万円＝－1000万円
　　Bの具体的相続分：5000万円－2000万円＝3000万円（他に遺贈として2000万円）
　　Cの具体的相続分：5000万円

　※ここで，Aは超過特別受益者となるから，Aの具体的相続分はゼロとなる。超過した1000万円は，BとCで負担しなければならない。Bの具体的相続分（3000万円）とCの具体的相続分（5000万円）の割合で，Bへの遺贈（2000万円）を除いた相続財産の額を分配する。
　　Bの具体的相続分：（9000万円－2000万円）×3000／（3000＋5000）＝2625万円
　　　　　　　　　　　　　　　　　　　（他に遺贈として2000万円）
　　Cの具体的相続分：（9000万円－2000万円）×5000／（3000＋5000）＝4375万円

　(6)　**持戻し免除**　　被相続人は，特別受益にあたる遺贈や贈与があったとしても，特別受益として考慮しない旨の意思表示（**持戻し免除**の意思表示）をすることができる（903条3項）。持戻し免除の意思表示があれば，具体的相続分の算定の際，当該遺贈や贈与の価額をみなし相続財産に含めず，また，受益者の具体的相続分から控除しない。持戻し免除の意思表示については方式が定められておらず，黙示でもよい。

　婚姻期間が20年以上の夫婦について，被相続人が配偶者に対して居住用の建物または敷地を遺贈または贈与したときは，持戻し免除の意思表示があったと推定される（903条4項）。特別受益にあたる遺贈や贈与は持ち戻されるのが原則であるが，婚姻期間が長期に及ぶ夫婦において居住用不動産の遺贈等が行われた場合，配偶者の長年にわたる貢献に報いるとともに，老後の生活保障の趣旨で行われる場合が多いと考えられるため，原則として持戻し免除の意思表示

が推定されることとなった。なお，配偶者居住権（→第10章第**4**節）が遺贈された場合も，持戻し免除の意思表示が推定される（1028条 3 項による903条 4 項の準用）。

③ 寄 与 分

（1）**寄与分の意義**　特別受益の事情とは反対に，ある相続人がその貢献によって被相続人の財産を維持ないし増加させたという場合，相続人間の公平の観点から，その者（寄与者）の貢献は**寄与分**として評価され，具体的相続分の算定において考慮される（904条の 2 ）。

（2）**寄与者**　被相続人に対して特別の寄与をした者を**寄与者**という。寄与者は共同相続人であることを要するから（904条の 2 ），相続欠格にあたり，あるいは廃除によって相続権を失った者，または相続放棄をした者は，寄与者にあたらない。また，共同相続人の配偶者や子が被相続人に対して寄与をした場合であっても，相続人ではないため，その者が寄与分を主張することはできない。しかし，相続人の配偶者や子が，被相続人の介護を担う等の寄与を行うことは珍しくなく，そのような寄与が相続において評価されないことには批判があった。そこで裁判例においては，配偶者や子等の相続人以外の者を履行補助者とし，相続人の寄与分として考慮する扱いがされてきた（東京家審平12・3・8家月52巻 8 号35頁）。もっとも，こうした扱いはあくまで寄与をした本人に財産を分配するものではなく，相続人の具体的相続分が増額されるにすぎない。こうした扱いを踏まえ，2018年改正においては，被相続人の親族（725条）が行った寄与について，寄与をした本人が特別寄与者として特別寄与料を請求できる制度が新設された（1050条。特別の寄与について，→WINDOW 8-4）。

　代襲相続の場合，被相続人に対する代襲者の寄与行為は，代襲原因が生じた後になされたものであれば，寄与分として主張できる。しかし，代襲原因が生じる前になされた寄与行為については見解が分かれている。相続人間の公平の観点から，代襲原因の発生以前以後を問わず，寄与分として考慮すべきとの見解が通説とされている。他方で，代襲原因が生じる前は代襲者が相続資格を持たないため，寄与分として主張し得ないとの見解もある。また，被相続人に対して被代襲者が行った寄与行為につき，代襲者は，寄与分として主張することができる（東京高決平元・12・28家月42巻 8 号45頁）。

(3) **寄与の方法・程度**　寄与分として考慮されるのは，被相続人の事業に関する労務の提供または財産上の給付，被相続人の療養看護その他の方法により，被相続人の財産の維持・増加について特別の寄与をした場合である（904条の2第1項）。被相続人の事業に関する労務の提供または財産上の給付としては，被相続人が営む事業において実際に労働する場合や，事業資金を提供したり，事業に関わる債務を弁済したりする場合が挙げられる。また，被相続人の療養看護としては，看病や介護が挙げられる。その他の方法においても被相続人の財産の維持・増加に貢献する行為があれば，寄与分として評価される。もっとも，寄与者の行為は原則として無償でなければならず，対価を得ていた場合は除かれる。また，「特別の」寄与でなければならないから，通常期待される程度を超えた行為でなければならない。たとえば同居する親族として通常の看護を行っていたのであれば，特別の寄与とはいえない。

(4) **寄与分の算定**　具体的相続分の算定において寄与分としてどの程度の額を考慮するかは，共同相続人間の協議で定める（904条の2第1項）。共同相続人間の協議が調わないとき，または協議ができないときは，寄与者の請求により家庭裁判所の調停や審判によって定める（同条2項）。寄与者による請求は，家庭裁判所に対して遺産分割の請求をする場合に行うことができ，遺産分割手続の中で寄与分が定められる（同条4項）。ただし，寄与分は，相続開始時の財産の価額から遺贈の価額を控除した額が上限である（同条3項）。

(5) **具体的相続分の算定**　寄与者は被相続人の財産を維持・増加させたのであるから，相続分を増額して調整しなければならない。特別受益と同様の計算方法であるが，控除や加算が反対となる。まず，①被相続人が相続開始時に有していた財産の価額（積極財産の額。相続債務は控除されない）から寄与分を控除する。こうして算出されるのが「みなし相続財産」である。続いて，②みなし相続財産に，各共同相続人の法定相続分率または相続分の指定がされている場合には指定相続分率を乗じ，各共同相続人の相続分額を算出する。最後に，③算出された各共同相続人の相続分額に，寄与分を加算する。加算後の額が，その者の相続分となる。

　　［例⑦］　被相続人は，積極財産として6000万円を残して死亡し
　　　　　　た。相続人は子A・B・Cである。Aは，生前の被相続人
　　　　　　の事業を援助し，被相続人の介護を積極的に行うなど，
　　　　　　被相続人に対して貢献してきたことから，1500万円の寄
　　　　　　与分があると評価された。なお，相続分の指定はされて
　　　　　　いない。

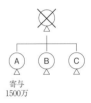

寄与
1500万

各共同相続人の具体的相続分を算定すると：
①みなし相続財産：6000万円－1500万円＝4500万円
②A・B・Cの法定相続分は各3分の1であるから，4500万円×1／3＝1500万円
③Aには1500万円の寄与分があると認められるから，
　Aの具体的相続分：1500万円＋1500万円＝3000万円
　Bの具体的相続分：1500万円
　Cの具体的相続分：1500万円

④ 特別受益と寄与分の関係

　特別受益と寄与分とは，相続分を増加させるか減少させるかという方向性は
異なるものの，いずれも相続人間の公平を図って相続分の調整を行う点では同
一の目的を持つ制度であり，具体的相続分の計算方法も類似する。それでは，
同一の相続において，特別受益者と寄与者の双方が認められる場合，どのよう
に計算されるか。様々な説がみられるが，両制度を同時に適用する見解が最も
支持されている。すなわち，①被相続人が相続開始時に有していた財産の価額
（積極財産の額。相続債務は控除されない）につき，特別受益にあたる贈与の価額
は加算し，寄与分は控除することで，みなし相続財産を算出する。続いて，②
みなし相続財産に，各共同相続人の法定相続分率または相続分の指定がされて
いる場合には指定相続分率を乗じ，各共同相続人の相続分額を算出する。最後
に，③算出された各共同相続人の相続分額につき，特別受益たる遺贈や贈与の
価額は控除し，寄与分は加算する。

　　［例⑧］　被相続人は，積極財産として8000万円を残して死亡し
　　　　　　た。相続人は子A・B・Cである。被相続人は，生前にA
　　　　　　に対して生計の資本として2500万円の贈与をしていた。ま
　　　　　　た，被相続人の死後，それまで介護に努めたBには1500万
　　　　　　円の寄与分があると評価された。なお，相続分の指定はさ
　　　　　　れていない。

贈与　　寄与
2500万　1500万

各共同相続人の具体的相続分を算定すると：
①みなし相続財産：8000万円＋2500万円－1500万円＝9000万円
②A・B・Cの法定相続分は各3分の1であるから，9000万円×1／3＝3000万円
③Aには2500万円の特別受益が，Bには1500万円の寄与分があると認められるから，
　　Aの具体的相続分：3000万円－2500万円＝500万円
　　Bの具体的相続分：3000万円＋1500万円＝4500万円
　　Cの具体的相続分：3000万円

第5節　相続分の譲渡と取戻権

1 相続分の譲渡

　各共同相続人は，相続開始から遺産分割までの間に，自らの相続分を第三者に譲り渡すことができる（905条1項）。ここにいう相続分は，遺産分割前の相続財産の総体（積極財産も消極財産も包括した遺産全体）に対する権利ないし地位を意味する。

　相続分の譲渡は，第三者に対しても，他の共同相続人に対しても行うことができる。有償・無償を問わず，また，特定の方式も定められていない。第三者に譲渡された場合，当該第三者は，相続財産の管理や遺産分割手続に関与することができる。また，多数説によれば，遺産分割時には譲渡人の具体的相続分を主張することができる。他の共同相続人に譲渡された場合，もともと有していた相続分と譲り受けた相続分とを合計した相続分を取得する（最判平13・7・10民集55巻5号955頁）。

2 相続分の取戻権

　相続分が譲渡された場合，譲渡人以外の共同相続人は，その価額および費用を償還することにより，その相続分を取り戻すことができる（**相続分の取戻権**。905条1項）。この規定は，第三者が遺産分割に介入することを防ぎ，円滑に遺産分割が行われるようにすることを目的としている。もっとも，取戻権は第三者に譲渡されたことを要件としているため，他の共同相続人に譲渡された場合には，相続人間での相続分率が変更されたにすぎず，取り戻すことはできないと解される。

WINDOW 8-4

親族による特別の寄与

　従来，妻が夫の親を介護した場合であっても，当該親の相続において妻自身は相続人でないために，妻自身に寄与分を考慮して相続財産を取得する権利は認められなかった。こうした制度に対しては不公平感が否めないとの指摘がなされていたことから，2018年改正は，相続人以外の被相続人の親族（725条）についても一定の要件の下で**特別寄与料**を請求する権利を認めた。すなわち，被相続人の親族が，被相続人に対して無償で療養看護その他の労務の提供により，被相続人の財産の維持・増加に寄与した場合，そのような寄与をした親族（**特別寄与者**）は，相続開始後に，相続人に対して，特別寄与料を請求することができる（1050条1項）。相続人が数人ある場合には，各共同相続人は，法定相続分または指定相続分に応じて特別寄与料を負担する（同条5項）。

　特別寄与料の請求手続は，遺産分割手続とは別個のものとされている。請求の可否および具体的な金額の決定は，相続人間における寄与分に類似し，まずは当事者間の協議に委ねられ，協議が調わないときまたは協議をすることができないときは，家庭裁判所に対して協議に代わる処分を請求することができ（1050条2項本文），家事調停および家事審判の対象とされている（家事別表第二15項）。家庭裁判所の判断基準（1050条3項）や上限（同条4項）は，相続人における寄与分と同様である。ただし，特別寄与者が相続の開始および相続人を知った時から6か月を経過したとき，または相続開始の時から1年を経過したときは，もはや家庭裁判所に対して協議に代わる処分を求めることはできない（同条2項ただし書）。紛争の長期化を防ぐために，期間が制限されている。

　取戻権は形成権であり，譲受人に対する一方的な意思表示と，償還に必要な価額の提供によって行使することができる。また，各共同相続人が単独で行使できる。もっとも，取戻権は，1か月以内に行使しなければならない（905条2項）。この期間の起算点については，相続分の譲渡時とする見解，他の共同相続人が譲渡の通知を受けた時とする見解，他の共同相続人が譲渡の事実を知った時とする見解に分かれるが，通説は相続分の譲渡時とする。

第9章

相続の承認と放棄，相談人の不存在

●本章で学ぶこと

　相続資格を得た相続人が必ずしも相続財産の承継を望むとは限らない。そこで民法は，相続人に対し，相続財産の承継に関して，全てを相続する単純承認，条件付きで相続する限定承認，または，全てを相続しない相続放棄という3つの選択肢を設けている。相続人は，これらのうち1つを自らの意思で選ぶことができる。本章では，こうした選択肢に関して，選択の要件や方法，および，それぞれの内容や効果について学ぶ。

　また，戸籍の記載上相続人が存在しない場合等のように，相続人の存在が明らかではない場合に備え，相続人不存在の制度が用意されている。この場合には相続財産が法人化し，その管理や清算をしつつ，同時に相続人の捜索も行う。相続人の不存在が確定し，相続財産が清算された後，一定の場合に，残余財産は被相続人と特別の縁故があった者に分与され，特別縁故者がいない場合等には，国庫に帰属することになる。本章では，どのような場合に相続人不存在の制度が活用されるのか，最終的に国庫帰属に至るまでの管理・清算の手続の内容，およびどのような者が特別縁故者として，残余財産の分与を受けることができるのかについても学ぶ。

第1節 承認・放棄の選択

① 相続人の選択権

相続開始の時から，相続人は，被相続人に属した一切の権利義務を承継する（896条）。こうした当然承継主義においては，財産の所有者が死亡した場合にその財産が即時に次の所有者に引き継がれることになるため，財産の所有者がいない状態を回避することができる。

他方で，相続人は，相続が開始したことを知っているか否か，相続するつもりがあるか否かといった事情を問わず，相続が開始すると同時に当然に財産を承継することになる。しかしながら，相続人となるべき者が常に相続財産の承継を望むとは限らない。典型的には，相続財産が債務超過の状態にある場合には相続人が相続を拒みたいと思うであろうし，そうした相続人の意思は尊重されるべきである。そこで，民法は，相続人に相続するか否かを選択する権利を与えている。具体的には，被相続人の財産を全面的に相続する単純承認，条件付きで相続する限定承認，相続を全面的に拒絶する相続放棄という3つの選択肢が用意されている。

② 熟慮期間

相続人は，自己のために相続の開始があったことを知った時から3か月以内に，相続を承認するか放棄するかを選択しなければならない（915条1項本文）。この選択の期間を**熟慮期間**といい，この期間に相続人は相続財産の調査をすることができる（915条2項）。相続の承認または放棄の選択は，この熟慮期間内にしなければならないから，相続開始前に承認や放棄の意思表示をしていても，承認や放棄の効果は生じない。また，相続に関して選択をせず，何らの意思表示もしないまま熟慮期間を徒過したときは，単純承認をしたものとみなされる（921条2号）。その場合にはもはや限定承認や相続放棄を選択することはできない。

熟慮期間については，その起算点が問題となる。915条は，「自己のために相続の開始があったことを知った時」と規定している。同条について，判例は，原則として相続人が，①相続開始の原因たる事実（被相続人の死亡や失踪宣告）お

よび②自己が法律上相続人となった事実を知った時を起算点と解している（最判昭59・4・27民集38巻6号698頁）。なぜなら，これら①②の事実を知った時には，通常，相続財産の調査を経て相続の承認または放棄の選択が可能であると考えられるからである。①②の事実を認識する時点は各相続人によって異なることがあるから，熟慮期間は相続人に応じて個別に進行する。したがって，ある相続人についてはすでに熟慮期間が徒過しているが，別の相続人はなお熟慮期間中という場合もある。

　もっとも，判例は，相続人が①②の事実を知っている場合であっても，「被相続人に相続財産が全く存在しないと信じ」，「かつ，被相続人の生活歴，被相続人と相続人との間の交際状態その他諸般の状況からみて当該相続人に対し相続財産の有無の調査を期待することが著しく困難な事情があつて，相続人においても右のように信ずるについて相当な理由があると認められるときには」，熟慮期間は相続人が相続財産の全部または一部の存在を認識した時または通常なら認識できたであろう時から起算されるとする（前掲最判昭59・4・27）。こうした例外が認められたことにより，相続放棄の申述受理の審判においては，個々の事情に応じて実質的な審査が可能になっている（→WINDOW 9-1）。

　相続人が未成年者または成年被後見人である場合は，相続人たる本人に代わってその法定代理人（親権者や後見人）が相続の承認または放棄の判断をしなければならない。もっとも，本人が自己のために相続の開始があったことを知った時と同時に法定代理人がその事実を認識するとは限らないから，熟慮期間は，法定代理人が未成年者または成年被後見人のために相続の開始があったことを知った時から起算される（917条）。

　熟慮期間は，利害関係人または検察官の請求により，家庭裁判所において期間を伸長することができる（915条1項ただし書）。伸長の可否については諸般の事情が考慮され，たとえば相続財産が複雑で調査に時間を要する場合や，相続人が遠方で生活していたり，入院している等の事情ですぐに調査を開始できない場合に伸長されうる。

３ 再転相続と熟慮期間

　再転相続とは，被相続人Aが死亡して相続が開始したものの（第1の相続），Aの相続人であるBが承認や放棄の表明をしないまま熟慮期間内に死亡し，B

168

□ WINDOW 9-1　◀◀

熟慮期間の起算点と相続放棄の可否

　熟慮期間が経過すれば，相続人は，被相続人の積極財産のみならず消極財産も承継しなければならない。最判昭59・4・27において問題となったように，相続人と被相続人との関係が希薄である場合には，相続財産の調査を十分に行えないことがある。それにもかかわらず，相続人に消極財産を承継させるならば，相続人にとって酷な結果となる。そこで，判例は，熟慮期間の起算点について例外を肯定した。熟慮期間の起算点を柔軟に解することは，財産承継の選択権を保障するという点で相続人の保護に資することになる。しかし他方で，安易に例外を認めれば，債権者など第三者の保護ないし取引の安全を害することにつながる。このバランスをどのように調整し，どこまでの例外を肯定するかが問題となる。判例（最判昭59・4・27）は限定的な範囲でのみ例外的取扱いを認めたが，その後に公表された裁判例の中には，右判例の示した基準よりも柔軟に例外を認める判断も見られる。たとえば，相続財産の一部を知っていた場合でも債権者から誤った情報を伝えられたことを理由に例外的取扱いを肯定したもの（高松高決平20・3・5家月60巻10号91頁）や，共同相続人のうち代表者のみが相続放棄をすれば足りると誤解していたために熟慮期間を徒過した事例につき，特別な事情があるとして例外的取扱いを肯定したもの（東京高決令元・11・25判時2450・2451号合併号5頁）等がある。

の相続が開始する（第2の相続），というように，相続が連なって生じる場合をいう。このとき，Bの相続財産にはAの相続にかかる相続権が含まれており，Bの相続人C（再転相続人）は，Aの相続についての承認ないし放棄の選択権を含むBの相続財産を承継する。したがってCは，Aの相続についてもBの相続についてもそれぞれ承認・放棄を選択することができる。

　このような再転相続の場合において，第1の相続における熟慮期間の起算点はどうなるか。916条によれば，相続人が相続の承認または放棄をしないで死亡したときは，熟慮期間は，「その者の相続人が自己のために相続の開始があったことを知った時」から起算するとされる。同条について，判例は，第1の相続に関する熟慮期間の起算点は，相続の承認または放棄をしないで死亡した者（B）の相続人（C）が，当該死亡した者（B）からの相続により，当該死亡した者（B）が承認または放棄をしなかった相続における相続人としての地位を，自己（C）が承継した事実を知った時であると解している（最判令元・8・9民集73巻3号293頁）。なお，再転相続人が第2の相続について放棄をした場合には，第1の相続の選択権をも失うことになり，もはや第1の相続について承認または放棄をすることはできない（最判昭63・6・21家月41巻9号101頁）。

④ 承認または放棄の撤回・取消し・無効

　いったんなされた承認や放棄は，熟慮期間内であっても撤回できない（919条1項）。撤回できるとすれば，熟慮期間が徒過するまで相続人が確定しないことになり，とりわけ相続債権者や次順位の相続人に混乱をもたらすことになりかねない。撤回禁止はこうした混乱を防ぐためのものである。

　もっとも，撤回禁止には取消しを否定する趣旨はなく，制限能力者の意思表示であることを理由とする取消し（5条2項）や錯誤（95条），詐欺・強迫（96条）を理由として，承認または放棄は取り消されうる（919条2項）。ただし，この取消権は，追認をすることができる時から6か月，または，承認や放棄の時から10年を経過したときは時効により消滅する（919条3項）。相続人を早期に確定させるべきとの考慮から，通常の取消権の期間（126条）に比べて短い期間が定められている。なお，限定承認や相続放棄を取り消すときは，家庭裁判所に取消しを申述しなければならない（919条4項）。

　民法上の規定はないが，承認や放棄については，無効の主張が可能と解されている。たとえば，意思無能力の場合（3条の2）や放棄の方式違反，熟慮期間経過後の放棄等の場合である。

⑤ 相続人の承認・放棄の自由

　相続人による承認または放棄の選択については，第三者が介入すべきでなく，各相続人の意思に委ねられるべきであると考えられる。それゆえ，相続債権者や相続人の債権者が，債権者代位権（423条）によって，相続人に代位して相続の承認ないし放棄をすることはできないと解されている。また，相続債権者が詐害行為として相続放棄を取り消すことはできない（424条。最判昭49・9・20民集28巻6号1202頁）。なぜなら，1つには，詐害行為取消権の対象となる行為は積極的に債務者の財産を減少させる行為であるのに対して，相続放棄は，消極的に財産の増加を妨げるにすぎない行為であるからである。もう1つには，もし相続放棄を詐害行為として取り消すことができるならば，相続人に相続の承認を強制することになるからである。相続の承認や放棄といった身分行為は，個々の相続人の自由な意思で選択すべきものと解されている。

⑥ 承認・放棄前の相続財産の管理

　相続人は，相続開始後から承認または放棄をするまでの間，その固有財産に

おけるのと同一の注意をもって，相続財産を管理しなければならない（918条）。また，家庭裁判所は，利害関係人または検察官の請求により，相続財産の保存に必要な処分を命じることができる（897条の2）。

第2節　単純承認

　相続人が無限に被相続人の権利義務を承継することを**単純承認**という（920条）。積極財産も消極財産も区別なく承継し，かりに消極財産の方が多いという場合には，相続人が自らの固有財産から弁済しなければならない。単純承認の方式や手続については規定が無く，一定の事由があれば，単純承認をしたものとみなされる（**法定単純承認**，921条）。単純承認の法的性質をめぐっては，単純承認を意思表示の一種と解し，意思表示を前提として被相続人の権利義務が承継されるとする説（意思表示説）と，単純承認は意思表示や法律行為ではなく，民法の定めによって承継という法的効果が自動的に生じるとする説（法定効果説）とで見解の対立が見られる。両説の違いは，単純承認に撤回禁止の規定（919条1項）や取消しに関する規定（同条2項）が適用されるかに現れる（意思表示説は適用を肯定し，法定効果説は否定する）。通説や判例（最判昭42・4・27民集21巻3号741頁）は，意思表示説を採っている。

　法定単純承認の事由は，921条1号から3号に定められている。第1に，相続人が相続財産を処分することは，黙示に単純承認したものと推定することができ，また，その処分を信頼した第三者は保護されるべきであると考えられることから，相続人が相続財産の全部または一部を処分した場合（1号）には，単純承認をしたものとみなされる。たとえば相続財産の売却や債権の取立てがなされた場合が挙げられる。ただし，保存行為および602条に定める期間を超えない賃貸は処分にあたらない（同号ただし書）。第2に，熟慮期間内に限定承認も相続放棄もしない場合（2号）である。第3に，相続人が，限定承認または相続放棄をした後であっても，相続財産の全部もしくは一部を隠匿し，私に消費し，または悪意で相続財産の目録中に記載しなかった場合（3号）である。隠匿は，相続財産の所在が容易にはわからないようにすることである。私に消費す

ることは，相続債権者が不利益になることを承知のうえで財産のもともとの価値を失わせることを意味する。また，相続人が悪意であれば，目録に記載されなかった財産が積極財産であっても消極財産であっても，3号が適用される（最判昭61・3・20民集40巻2号450頁）。これらの背信的な行為をした相続人に対して，限定承認や相続放棄等による保護を認める必要はないと解されており，単純承認をしたものとみなされる。

第3節 限定承認

1 限定承認の意義

限定承認は，相続人が相続財産中の積極財産を限度として被相続人の債務および遺贈を弁済するという留保のもとで相続を承認することをいう（922条）。すなわち，被相続人の積極財産によって債務および遺贈を清算し，かりに残存する積極財産があれば，それを相続人が承継する。他方で，積極財産を超える債務や遺贈があっても，相続人はその固有財産から弁済する必要はなく，積極財産の範囲でのみ弁済をすればよい。したがって，たとえば相続財産において積極財産と消極財産のどちらが多いか明らかでない場合には，限定承認をするメリットがあるといえよう。もっとも，限定承認の制度は，その制度の複雑さや煩雑さのゆえに，利用件数はわずかである（毎年130万人以上が死亡するなかで，限定承認の申述受理件数は年間700件前後にとどまる）。

2 限定承認の方式

限定承認は，熟慮期間内に相続財産の目録を作成して家庭裁判所に提出し，限定承認をする旨を申述することによって行う（924条）。ただし，共同相続の場合には，限定承認は共同相続人全員が共同でのみすることができる（923条）。包括受遺者がいる場合にはその者も共同で行わなければならない。なお，相続放棄をした者がいる場合は，その者を除いた全員で限定承認をすることができる。また，熟慮期間を徒過した者がいる場合でも，他の相続人が熟慮期間内であれば（921条2号），限定承認が可能であると解されている。他方で，共同相続人中に相続財産の処分をした者（921条1号）または隠匿等の背信的行為をし

た者 (921条3号) がいる場合には，限定承認の可否をめぐって学説の対立がある。もっとも，そのような場合でも家庭裁判所が限定承認を受理したのであれば，他の共同相続人には限定承認の効果が認められ，単純承認にあたる者は相続分に応じた責任を負うことになる (937条)。

③ 限定承認の効果と清算手続

相続人は被相続人の権利義務を承継するけれども，限定承認がされた場合には，相続財産と相続人の固有財産とは分離される (限定承認と同様に，相続財産と相続人の固有財産とを分離する制度として，財産分離の制度がある。→WINDOW 9-2)。相続人が被相続人に対して有する権利も，混同 (179条・520条) によって消滅しない (925条)。限定承認においては，まず被相続人の積極財産の範囲でのみ債務および遺贈を弁済し，残余があれば相続人が承継する。他方で，積極財産を超える債務や遺贈について，相続人は固有財産から弁済する義務を負わない。もっとも，相続人は被相続人の債務を承継しているから，固有財産から任意に弁済することは可能である。

清算手続においては，相続人が単独である場合はその者 (限定承認者) が，相続人が数人あるときは家庭裁判所によって選任された相続財産の**清算人** (936条) が，相続財産の管理や債務の弁済を行う。限定承認者ないし相続財産の清算人は，自己の固有財産におけるのと同一の注意をもって，相続財産を管理しなければならない (926条1項)。また，限定承認者は限定承認をした後5日以内に，相続財産の清算人はその選任があった後10日以内に，すべての相続債権者および受遺者に対して，限定承認をしたことおよび2か月を下らない一定の期間内に請求の申出をすべきことを公告する (927条1項・936条3項)。相続人が債権者や受遺者と認識している者には個別に申出の催告を行う (927条3項)。公告期間満了前においては，限定承認者ないし相続財産の清算人は弁済を拒むことができる (928条)。そして期間満了後，限定承認者ないし相続財産の清算人は，申出をした者および債権者や受遺者として認識している者にそれぞれの債権額の割合に応じて弁済をする (929条本文)。このときの弁済の優先順位は，優先権を有する債権者 (929条ただし書)，一般の債権者，受遺者 (931条) である。期間内に申出をせず，債権者や受遺者として認識もされていなかった者は，財産に残余があればその範囲で弁済を受けることができる (935条本文)。その後，

WINDOW 9-2

財産分離

相続人自身が債務を負っていた場合，承継した相続財産のうちの積極財産を用いて固有の債務を優先的に弁済してしまうと，相続債務を弁済できなくなったり，遺贈が履行されなくなったりする可能性が高くなる。また，相続財産が債務超過であるにもかかわらず，相続人が限定承認や相続放棄をしない場合，相続人は相続債務も弁済しなければならないから，相続人自身の債務を弁済できない可能性が高くなる。そこで，このような相続債権者・受遺者・相続人債権者らが不利益を被ることを防ぐために，相続財産と相続人の固有財産とを分離させ，相続財産を管理・清算するという**財産分離**の制度が用意されている（941条以下）。

財産分離には，第1種財産分離（941条）と第2種財産分離（950条）がある。第1種財産分離は，相続開始時から3か月以内または相続財産と相続人の固有財産が混同しない間に，相続債権者および受遺者が家庭裁判所に申し立てることによって行われる（941条1項）。第2種財産分離は，相続人が限定承認をすることができる間または相続財産と相続人の固有財産が混同しない間に，相続人債権者が家庭裁判所に申し立てることによって行われる（950条1項）。判例によれば，家庭裁判所は，相続人がその固有財産について債務超過の状態にあり，または，そのような状態に陥るおそれがあること等から，相続財産と相続人の固有財産とが混合することによって相続債権者等がその債権の全部または一部の弁済を受けることが困難となるおそれがあると認められる場合に，財産分離を命じることができる（第1種財産分離について，最決平29・11・28判時2359号10頁）。

財産分離が命じられると，相続債権者や受遺者は，相続人債権者に優先して相続財産から弁済を受けることができる（942条・947条2項・950条2項）。そして，全額の弁済を受けることができないときに限り，相続人の固有財産から弁済を受けることができる（948条本文・950条2項）。ただし，相続人の固有財産については，相続人債権者が優先的に弁済を受けることができる（948条ただし書・950条2項）。

このような財産分離の制度は，相続財産と相続人の固有財産とを分離する点で限定承認に類似する。しかし，財産分離の制度は，債権者側が主導して行われることや，相続債務について相続人が固有財産によっても弁済する責任を負うことに違いがある。もっとも，財産分離は，その制度内容が複雑であることや，相続財産が債務超過である場合には相続財産の破産制度（破産222条以下）が用意されていること等から，実際にはほとんど利用されていない。

さらに残余があれば，相続人が承継することになる。

第**4**節　相続放棄

□1 相続放棄の意義

　相続放棄は，相続人が，被相続人の権利義務につき一切承継しないことをいう。すなわち，相続放棄をした相続人は，利益を得ることもできないが，反対に，被相続人の債務を負うこともない。たとえば，明らかに相続財産が債務超過の状態にある場合や被相続人と不仲である場合，相続による面倒な手続を避けたい場合に相続放棄がされることが多いといわれる。限定承認に比べて相続放棄の申述受理件数は多く，近年は年間20万件を超えている。

□2 相続放棄の方式

　相続放棄は，熟慮期間内に家庭裁判所に放棄をする旨を各相続人が個別に申述することによって行う(938条)。また，包括受遺者も相続人と同じ権利義務を有するため(990条)，遺贈を放棄する場合には相続放棄の手続による。放棄者が未成年者や成年被後見人である場合には，その法定代理人によって申述される必要がある(場合によっては826条や860条における利益相反行為に該当しうるため，注意が必要である。親権者の利益相反行為について，→107頁)。申述を受けた家庭裁判所は，相続人の放棄の意思や熟慮期間について審理したうえで，受理または却下の判断をする。相続人は，必要な場合には，相続放棄申述受理証明書の交付を受けることができる。

□3 相続放棄の効果

　相続放棄をした者は，当該相続に関してはじめから相続人とならなかったものとみなされる(相続放棄の遡及効，939条)。たとえば，被相続人Aに妻Bと子C・D・Eがいる場合においてCが相続放棄をすると，B・D・Eが相続人となり，法定相続分は，Bが2分の1，DとEが各4分の1となる。また，先順位の者が相続放棄をした場合には，後順位の者が相続人となる。上記の例で子C・D・Eの全員が相続放棄をした場合には，Aの直系尊属がBとともに相続人となる(なお，相続放棄は代襲原因とされておらず，代襲相続は生じない)。

　相続放棄の効果は絶対的であり，相続人だけでなく，第三者にも及ぶものとされる。したがって，ある相続人の相続放棄の結果として不動産を承継した別

の相続人は，登記なくして第三者に対抗することができる（最判昭42・1・20民集21巻1号16頁）。

④ 事実上の相続放棄

　法律上，相続放棄は家庭裁判所への申述によって行われなければならないが，これ以外に，特定の相続人の取得する財産をゼロとすることにより，**事実上の相続放棄**が行われることがある。事実上の相続放棄の方法としては，第1に，相続人間の遺産分割協議によって取得分をゼロとし，その旨の遺産分割協議書を作成する方法がある。もっとも，この場合において当該遺産分割が相続人の債権者を害するときは，詐害行為として取り消されることがある（最判平11・6・11民集53巻5号898頁）。第2に，特別受益（903条）があるとして，取得分をゼロとする旨の証明書（相続分皆無証明書，相続分不存在証明書などと呼ばれる）を作成する方法がある。第3に，相続分の譲渡によって自ら相続人の地位を放棄する方法がある（905条）。第4に，一方的な意思表示によって自己の相続分を放棄する方法がある。これは，相続人としての地位は維持しつつ，相続分のみを放棄するという単独行為である。これらの方法によって，実際には相続財産を取得しないことが可能となるが，他方で，対外的に相続債務を免れることはできない。その意味で法律上の相続放棄とは異なる。

⑤ 相続放棄後の相続財産の保存

　相続放棄をした者は，その放棄の時に相続財産を占有しているときは，相続人または相続財産の清算人（952条）に対して当該財産を引き渡すまでの間，自己の固有財産におけるのと同一の注意をもって，相続財産を保存しなければならない（940条1項）。

第5節　相続人の不存在

① 意　　義

　相続人のあることが明らかでないときは，相続財産は，法人（相続財産法人）となる（951条）。**相続財産法人**は一種の財団法人的性格を有するものといえるが，その設立に特別な方式を要するわけではなく，相続財産が無主のものとな

ることを避けて，管理・清算を円滑に進めるために，相続財産自体を権利主体として認めたのである。なお，一連の清算手続が完了した後に，残余財産がある場合には，残余財産は国庫に帰属する（959条）。

　以上のような**相続人不存在の制度**が活用できるのは，「相続人のあることが明らかでないとき」（951条）である。たとえば，戸籍の記載をみる限り，相続人となるべき者がいないという場合や，戸籍上は相続人がいるものの，それらの者が相続欠格に該当し，または相続から廃除されて相続資格を失っていたり，相続を放棄している場合が，「相続人のあることが明らかでない」場合にあたる。これに対して，戸籍の記載から相続人がいることが明らかな場合は，その者が行方不明や生死不明の状態であっても，「相続人の不存在」にはあたらず，不在者の財産管理制度（25条以下）や失踪宣告制度（30条以下）をもって対応することになる。

　問題となるのは，相続人となるべき者が見あたらないが，遺言書が遺されており，それが包括遺贈を内容とする場合である（→222頁）。包括受遺者は相続人と同一の権利義務を有するとされているから（990条），戸籍上相続人はいないものの，包括受遺者がいるという場合，それでも相続人不存在の手続を開始すべきかが問われる。判例は，全相続財産を第三者に包括遺贈する旨の遺言が残されていた場合につき，「相続人のあることが明らかでないとき」にはあたらないとしている（最判平9・9・12民集51巻8号3887頁）。

② 相続財産の管理・清算

　（1）**相続財産清算人の選任**　　相続人のあることが明らかでないときは，家庭裁判所は，利害関係人または検察官の請求によって相続財産清算人を選任しなければならない（952条）。ここでいう利害関係人には，相続債権者，相続債務者，受遺者，特別縁故者（→後述③）などが含まれる。

　相続財産清算人が選任されると，家庭裁判所は，遅滞なくこれを公告しなければならず（相続財産清算人の選任の公告），この公告と同時に，6か月以上の期間を定めて，相続人があるならばその権利を主張すべき旨の公告（相続人捜索の公告）もしなければならない（952条2項）。これ以降の相続財産の管理・清算，国庫への帰属に至る手続の流れは，**図表9-1**のとおりである。

　選任された相続財産清算人は，相続財産法人の代理人であり，不在者の財産

図表9-1　相続財産の管理・清算手続

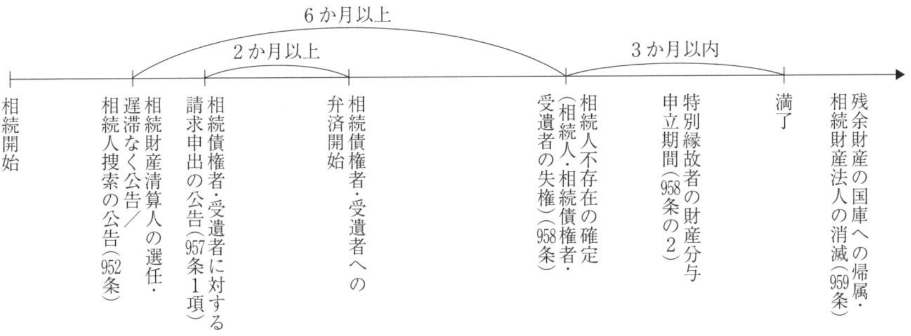

管理人と同じ権利義務を有する（953条による27条～29条の準用）。また，相続財産清算人は，相続財産の管理・清算を行うから，委任に関する規定が準用されるほか（家事194条8項による644条・646条・647条・650条の準用），相続債権者や受遺者の請求があれば，相続財産の状況を報告しなければならない（954条）。

(2)　**相続債権者・受遺者に対する公告・清算**　　相続財産清算人を選任した旨の公告および相続人捜索の公告がなされた後，相続財産清算人は，2か月以上の期間を定めて，すべての相続債権者および受遺者に対して請求の申出をするように公告しなければならない（957条1項）。

　この公告の期間が満了すると，相続財産の清算が開始される。すなわち，①優先権を有する債権者（たとえば抵当権の設定登記を受けている債権者），②公告期間内に申出をした相続債権者その他知れている相続債権者，③公告期間内に申出をした受遺者の順に配当弁済がされる（957条2項による928条・929条・931条の準用）。なお，公告期間内に申出をしなかった相続債権者や受遺者は，残余財産がある場合に限って弁済を受けることができる（957条2項による935条の準用）。

(3)　**相続人捜索の公告**　　家庭裁判所は，相続財産清算人の選任公告と同時に，6か月以上の期間を定めて相続人捜索の公告も行うが，その期間内に相続人としての権利主張をする者がないときは，相続人の不存在が確定する。また，これと同時に，相続財産清算人に知れなかった相続債権者および受遺者も失権する（958条）。

(4)　**相続人の出現**　　相続人の不存在が確定するまでに，相続人のあることが明らかになったときは，相続財産法人は存在しなかったものとみなされる。

もっとも，相続財産清算人がその権限内でした行為の効力には影響しない（955条）。相続財産清算人の代理権は，相続人が相続を承認した時に消滅する（956条1項）。

③ 特別縁故者への相続財産の分与

(1) **意 義** 相続人の不存在が確定した場合において，相当と認めるときは，家庭裁判所は，被相続人と生計を同じくしていた者，被相続人の療養看護に努めた者その他被相続人と特別の縁故があった者からの請求により，これらの者に，清算後に残存する相続財産の全部または一部を与えることができる（958条の2第1項）。この請求は，相続人捜索の公告期間（952条2項）の満了後3か月以内にしなければならない（958条の2第2項）。

特別縁故者への相続財産の分与制度は，1962（昭和37）年の民法改正により新設された。戦後に改正された相続法は，相続人を狭い範囲に限定したため，相続人不存在の事例が多くなったこと，さらにわが国では遺言の利用が活発ではなかったことから，相続財産が国庫に帰属する例が増加した。もっとも，被相続人と特別な関係があり，遺贈を受けても当然と思われる者がいる場合は，相続財産を国庫に帰属させるよりも，そうした者に相続財産を与える方が国民感情にも適うといえる。そこでこの制度が新設された。その意味で，この制度は，被相続人の意思を推測し，遺贈を補充する制度ともいわれている。

(2) **特別縁故者の範囲** 958条の2第1項は，特別縁故者として，①「被相続人と生計を同じくしていた者」，②「被相続人の療養看護に努めた者」の2つを例示したうえで，③「その他特別の縁故があった者」としている。最終的には家庭裁判所の裁量判断に委ねられるが，例示の内容からすると，特別縁故者というためには，抽象的な親族関係の有無や遠近ではなく，具体的実質的な縁故の濃淡が判断基準となる。内縁の妻や事実上の養子，被相続人と生計を同じくしていた相続人ではない親族などが典型例であるが，被相続人の療養看護に尽力した友人や雇用されていた従業員，看護師，成年後見人などのほか，学校法人や社会福祉法人，地方公共団体などが特別縁故者とされた事例もある（→WINDOW 9-3）。

特別縁故者と認定されても，家庭裁判所が相続財産の分与を相当と判断しない限り，分与はなされない。この相当性の判断基準は，民法に規定がなく，必ず

□ WINDOW 9-3

介護サービス事業者の特別縁故者該当性

　介護保険制度のもとで，介護を必要とする高齢者が民間事業者や地方公共団体と契約を締結して介護サービスを受けるケースは珍しくなくなっている。その場合に，そうした民間事業者や地方公共団体が特別縁故者として相続財産の分与を申し立てるケースも現れてきた。判例・通説は，地方公共団体を含む法人が特別縁故者となりうること自体は認めてきたが，問題となるのは，民間事業者や地方公共団体が介護サービスの提供に対して一定の対価を得ている点をどのように考慮すべきかである。

　高松高決平26・9・5（金法2012号88頁）は，介護施設を運営する一般財団法人が施設に入居していた被相続人から入居費用を得ていた場合でも，施設において献身的な介護を受け，これによりほぼ満足できる生活状況を維持できていたものと認められる場合は，当該法人を特別縁故者と認めることができるとした。他方，札幌家滝川支審平27・9・11（判タ1425号341頁）は，地方公共団体が運営する地域包括支援センターが被相続人に予防訪問介護サービスを提供し，その死後は当該地方公共団体が火葬，埋葬を行っていた場合でも，予防訪問介護サービスは介護保険制度の下で契約に基づいて実施されたものであり，火葬・埋葬も法律に基づいて行われたものであるとして，当該地方公共団体は特別縁故者にはあたらないとした。学説からは，被相続人が民間事業者や地方公共団体に相続財産を贈る意思を明確にしていた場合などはともかく，被相続人との契約関係を根拠に特別縁故者と認めることには慎重であるべきとの指摘がみられる。

しも明らかではないが，縁故関係の内容，濃淡，程度，縁故者の職業，年齢，遺産の種類，額など一切の事情が総合的に考慮される。結果として相続財産の全部が分与されるとは限らず，一部分与にとどまる事例も少なくない（→WINDOW 9-4。最近の事例として，大阪高決平28・3・2判時2310号85頁）。

　なお，被相続人の死亡後に葬儀や供養を行っている者がいる場合，そうした死後縁故も評価して特別縁故者と認定してよいかについては見解が対立する。これを肯定する審判例も少なくないが，従来の学説には，家督相続に結び付いた祭祀相続の復活につながるとして否定する見解が多くみられた。しかし，独居高齢者が増加している現在では，死後事務の遂行の一環として，むしろ肯定的に評価すべきとの指摘もみられるようになっている。

④ 相続財産の国庫への帰属

　特別縁故者からの財産分与の請求がなかった場合，特別縁故者への財産分与が認められなかった場合，または分与がなされた場合に，なお残余財産があるときは，残余財産は国庫に帰属する（959条）。

180

□ WINDOW 9-4

特別縁故者への相続財産分与と共有持分

　ある物の共有者の1人が相続人なくして死亡した場合，255条によると，その者の共有持分は他の共有者に帰属する。この規定は，共有者間に密接な関係があることを前提とした規定であるから，当然のことながら，共有持分は特別縁故者への分与対象財産からは除外されると考えることができる（255条優先適用説）。これに対して，特別縁故者の制度は，被相続人の遺贈の補充あるいは意思の推測を根拠として，特別な関係にあった者に相続財産を分与しようとするものであるから，共有持分といえども分与対象財産に含まれると考えることもできる（958条の2優先適用説）。

　判例（最判平元・11・24民集43巻10号1220頁）は，「内縁の妻や事実上の養子など被相続人と特別の縁故があった者が，たまたま遺言等がされていなかったため相続財産から何らの分与をも受けえない場合にそなえて，家庭裁判所の審判による特別縁故者への財産分与の制度が設けられているにもかかわらず，相続財産が共有持分であるというだけでその分与を受けることができないというのも，いかにも不合理である」と述べ，958条の2優先適用説をとったうえで，共有持分が特別縁故者に分与されないときにはじめて255条が適用されるとした。

　残余財産が国庫に帰属する時期について，特別縁故者から分与の申立てがあったときはその審判の確定時，申立てがなかったときは申立期間が満了した時とする考え方（審判確定時説）が有力であった。しかし，判例（最判昭50・10・24民集29巻9号1483頁）は，国庫引継時説にたち，相続財産は，相続財産清算人が国庫に引き継いだ時に国庫に帰属するとし，相続財産全部の引継ぎが完了するまでは，相続財産法人は消滅せず，したがって相続財産清算人の代理権も存続するとした。現在は，国庫引継時説が学説でも多数説となっている。

第 **10** 章

遺産分割

●**本章で学ぶこと**

　本章では，共同相続人間でどの相続財産が誰に帰属するかを最終的に決める遺産分割について学ぶ。もっとも，遺産分割の仕組みを理解するためには，2つのことをその前提として知る必要がある。第1に，遺産分割の対象となる相続財産はどの財産であるかを確認する（第**1**節）。第2に，複数の相続人がいる場合，相続が開始してから遺産分割が終了するまでの間，それらの共同相続人が遺産を共有する。この遺産分割をするまでの共有のことを遺産共有というが，そこでの法律関係について説明する（第**2**節）。これら2つの点を説明した後に，遺産分割について学ぶ（第**3**節）。遺産分割の際に配偶者に配偶者居住権を取得するという選択肢が認められる点も重要である（第**4**節）。最後に，相続税は遺産分割の結果とも関係するので，相続税の基本的な仕組みについても取り扱う（第**5**節）。

第 1 節　相続財産

1 3つのカテゴリー

　本章では，相続人がどのようにして遺産を分割するかという問題を扱うが，その前提として，相続人は，被相続人から何を相続し，何を相続しないのかが問題となる。第1節ではこの点を明らかにする。相続の対象となる財産はいかなる財産かという点については，3つのカテゴリーの財産に分けて考える必要がある。

　第1が，包括承継の原則により相続の客体となる財産である。相続人は，「被相続人の財産に属した一切の権利義務を承継する」(896条本文) というのが原則であり，これを包括承継の原則という。もっとも，包括承継の原則により相続の対象となるか否か議論のある財産がある。具体的には，生命保険金請求権や死亡退職金がこれにあたる。これらについて，別途説明が必要となる。

　第2が，「被相続人の一身に専属した」(同条ただし書) 財産であり，これらの財産については，包括承継の原則の例外として，相続人に承継されない。

　第3が，「系譜，祭具及び墳墓」(897条) である。これらの財産についても，後述するように，包括承継の原則とは異なるルールが定められている。

2 包括承継の原則

　896条本文は，相続の対象となるのは，相続開始の時 (被相続人死亡時〔882条〕) に「被相続人の財産に属した一切の権利義務」であると規定している。この規定は，被相続人に属していた財産は，財産の種類や性質 (動産か，不動産かなど)，由来 (先祖伝来かどうか) を問わず，包括的に相続人に承継されることを意味している。これを「**包括承継の原則**」という。また，「権利義務」と規定しているので，権利だけでなく義務も含まれる。さらに，物権や債権，債務だけでなく，権利・義務が具体的に発生していない財産法上の法的地位，たとえば契約の申込みを受けた地位なども相続人に承継される。

3 相続財産に含まれるか争いのあるもの

　生命保険金と死亡退職金については，それぞれ相続財産に含まれるか議論のあるところである。**生命保険契約**とは，人の生存または死亡という保険の対象

となる事故（保険事故という）について一定の金額を支払うことを内容とする契約である。生命保険契約は，保険者（保険事故が発生した場合に約定の金額の支払いをすることを引き受ける者）たる生命保険会社と保険契約者（保険契約の相手方となり，保険料支払義務を負う者）との間で締結される。そして，保険契約において，その者の生死が保険事故とされている者を被保険者，保険事故発生の際に保険者に保険金を請求できる者を保険金受取人という。生命保険金が相続財産に含まれるかについては，議論のあるところではあるが，相続財産には含まれないというのがこれまでの一般的な考え方である。その理由は，保険金請求権は被保険者である被相続人の死亡によって発生するのであり，被相続人に帰属していたといえないというものである。判例も，保険金請求権は共同相続人の１人または一部の者の固有財産に属する（つまり相続財産には含まれない）と判示している（大判昭11・5・13民集15巻877頁）。その結果，保険金受取人が共同相続人の場合に特別受益に算入すべきではないということになり（特別受益については第8章を参照。ただし最決平16・10・29民集58巻7号1979頁は，例外的に特別受益に準じて持戻しの対象となる場合があることを認める），保険金受取人が相続人以外の第三者の場合に遺留分侵害額請求権の対象とはならないこととなる（最判平14・11・5民集56巻8号2069頁。遺留分，遺留分侵害額請求権については第12章を参照）。

　死亡退職金とは，公務員や民間企業の従業員が死亡した場合に，官庁や会社から遺族に支払われる一時金をいう。ある人が「退職金」を受け取り，その後死亡したときには，相続財産として相続の対象となることは疑いないが，「死亡退職金」については遺族の生活保障としての性質を有するものもあり，問題となる。たとえば，配偶者にのみ受給資格がある場合には，受給権者に固有の権利としての性質が強いため，相続財産には含まれないと考えることができる。最判昭55・11・27民集34巻6号815頁は，配偶者のみに受給資格を認め，配偶者が受給資格を取得する場合は子の受給資格を認めないという特殊法人の規定に基づいて支給がなされた事案において，死亡退職金の受給権は配偶者固有の権利であると判示している。また，最判昭62・3・3家月39巻10号61頁は，ある財団法人に死亡退職金の支払い規定が存在しなかった場合に，生存配偶者に対して支給決定がなされた事案においても，死亡退職金は相続人の代表者として配偶者に支給されたのではなく，相続という関係を離れて被相続人の配偶者

に支給されたものであると判示している。

④ 一身専属権

896条ただし書は,「被相続人の一身に専属した」財産については,相続の対象とならない旨規定している。「一身に専属する」とは,被相続人個人の人格と密接な関わりを持つため,その権利を移転したり,他人がその権利を行使したりすることができないものまたは不適当なものを意味する。

いくつか具体例を挙げておこう。夫婦関係は,夫婦の一方の死亡により終了する。その際に,残された配偶者は相続人となる(890条)が,夫あるいは妻としての地位自体は,被相続人が死亡しても相続人に承継されることはない。金銭的な権利でも,扶養請求権はその者の一身に専属するものであり,相続されないと一般に解されている。契約上の地位についても,個人的な信頼に基づく契約には,当事者の死亡により契約が終了するものがある。たとえば,委任契約については,「委任者又は受任者の死亡」が契約の終了原因とされている(653条1号)。

⑤ 祭祀財産

897条は,「系譜,祭具及び墳墓」の所有権は,「慣習に従って祖先の祭祀を主宰すべき者が承継する」と規定する。「系譜,祭具及び墳墓」を総括して,**祭祀財産**と呼ぶことが一般的であるが,この祭祀財産については,包括承継の原則の例外として相続財産を構成せず,祖先の祭祀を主宰すべき者が承継することになる。系譜とは,家系図がこれにあたる。祭具とは,位牌・仏壇・仏具など祭祀や礼拝の用に供するものをいう。墳墓とは,墓石・墓碑など,遺体や遺骨を葬っている設備をいう。

「祭祀を主宰すべき者」をどのように決するかについては,被相続人の指定があればそれに従う(897条1項ただし書)。指定がないときには,慣習による(897条1項)。指定もなく,慣習も明らかでないときは,家庭裁判所が審判により定める(897条2項,家事39条・別表第二11項)。

897条との関係で近時問題となっているのは,遺骨の帰属についてである。最判平元・7・18家月41巻10号128頁は,遺骨は慣習に従って祭祀を主宰すべき者に帰属すると判断している。また,東京高判昭62・10・8家月40巻3号45頁は,被相続人Aの遺骨について,Aの生存配偶者であるXと,Aの母Y₁およ

□ WINDOW 10-1

遺体の処遇

　遺体の処遇については，臓器移植との関連でしばしば問題となる。臓器移植法6条1項によれば，医師は，以下の2つの場合に「移植術に使用されるための臓器を，死体（脳死した者の身体を含む。以下同じ）から摘出することができる」としている。第1が，「死亡した者が生存中に当該臓器を移植術に使用されるために提供する意思を書面により表示している場合であって，その旨の告知を受けた遺族が当該臓器の摘出を拒まないとき又は遺族がないとき」であり，第2が，「死亡した者が生存中に当該臓器を移植術に使用されるために提供する意思を書面により表示している場合及び当該意思がないことを表示している場合以外の場合であって，遺族が当該臓器の摘出について書面により承諾しているとき」である。このように，死亡した者の意思だけでなく，遺族の意思も考慮されている。被相続人は，自らの財産を遺言により自由に処分できる（ただし，遺留分による制約はある）というのが原則であるが，自らの死後の身体については家族の意思という制約が存在する点に，臓器移植法の規律の特徴がある。そして，それは臓器移植法のみの特徴といえるのか，より一般に遺体そのものが持つ特徴といえるのかについて，学説上議論が交わされている。

　びAのきょうだいY₂らとの間でその帰属が争われた事案で，Aの祭祀承継者は生存配偶者であるとしたうえで，XにAの遺骨の所有権を認めている。遺骨は祭祀承継者に帰属するというのがこれらの裁判例の立場であるが，分骨を命ずるべきであるという批判も存在する。

第2節　遺産共有

1 遺産共有の意義

　被相続人Aが2000万円相当の土地・建物と2000万円相当の株式を残して死亡し，相続人としてAの子BとCがいたとしよう。Aが死亡する以前には，土地・建物と株式はもちろんAに帰属する。Aが死亡した後，BとCの間で遺産分割をし，その結果土地・建物はBが取得し，株式はCが取得することとした場合，遺産分割には遡及効があるため（909条），相続開始の時から土地・建物はBに帰属し，株式はCに帰属していたことになる。しかし，Aの死亡時から遺産分割が終了するまでの間の時期に，相続財産である土地・建物・株式の権利関係が問題となる場合もある。この時期の相続財産の帰属について，898条

は「相続人が数人あるときは，相続財産は，その共有に属する」と規定している。そこで，相続人が複数いる場合の，被相続人の死亡から遺産分割が終了するまでの共同相続人の間の共有関係のことを「**遺産共有**」と一般に呼んでいる。

② 相続財産の管理

(1) **保存行為，管理行為，変更行為**　　共同相続人が遺産を共有している場合に，共同相続人間でその遺産をどのように管理するのかが問題となる場合がある。たとえば，それぞれ 3 分の 1 の相続分を有する 3 名の共同相続人が，遺産の中に含まれる建物を賃貸することにつき，2 名が賛成し，1 名が反対しているとき，多数決により決定することができるのだろうか。

判例は，その共有関係は民法第 2 編物権編（249条以下）で規定されている共有と異ならないという立場をとっている（最判昭和30・5・31民集 9 巻 6 号793頁など）。それは，行為の性質に応じて，3 通りの決定の仕方があることを意味する。

第 1 に，**保存行為**に関しては，各共同相続人が**単独**で行うことができる（252条 5 項）。保存行為とは，財産の価値を現状において維持するための行為をいう。たとえば，共同相続人の 1 人は，相続財産に属する財産を占有する者に対して，単独で引渡しを求めることができる（広島高米子支判昭27・11・7 高民 5 巻13号645頁）。

第 2 に，**管理行為**に関しては，共同相続人の持分の割合に従い，その**過半数**で決する（252条 1 項）。持分とは，ここでは原則として法定相続分のことであり，遺言による相続分の指定がある場合には，その指定された相続分となる。管理行為とは，財産の性質を変更することなく，財産を利用および改良する行為を指す。たとえば，相続財産に属する建物に賃借権を設定する行為は，3 年を超えない期間を設定する場合に限り，管理行為にあたる（同条 4 項 3 号）。ただし，建物賃貸借については借地借家法が適用され，賃貸人による契約を更新しない旨の通知は，正当の事由がある場合にしかすることができない（借地借家28条）。そのため，3 年を超えない期間の賃借権を共同相続人の持分の過半数の決定により設定するためには，たとえば，契約の更新がないこととする旨を定める定期借家権（借地借家38条）を設定するなどの対策が必要となる。

第 3 に，相続財産に**変更**を加える行為をするには，**全員一致**が必要である（251条 1 項）。「変更」とは，財産の性質を変えることをいう。ただし，「その形

状又は効用の著しい変更を伴わないものを除く」(同項)。このような軽微な変更については，全員の同意が必要とはいえないからである。たとえば，相続財産に含まれる土地が畑として利用されていたところ，共同相続人の1人が家屋として利用しようと思い単独で宅地造成工事をした事案で，最高裁は，「共有物たる本件土地に変更を加えるものであって，他の共有者の同意を得ない限り，これをすることができない」と判示している (最判平10・3・24判時1641号80頁)。農地を宅地にするには都道府県知事の許可が必要であり (農地 4 条)，土地の性質を変える変更行為であると解されるためである。

(2)　**少数持分しかない共同相続人による不動産の占有**　　以上が原則であるが，少数の持分しかない共同相続人が遺産共有の状態にあるときに相続財産に属する不動産を単独で占有している場合，過半数の持分を有する他の相続人が**明渡請求**をすることができるかという問題がある。不動産をどのように利用するかは管理行為であるといえ，持分の過半数で決することができる (252条 1項)。そうなると，過半数の持分を持つ共同相続人は，少数の持分しかないが不動産を占有する相続人に対して，明渡しを求めることができるというのが原則である (252条 1 項第 2 文が「共有物を使用する共有者があるときも，同様とする」と規定しているのも，そのような趣旨である)。

　もっとも，共同相続人間 (共有者間) の決定に基づいて共有物を使用する共同相続人 (共有者) の 1 人に**特別の影響**を及ぼすべきときは，その承諾を得なければならない (252条 3 項)。つまり，この規定に該当する場合には，不動産を占有している相続人の承諾がない限り，明渡請求ができないこととなる。252条3 項が適用されるためには，2 つの要件が満たされる必要がある。第 1 に，「共同相続人間 (共有者間) の決定に基づいて共有物を使用」していなければならない。つまり，共同相続人の 1 人が，他の共同相続人の同意を得ずに当該不動産を占有している場合には，この条項は適用されない。第 2 に，「共有物を使用する共同相続人 (共有者) の 1 人に特別の影響を及ぼすべきとき」に限り，この条項は適用される。「特別の影響を及ぼすべきとき」とされるためには，当初の決定を変更する必要性とその変更等によって共有物を使用する共同相続人に生ずる不利益を比較して，共有物を使用する共同相続人に受忍すべき程度を超えて不利益を生じさせている必要がある。たとえば，共同相続人Ａ・Ｂ・Ｃの間

で，相続財産である土地について3分の1の相続分を有するAに土地上に建物を建てて住居として使用させると決定し，Aが土地上に建物を建築して生活をしていたとしよう。その後，B・Cの過半数の持分により土地を更地にしてBに駐車場として使用させると決定したような場合には，Bに駐車場として使用させる必要性とAに生ずる不利益とを比較して，Aに受忍すべき程度を超えて不利益が生じると判断される可能性が高いといえる。

　それでは，多数持分を有する共同相続人は，明渡請求ができなくても，少数持分しかない占有者に対して共有物を使用する**対価**を支払うよう主張できるか。249条1項によれば，共有持分を有する者は，「持分に応じ」て使用することができるに過ぎない。したがって，共有物を使用する共有者は，別段の合意がある場合を除き，他の共有者に対し，自己の持分を超える使用の対価を償還する義務を負うこととなる（249条2項）。

　以上が原則であるが，最判平8・12・17民集50巻10号2778頁は，少数持分しかない相続人が，被相続人の生前，その者と同居していた事案において，「共同相続人の一人が相続開始前から被相続人の許諾を得て遺産である建物において被相続人と同居してきたときは，特段の事情のない限り，被相続人と右同居の相続人との間において，被相続人が死亡し相続が開始した後も，遺産分割により右建物の所有関係が最終的に確定するまでの間は，引き続き右同居の相続人にこれを**無償**で使用させる旨の合意があったものと推認される」と述べ，被相続人の死亡時から遺産分割の終了時までの間，他の共同相続人を貸主，占有している共同相続人を借主とする使用貸借契約があることになるものというべきであると判示している。このような場合には，多数持分を有する共同相続人は，特段の事情のない限り，占有者に対して持分を超える使用に対する対価の償還を請求することができない。

③ 配偶者短期居住権

　(1)　**配偶者短期居住権の趣旨**　　夫妻が夫の所有する建物で同居していたが，夫が死亡し，相続人として妻と子2人がいた場合，②(2)で紹介した最判平8・12・17によれば，「夫と妻の間で，遺産分割が終わるまで，妻が無償で建物に住み続けてよいという契約があった」と推定されることとなる。したがって，子2人は，妻に対して持分を超える使用に対する対価の償還を請求するこ

とはできない。しかし，最高裁は，そのような契約があったという事実を推定すると述べているにとどまり，その推定は破られる可能性がある。つまり，妻は，夫の生前，夫と居住していた建物に，無償で住めない場合があることになる。

　しかし，現在では高齢化社会が進み，相続が開始したときに残された配偶者が高齢である場合が少なくない。統計的には婚姻時に男性の方が年長の場合が多く，また，平均寿命は女性の方が長いので，残された配偶者は女性である場合が多い。2018（平成30）年の相続法改正では，配偶者の居住のための権利を強化する改正を行っている。その1つが，配偶者短期居住権である（もう1つの対策が配偶者居住権である。→204頁）。1037条1項により，配偶者は，原則として遺産分割が終わるまで，被相続人が所有していた居住建物に**無償**で使用する権利が認められる。配偶者短期居住権が認められたことにより，最高裁平成8年判決のルールでは保護されない場合であっても，配偶者は一定期間，居住建物の無償使用が認められることとなった。

(2)　**配偶者短期居住権の成立・存続期間**　　配偶者短期居住権は，配偶者が被相続人の財産に属した建物に相続開始の時に無償で居住していた場合に認められる（1037条1項柱書）。

　配偶者短期居住権は，居住建物について**遺産分割**がなされる場合には，遺産分割により居住建物が誰のものになるか確定する日まで存続する。ただし，遺産分割が相続開始の時から6か月以内に行われた場合には，相続開始の時から6か月間，配偶者短期居住権は存続する（同条1項1号）。

　被相続人が，居住建物を第三者に**遺贈**（遺言により財産を譲り渡すこと。→222頁）した場合には，配偶者はその居住建物に住むことができない。その場合にも，配偶者が居住建物に一定期間居住することが認められており，引っ越しの準備などをすることが可能となっている。すなわち，建物の取得者は，配偶者に対して，配偶者短期居住権の消滅の申入れをしなければならず（同条3項），配偶者は，その消滅の申入れの日から6か月間，配偶者短期居住権を有することになる（同条1項2号）。

(3)　**配偶者短期居住権の内容**　　配偶者短期居住権が成立する範囲は，配偶者が相続開始時に居住建物全体を無償で居住していた場合には居住建物全体で

あるが，居住建物の一部のみを無償で使用していた場合には，その部分についてのみとなる（同条1項柱書）。たとえば，被相続人所有の居住建物が2階建てで，1階部分では店舗を営んでおり，2階部分で配偶者が相続開始時まで無償で居住していた場合には，2階部分についてのみ配偶者短期居住権が成立する。

配偶者短期居住権を有する配偶者は，居住建物を**使用**する権利を有する（同柱書）。後にみる配偶者居住権とは異なり，居住建物を**収益**する権利はない。これは，配偶者短期居住権が，あくまでも短期的な居住環境を確保することが目指された権利であるためである。

配偶者は，従前の用法に従い，善良な管理者の注意をもって，居住建物の使用をしなければならない（1038条1項）。また，配偶者は，居住建物取得者の承諾を得なければ，第三者に居住建物の使用をさせることができない（同条2項）。配偶者がこれらの義務に違反した場合，居住建物取得者は，当該配偶者に対する意思表示によって配偶者短期居住権を消滅させることができる（同条3項）。

配偶者が居住建物の通常の必要費を負担する点（1041条の準用する1033条1項），配偶者が居住建物の使用に必要な修繕をすることができる点（1041条の準用する1032条1項）は，配偶者居住権と同様である（→207頁）。

配偶者短期居住権は登記をすることができず，第三者に対抗するための手段がない。存続期間が比較的短期であることや，使用貸借契約も第三者に対抗する手段がないこととの均衡が考慮されたためである。その代わり，居住建物取得者は，第三者に対する居住建物の譲渡その他の方法により配偶者の居住建物の使用を妨げてはならない義務が課されており（1037条2項），仮にこの義務に違反する行為がなされた場合には，居住建物取得者は債務不履行による損害賠償義務が課されることになる。

(4) **配偶者短期居住権の消滅**　配偶者短期居住権が消滅したとき，配偶者は，居住建物の**返還**をしなければならない（1040条1項本文）。ただし，配偶者が居住建物について共有持分を有する場合は，居住建物取得者は，配偶者短期居住権が消滅したことを理由としては，居住建物の返還を求めることができない（同項ただし書）。

④ 債権・債務等の帰属関係

(1) **債　権**　遺産共有の状態にある場合の債権・債務の帰属関係はどのよ

うになるのであろうか。被相続人の有していた債権については，遺産共有の状態にあるとき，427条以下の多数当事者の債権・債務関係として処理されるとこれまで考えられてきた。ただし，後にみるように，可分債権について現在では重要な例外が認められている。

多数当事者の債権・債務関係として処理される場合，債権の目的が可分であるか不可分であるかにより処理が異なる。**不可分債権**については，遺産分割まで共同相続人に不可分に帰属することになる。たとえば，被相続人AがBに対して建物甲の建築を目的とする債権を有したまま死亡した場合，建物甲の建築を目的とする債権はAの共同相続人CとDに不可分に帰属することになり，CとDそれぞれは，すべての債権者（CとD）のために債権の全部または一部の履行を請求することができる（428条が準用する433条）。

可分債権の場合，相続開始時に当然に共同相続人間に分割される（最判昭29・4・8民集8巻4号819頁〔損害賠償請求権に関するもの〕）というのが原則である。この場合，分割の割合は，原則として法定相続分となる（相続分指定がある場合については，→WINDOW 10-2）。その際，当然に分割された可分債権は遺産分割の対象に含まれないと解されている。そうすると，銀行の普通預金・定期預金，ゆうちょ銀行の通常貯金・定期貯金といった**預貯金債権**も可分債権なので，相続開始時に当然に共同相続人に分割相続され，遺産分割の対象には含まれないことになりそうである。実際，最大決平28・12・19民集70巻8号2121頁が下されるまでは，そのような考え方が採用されていた（たとえば，最判平16・4・20家月56巻10号48頁）。もっとも，預金債権は，遺産分割において公平な分割を行う際に，有用な財産である。たとえば，被相続人Aが2000万円の預金と2000万円相当の不動産を残して死亡し，相続人として子B・Cがいた場合，Aの死亡時にB・Cが1000万円の預金債権を当然に取得することになると，遺産分割を行う際に2000万円の不動産しか分割の対象となる財産がないことになり，不便である。「不動産はBに帰属し，預金はすべてCに帰属する」という処理ができた方が便利である。そこで，実務上は，共同相続人全員が合意をすれば，預金債権についても遺産分割の対象に含めることができることとされていた。しかし，共同相続人全員の合意がない場合には，預貯金債権を遺産分割の対象に含めることはできなかった。そこで，前掲最大決平28・12・19は判例を変更し，

□ WINDOW 10-2 ◀◀

相続分指定がある場合

　Aは生前，子Bの相続分を3分の1，子Cの相続分を3分の2とする遺言を残した。その後Aは，Dに対して300万円の債務を負ったまま死亡した。この場合，BはDに対していくらの債務を負うことになるのか。902条の2本文は，「被相続人が相続開始の時において有した債務の債権者は，前条の規定による相続分の指定がされた場合であっても，各共同相続人に対し，第900及び第901条の規定により算定した相続分に応じてその権利を行使することができる」と規定する。つまり，相続分の指定は相続債務の債権者（相続債権者）の関与なくされたものなので，相続債権者に対してはその効力は及ばないのが原則となる。したがって，Dは，B・Cに対して法定相続分である2分の1ずつの割合，つまり150万円ずつ支払うよう求めることができる。もっとも，902条の2には，ただし書があり，「ただし，その債権者が共同相続人の一人に対してその指定された相続分に応じた債務の承継を承認したときは，この限りでない」と規定している。このため，Dが指定された相続分に応じた債務の承継を承認して，Bに対して100万円，Cに対して200万円支払うよう求めることもできる。なお，B・C間の関係では，300万円の債務についてBは100万円，Cは200万円負担する。相続人間では，指定された相続分の割合に応じて相続債務を承継するためである。

　預貯金債権については，相続開始時に当然に分割されることはなく，遺産分割の対象になることとした（正確には，この平成28年決定は銀行の普通預金，ゆうちょ銀行の通常貯金・定期貯金に関するものであったが，定期預金についても最判平29・4・6判時2337号34頁が相続開始と同時に当然に分割されることはないと判示した）。

　もっとも，平成28年決定により，別の不都合が生じると指摘されていた。平成28年決定以前は，被相続人の死亡後，共同相続人の1人は当然分割により自己に帰属した預貯金債権を単独で行使することができたが，平成28年決定以後は，預貯金債権が遺産分割の対象となり当然に分割されないので，共同相続人の1人は預貯金債権を単独で行使することができなくなった。そこで，遺産分割前に被相続人が負っていた債務を弁済する必要が生じたとしても，共同相続人全員の同意が得られないと預貯金債権の払戻しを受けることができなくなるという不都合が生じうることになった。

　このような問題の提起を受けて，2018年改正により次のような対応を行った。

　第1に，遺産の一部を先に分割するということが明文により認められた（907条）。共同相続人は，預貯金債権だけ一部分割をすることにより，他の相続財

産について遺産分割が終了していなくても，自らが取得した預金額につき預貯金債権の払戻しを受けることができることになる。

第2に，遺産に属する預貯金債権の一定額につき，共同相続人の1人が，単独で権利を行使することができることとなった（909条の2）。一定額というのは，相続開始時の債権額の3分の1に法定相続分の額をかけた額である（同条）。その額が法務省令で定められた150万円を超える場合には，150万円になる（平成30年法務省令第29号）。

預貯金債権の他に，相続開始時に当然に分割されないものとしては，株式（最判昭45・7・15民集24巻7号804頁）や個人向け国債（最判平26・2・25民集68巻2号173頁）もある。

(2) 債　務　債務についても，債務が可分であるか不可分であるかにより帰趨が異なる。被相続人が**不可分債務**，たとえば不動産の引渡債務を負ったまま死亡した場合，各共同相続人は不可分債務者として，不動産を引き渡す債務を負う。**可分債務**について，判例は，遺産分割を経ることなく相続開始時に共同相続人に当然に分割されるという立場をとる（大決昭5・12・4民集9巻1118頁）。

それでは，被相続人が**連帯債務**を負ったまま死亡した場合，どのようになるのか。たとえば，被相続人AがBとともに1000万円の連帯債務を負ったまま死亡し，相続人としてAの子C・Dがいたとしよう。最判昭34・6・19民集13巻6号757頁は，「連帯債務者の1人が死亡した場合においても，その相続人らは，被相続人の債務の分割されたものを承継し，各自その承継した範囲において，本来の債務者とともに連帯債務者となると解するのが相当である」と判示する。したがって，C・Dはそれぞれ500万円を限度にBとともに連帯債務を負うこととなる。

(3) 金　銭　関連する問題として，被相続人が，金銭債権ではなく**金銭**を残して死亡した場合に，どのような扱いになるかも問題となる。判例（最判平4・4・10家月44巻8号16頁）は，現金を占有する相続人の1人Aに対し，他の相続人Bらが相続分に応じた額の支払いを求めた事案において，「遺産分割までは」支払請求ができないと判示している。判例は，金銭を動産に近づけて理解していることがわかる。また，金銭は，預貯金債権と同様，遺産分割をするにあたって不動産・動産の分割の結果生じた不均衡を調整するのに便利な財産であ

る。判例の立場は，このような視点からも正当化することができる。

5 共同相続と登記

(1) **899条の2第1項による解決法**　相続人にAとB（持分それぞれ2分の1）がおり，**遺産分割前に**，Aが相続財産中の不動産について単独で相続した旨の虚偽の登記をし，第三者Cに譲渡をした場合，Aの持分についてはCに権利を移転することができるが，Bの持分について，Bは登記なくしてCに自らの持分を主張できるというのが判例（最判昭38・2・22民集17巻1号235頁）である。この判例は，Bの持分についてCは無権利者であり，Cは，登記の欠缺を主張する正当な利益がある177条の**第三者**にはあたらないと解している。

2018年改正により，「相続による権利の承継は，遺産の分割によるものかどうかにかかわらず，次条〔900条〕及び第901条の規定により算定した相続分を超える部分については，登記，登録その他の対抗要件を備えなければ，第三者に対抗することができない」と規定する899条の2第1項が新設された。この規定は，法定相続分までは，不動産の相続による権利の承継を登記なくして第三者に対抗することができることを意味している。この規定により，2018年改正後も，上記判例と同様の帰結が導かれることになる。

899条の2第1項によれば，被相続人が相続分指定をした場合，法定相続分を超える部分については，不動産の相続による権利の承継を登記なくして第三者に対抗できないこととなる。たとえば，相続人として子AとBがおり，Aの相続分を3分の1，Bの相続分を3分の2とする相続分指定があったとする。また，遺産分割前に，Aが相続財産中の不動産について単独で相続した旨の虚偽の登記をし，第三者Cに譲渡したとする。この場合，Bは，自らの法定相続分である2分の1を超える持分（6分の1）については，登記をしなければその持分を相続により承継したことを第三者Cに対抗できない。

なお，相続を原因とする共有持分に応じた登記は，登記権利者（登記をすることにより，登記上，直接の利益を受ける者〔不登2条12号〕）である相続人による単独申請が認められている（不登63条2項）。

共有持分に応じた登記をした場合，遺産分割が終わった後に，その不動産を単独で取得することになった相続人が改めて登記を行うが，共有登記の修正という形をとる。すなわち，被相続人から不動産を単独で取得することになった

相続人への相続を原因とする登記へと修正する（これを「更正登記」という）。この更正登記は，不動産を単独で所有することになった相続人が単独で行うことができる（このような登記申請の方法以外に，遺産共有の関係にある時点で，相続を原因とする登記を省略して，遺産分割後に登記申請を行う方法もある〔→200頁〕）。

　（2）　**登記申請の義務化**　　上記のように，法定相続分の範囲内であれば，それぞれの共同相続人は，登記なくして相続により法定相続分だけ持分を有していることを対抗できるとすると，ある不動産について法定相続分だけ持分を取得したことをいつまでも登記しないでいるおそれがある。

　この点に対応するため，2021年の不動産登記法の改正により，相続により所有権を取得した者は，自己のために相続の開始があったことを知り，かつ，当該所有権を取得したことを知った日から3年以内に，所有権の移転の登記を申請しなければならないこととなった（不登76条の2第1項）。正当な理由がないのに申請を怠ったときには10万円以下の過料に処される（不登104条1項）。

　この規定に基づき法定相続分に基づく共有登記をした後に遺産分割を行った場合，その遺産分割により法定相続分を超える持分を取得した者は，当該遺産の分割の日から3年以内に，所有権の移転の登記を申請しなければならない（不登76条の2第2項）。この登記についても，正当な理由がないのに申請を怠ったときには10万円以下の過料に処される（不登164条1項）。

第**3**節　遺産分割手続

1　遺産分割の意義

　遺産分割とは，共同相続人が遺産共有関係を解消し，各相続人にどの財産を帰属させるか最終的に確定させる手続である。相続人が1人の場合には，遺産分割を行う必要はない。

　遺産分割の当事者は，共同相続人，包括受遺者（990条），相続分の譲受人（905条）である。遺産分割の当事者であるのに，その者を除外して行われた遺産分割は無効となる（東京高決昭55・4・8家月33巻3号45頁）。

　分割の態様としては，実際に物を分ける現物分割，物を換価したうえで売却

金を分ける換価分割，誰かが遺産を取る代わりに他の相続人に金銭を支払うなどの債務を負担する代償分割などがあり，これらの併用も可能である。

遺産分割は，協議で行う場合（907条１項），調停により行う場合（家事244条・別表第二12項），審判により行う場合（907条２項）があり，さらに遺言により遺産分割方法が指定される場合がある（908条）。このように，遺産分割を行う際にもさまざまな手続が存在しているが，それぞれの手続を説明する前に，遺産分割の対象，評価基準時，効力の３点について説明を行う。

② 遺産分割の対象

遺産分割の対象は，遺産のうち積極財産のみである（最判令元・8・27民集73巻３号374頁）。消極財産が相続開始後どのように扱われるかは第２節で扱ったとおりである。遺産とは相続開始時に存在する財産を指すため，遺産分割では，原則として相続開始時に存在した積極財産を分割することになる。もっとも，下記のような点が問題となる（④(2)も遺産分割の対象に関する問題であるが，便宜上後に取り扱う）。

(1) **遺産確認の訴え** ある財産が被相続人の財産であったか否かが共同相続人間で争いになる場合がある。もっとも，家庭裁判所において下された遺産分割審判（→203頁）が確定した場合でも，審判の対象となった財産がそもそも遺産に属するか否かという遺産分割の前提問題については，既判力が生じない（最大決昭41・3・2民集20巻３号360頁）。そこで，ある財産が遺産に帰属するかを確定するには，**遺産確認の訴え**を提起し，民事訴訟により既判力をもって確定しなければならない（最判昭61・3・13民集40巻２号389頁）。

(2) **遺産から生じた果実** 相続開始から遺産分割までの間に，共同相続人が共有していた遺産から**果実**が生じた場合，その果実は遺産分割の対象に含まれるのだろうか。たとえば，被相続人Ａが残した相続財産の中には賃貸アパート甲があり，年間500万円の賃料収入があったとする。相続人として子Ｂ・Ｃがおり，相続開始から３年経過した後，遺産分割により甲はＢに帰属することとなった。その時点で，相続開始後に開設した賃料支払用の銀行口座の残高は1500万円となっていた。この場合，この1500万円の銀行預金債権は，そもそも遺産分割の対象となるのか，そして誰に帰属するのかというのがここでの問題である。最判平17・9・8民集59巻７号1931頁は，「遺産は，相続人が数人ある

ときは，相続開始から遺産分割までの間，共同相続人の共有に属するものであるから，この間に遺産である賃貸不動産を使用管理した結果生ずる金銭債権たる賃料債権は，遺産とは別個の財産というべきであって，各共同相続人がその相続分に応じて分割単独債権として確定的に取得するものと解するのが相当である」と判示している。したがって，甲が遺産分割によりBに帰属するからといって，果実たる賃料収入はBに帰属するのではなく，B・Cの相続分に応じて，B・Cそれぞれに帰属することになる。したがって，賃料用の口座にある1500万円のうち，B・Cはそれぞれ750万円ずつ権利を有することになる。なお，当事者間で果実について遺産分割の対象とする合意がある場合には，果実を遺産分割審判の対象とすることができるという審判例（東京家審昭55・2・12家月32巻5号46頁）があり，平成17年判決もそのような扱いに変更をもたらすものではない。

3 遺産分割の評価基準時

　相続開始から遺産分割の間に遺産の価値が変動する場合がある。たとえば，遺産の中に株式が含まれており，被相続人の死亡後に株式の価値が大きく増加することもありうる。このような場合に，どのような形で各共同相続人の持分を計算するのかが問題となる。具体的相続分を計算する際，特別受益の計算の基準時は，相続開始時である（903条1項）。これに対して，遺産分割をする際には，現実の財産取得時である**遺産分割時**に遺産の再評価を行う（東京家審昭33・7・4家月10巻8号36頁等）。次のような事例を考えてみよう。被相続人Aが死亡し，相続人として子B・Cがいた。相続開始時の遺産は総額2000万円であったが，AはCに対して（相続開始時の価額に換算して）1000万円の生前贈与を行っていた。B・Cは，Aの死亡5年後に遺産分割を行うこととなったが，その時点では株価の上昇もあり遺産の総額は3000万円となった。

　この場合，まず相続開始時の価額で具体的相続分を計算する。

　みなし相続財産：2000万円＋1000万円＝3000万円
　Bの具体的相続分：3000万円×1/2＝1500万円
　Cの具体的相続分：3000万円×1/2－1000万円＝500万円

　したがって，BとCは，3：1の割合でAの財産を相続すると考えて，遺産分割時の遺産の総額3000万円を3：1の割合で分ける。遺産分割時の価額で再

評価した際のB・Cの取得額は以下のようになる。

Bの取得額：3000万円×3/4＝2250万円
Cの取得額：3000万円×1/4＝750万円

④ 遺産分割の効力

（1）**宣言主義と移転主義**　　遺産分割は，相続開始時にさかのぼってその効力を生ずる（909条本文）。すなわち，いったん分割がなされると，相続開始時にさかのぼって遺産は各相続人に帰属していたとみなされる。被相続人Aが2000万円相当の土地・建物と2000万円相当の株式を残して死亡し，相続人としてAの子B・Cがいたとする。Aが死亡した後，BとCの間で遺産分割をし，その結果土地・建物はBが取得し，株式はCが取得することとした場合，相続開始の時から土地・建物はBに帰属し，株式はCに帰属していたことになる。このように遺産分割に遡及効を認める立場を「**宣言主義**」と呼ぶ。なぜ宣言主義と呼ぶかというと，相続開始と同時に相続財産が各相続人に移転したことを，遺産分割により「宣言」されているとみなすという立場だからである。宣言主義と対をなす立場が，遺産分割は各共有者の持分を相互に移転し合い，交換し合って，各相続人の単独所有のものとする行為であるとする立場であり，これを「**移転主義**」という。

　もっとも，909条にはただし書があり，第三者との関係で遡及効が制限されている。たとえば，被相続人Aが土地甲を遺して死亡し，相続人として，BとCがいたとする。遺産分割前に，Cは甲土地上の自己の持分権に，第三者Dのために抵当権を設定した。しかし，遺産分割では，土地甲をBの単独所有とする遺産分割が行われた。このような遺産分割がなされたときに遡及効を認めて，Dの権利が失われてしまうというのは妥当ではない。そこで，909条ただし書は，Dの権利を保護している。この場合，Dを保護するために，Dが登記を備えていることが必要かという点については，学説上必要説が多数となっている。ここではDの権利を保護する資格要件としての登記が必要かという問題であり，厳密な意味での対抗問題ではない点に注意が必要である。909条ただし書は，1947（昭和22）年の戦後改正により付加されたものであるが，それにより909条本文の宣言主義の立場に修正が加えられたと評価できる。

⑵　遺産分割前の不動産譲渡

909条ただし書の例とは異なり，Cが自己の持分権に「抵当権を設定」したのではなく，CがDに甲土地上に有している自己の持分権を「譲渡」し，移転登記を済ませた場合，その譲渡部分については，もはや遺産分割の対象では

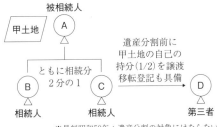

図表10-1　関係図

被相続人

甲土地　A

ともに相続分 2分の1

B　相続人　　C　相続人

遺産分割前に 甲土地の自己の 持分(1/2)を譲渡 移転登記も具備

D　第三者

※最判昭和50年：遺産分割の対象にはならない

なくなるというのが判例（最判昭50・11・7民集29巻10号1525頁）である（→図表10-1）。分割前にCが第三者Dに甲の持分を譲渡し，Dが登記を具備した時点で，Dに譲渡した甲の持分についてはもはや相続財産を構成しないことになる。Dは，物権法上の共有持分を取得することになる。したがって，DはBに対して共有物分割訴訟を提起することができる。もはや，Dの共有持分は相続財産を構成していないので，DはBに遺産分割を求めることはできない。

しかし，それでは遺産分割の公平性が害されることとなる。たとえば，甲の価値が2000万円であり，被相続人Aの相続財産として甲以外に預金1000万円であったとし，甲土地上のCの持分をDが1000万円で購入したとする。B・Cに特別受益や寄与分はなく，相続開始時の不動産の価値がその後変動しないと仮定すると，Aの残した相続財産の価額は3000万円であり，B・Cは1500万円ずつ相続財産を受け取ることができるというのが公平にかなう。しかし，Dに譲渡された甲土地上のCの持分は遺産分割の対象にはならず，さらにCが受け取った1000万円も遺産分割の対象にならないとすると，甲土地上のBの持分（1000万円の価値があることとする）と預金1000万円が遺産分割の対象になる。遺産分割により，B・Cが2分の1ずつ財産を取得すると，Bは1000万円しか財産を受け取ることができなくなってしまう。Cも遺産分割により1000万円の財産を取得することになるが，すでに甲土地の自己の持分を売却することにより1000万円を取得している。これでは不公平である。

そこで，2018年改正により906条の2が新設され，「遺産の分割前に遺産に属する財産が処分された場合であっても，共同相続人は，その全員の同意により，当該処分された財産が遺産の分割時に遺産として存在するものとみなすこ

とができる」(同条1項) こととなった。1項では，遺産分割の対象に含めるには共同相続人全員の同意が必要であると規定しているが，2項では「共同相続人の一人又は数人により同項の財産が処分されたときは，当該共同相続人については，同項の同意を得ることを要しない」と規定しているので，Cの同意なく，甲土地上のCの持分も遺産分割の対象となる。

　結局，906条の2により，甲土地全体と預金1000万円が遺産分割の対象となる。たとえば，Bは500万円の預金とともに，甲の2分の1の持分を取得することが可能となる。その場合，Cは，甲の2分の1の持分（すでにDに譲渡済みであり実際に当該持分をCが取得することはない）と，500万円の預金を取得することになり，公平な分割が可能となる。

　(3)　**遺産分割後の認知**　遺産分割完了後にある者が被相続人の子として認知されることがある。たとえば，被相続人が遺言により認知した場合 (781条2項) や認知の訴え (787条) が被相続人の死後に認容された場合に，こういった事態が生じうる。このような場合，認知の効力は出生時にさかのぼって生ずるため (784条)，全員で遺産分割を行っていなかったこととなり，遺産分割が無効となるはずである。しかし，それでは法律関係が不安定になるため，910条は，遺産分割の効果を維持しつつ，新たに相続人になった者に価額のみによる支払いの請求権を認めている。

　(4)　**遺産分割と登記**　被相続人Aが死亡し，相続人として子B・Cがいた。Aの相続財産として甲土地があった。B・C間で遺産分割が行われ，甲土地はBが譲り受けることとなった。しかし，Cは，遺産分割後に甲土地について2分の1の持分を有していると偽ってDにその持分を売却した。最判昭46・1・26民集25巻1号90頁は，このような事案の場合，177条の適用があり，分割により相続分と異なる権利を取得した相続人 (この場合のB) は，その旨の登記を経なければ，分割後に当該不動産につき権利を取得した第三者 (この場合のD) に対し，自己の権利の取得を対抗することができないと判示した。現在では，上記の事案では，177条ではなく2018年改正により新たに設けられた899条の2が適用されるが，結論としては，昭和46年判決と同じである。

　なお，遺産共有の関係にある時点で，相続を原因とする登記を省略していた場合，Bにより遺産分割後に行われる登記が相続を原因とする登記となり，単

独申請が認められる（不登63条2項。遺産共有の関係にある時点で相続を原因とする登記を行う場合について，→194頁参照）。

(5)　**相続放棄と登記**　被相続人Aが死亡し，相続人として子B・C・Dがいたが，Dは相続放棄をした。その後，B・C間で遺産分割がなされる前に，Dの債権者Eは，Dが債務を弁済しないので，Dに代位して（423条），相続財産である甲土地についてB・C・Dが相続を原因としてそれぞれ3分の1の持分を取得したという共有登記をし（不登59条7号），甲土地のDの持分を差し押さえた。最判昭42・1・20民集21巻1号16頁は，このような事案の場合，Dの相続放棄により，Dが相続の開始時から相続人でなかったことになるという効果は，誰に対しても登記なしに主張することができるとしている。すなわち，B・Cは，Eに対して，Dによる相続放棄後の甲土地上の自らの持分を主張することができる（Eによる差押えは許されない）。

上記の事案も，『遺産分割と登記』の場合と同様に，相続開始後にB・Cの甲土地に対する持分が変動しているようにもみえる。そうすると，B・Cの当初の持分である3分の1を超える持分の承継については，登記をしないと第三者に対抗できないといえそうである。しかし，昭和42年判決は，相続放棄をした者は，「初めから相続人とならなかったものとみなす」（939条）という効果を貫いている。こうして，B・Cともに相続開始時から2分の1ずつの法定相続分を有していたものと扱われ，899条の2第1項に基づいて，登記なくして第三者に法定相続分を相続により承継したことを対抗できることとなる。相続を承認するか，放棄するかを選択する自由は強く保護されている（→第9章第1節）。上記のような解釈をすることにより，第三者の保護よりも，相続承認・放棄制度のルールを優先させていると理解することができる。

5 協議分割

(1)　**意　義**　**協議分割**とは，共同相続人の合意に基づく分割のことである。共同相続人は，被相続人が遺言によって期間を定めて禁止した場合，および共同相続人間の契約で期間を定めて禁止した場合（908条2項）を除き，いつでも協議により遺産分割をすることができる（907条1項）。相続開始後であれば，いつ始めてもよいし，いつまでに終わらせなければならないということもない（ただし，(2)で紹介する遺産分割促進のためのルールがあることに注意を要する）。

また，共同相続人は，遺産に属する個別財産につき自由に分割の合意をなすことができる。したがって，具体的相続分と異なる内容での分割をすることもできる。それでは，特別受益や寄与分を加味して算定された具体的相続分にはどのような意味があるのかが問題となるが，後にみるように遺産分割審判においては重要な意味を持っている。

(2) **遺産分割の促進**　2021（令和3）年に所有者不明土地問題を受けて法改正を行い，一定期間内に遺産分割を行うよう促進するルールが導入された。具体的には，相続開始から10年を経過した後は，遺産分割の際に特別受益や寄与分が主張できないこととなった（904条の3）。

ただし，以下の2つの場合には，例外的に上記の期間経過後も特別受益や寄与分の主張が可能となる（同条ただし書1号・2号）。第1は，相続開始の時から10年を経過する前に，相続人が家庭裁判所に遺産の分割の請求をしたときである。第2は，相続開始の時から始まる10年の期間の満了前6か月以内の間に，遺産の分割を請求することができないやむを得ない事由が相続人にあった場合において，その事由が消滅した時から6か月を経過する前に，当該相続人が家庭裁判所に遺産の分割の請求をしたときである。

(3) **協議分割の無効・取消し**　協議分割をする際に，法律行為，意思表示の無効事由，取消事由にあたる行為があった場合には，協議分割の効力が否定される。たとえば，協議分割をする際に，共同相続人の1人の意思表示に錯誤があった場合には，錯誤に基づき協議分割を取り消すことができる（最判平5・12・16判時1489号114頁：錯誤の事例）。

(4) **協議分割の解除**　遺産分割の際に，残された親の世話をみる代わりに，ある相続人が他の者より多くの財産を取得するという合意をしたが，その合意が守られなかった場合，他の相続人は遺産分割協議の解除を主張することができるであろうか。最判平元・2・9民集43巻2号1頁は，共同相続人の1人が他の相続人に対して負担した**債務に不履行**があっても遺産分割協議は解除できないと判示する。その理由として，①遺産分割はその性質上協議の成立とともに終了し，その後は右協議において右債務を負担した相続人とその債権を取得した相続人間の債権債務関係が残るだけと解すべきであるという点と，②このように解さなければ909条本文により遡及効を有する遺産の再分割を余儀な

くされ，法的安定性が著しく害されることになるという点を挙げている。

　その後，最判平 2・9・27民集44巻 6 号995頁は，共同相続人全員の**合意解除**は当然には妨げられないと判示している。合意解除とは，契約が有効に成立したことを前提として，相手方の債務不履行がないにもかかわらず，当事者の合意により契約を解除したのと同じ法律状態を作り出すことである。遺産分割の合意解除も，当初の分割協議が有効に成立していることを前提として，新たに行われた当事者間の契約にすぎない。そこで，最高裁は，債務不履行による解除の場合とは異なり，合意解除の効力を否定する理由はないと解したものと思われる。

6 調停分割

　遺産分割に関して当事者間で協議が調わないとき，共同相続人は，家庭裁判所に**調停**を申し立てることができる（家事244条，別表第二12項）。離婚の場合とは異なり，調停前置主義は採られていない。すなわち，当事者は調停を経ることなく審判を求めることもできる。家庭裁判所は，いつでも職権で調停に付することができる（家事274条）。そして，調停が成立し，調書に記載すると，確定した審判と同一の効力が生じる（家事268条）。

7 審判分割

　遺産分割に関して当事者間で協議が調わないとき，各共同相続人は，家庭裁判所に遺産分割の**審判**を求めることができる（907条 2 項）。法定の相続分に従わない遺産分割は審判では認められない（最高裁判所事務総局家庭局「昭和42年 3 月開催家事審判官会同概要」家月21巻 2 号79頁）。遺産分割は，「遺産に属する物又は権利の種類及び性質，各相続人の年齢，職業，心身の状態及び生活の状況その他一切の事情を考慮」（906条）して定められるが，具体的相続分に従う必要もあり，ここに具体的相続分を算定する実質的意味がある。財産の引渡しや金銭の支払いなどの給付を命じる審判は，執行力のある債務名義と同一の効力を有する（家事75条）。

8 指定分割

　(1)　**意　義**　　908条は，「被相続人は，遺言で，遺産の分割の方法を定め」ることができると規定する。この規定は，本来は現物分割か，価額分割かという，**遺産分割の方法**に関わるものである。すなわち，分割方法の指定があった

としても，それに従って遺産分割をするためには分割の協議が必要であると考えられてきた。もっとも，現在では，**特定財産承継遺言**をした場合には，特定の財産を特定の相続人に遺産分割を経ることなく帰属させることができる。この点は後述する（→225頁）。

　また，遺産分割方法の指定に，相続分の指定（902条）の要素を含んでいる場合もあれば，含んでいない場合（つまり，相続分はそのままの場合）もある。

　(2)　**第三者への指定の委託・遺産分割の禁止**　　被相続人は，遺言で，遺産分割方法の指定を第三者に委託することや，相続開始の時から5年を超えない期間を定めて遺産分割を禁止することができる（908条1項）。

　2021年改正により，共同相続人間の契約により，遺産の全部または一部について分割しない旨の契約が可能になった（同条2項以下）。期間は5年以内である（同条2項本文）が，5年以内の期間を定めての更新が可能である（同条3項）。ただし，相続開始の時から10年を超えることができない（同条2項ただし書）。

　遺産分割を禁止するメリットがある場面としては，次のような場面が考えられる。第1に，遺産の対象が，隣地との境界の確定をめぐって裁判になっているなどの理由により確定していない場合である。第2に，知られていない相続人がいる場合である。たとえば，被相続人が，遺言によりある者を認知するとともに，認知によりその者が正式に子となるまで遺産分割を禁止することがありうる。そうすれば，認知されるまでの間に遺産分割が終了してしまい，認知された者は価額の支払請求権（910条。→200頁を参照）しか行使できないという事態を防ぐことができる。

第4節　配偶者居住権

① 制度趣旨

　配偶者居住権（1028条以下）は，2018年改正の際にもうけられた制度である。配偶者居住権は，被相続人の配偶者が被相続人所有の建物全部について，終身または一定期間の間，無償で使用および収益をすることができる権利である。この権利は，遺産分割によって配偶者に付与される場合もあれば，被相続人が

遺言によって配偶者に付与する場合もある。配偶者居住権は，第**2**節**③**で紹介した配偶者短期居住権（1037条以下）とは異なる権利である。

以下のような例をもとに，その趣旨を確認しよう。

　事例　被相続人Ａが死亡した。相続人として，Ａの妻Ｂ，Ａの子Ｃがいた。相続財産として2000万円相当のＡ・Ｂが居住していた建物甲と2000万円の預貯金があった。

この場合，妻Ｂと子Ｃの相続分は，それぞれ２分の１である。特別受益や寄与分がないとすれば，Ｂ・Ｃともに（2000万円＋2000万円）×１／２＝2000万円を受け取る権利がある。遺産分割は法定相続分に従って分割する必要はないが，Ｂ・Ｃ間の折り合いが悪いと最終的には遺産分割審判によりＢ・Ｃがどの財産を受け取るかが決まる。審判により分割される場合には，Ｂ・Ｃの法定相続分に従って分けられる（→203頁）。改正前は，このような場合，家庭裁判所の裁判官が，Ｂが建物甲に居住できるようにするには，Ｂに建物甲の所有権を与えるしかなかった。そうすると，Ｂの具体的相続分は2000万円なので，もはや預貯金に対する権利は持ちえないことになる（Ｃが取得することになる）。

配偶者短期居住権の箇所でも述べたとおり（→188頁），現在では高齢化が進み，相続が開始したときに残された配偶者が高齢である場合が少なくない。2018年改正では，残された配偶者に居住のための権利を強化することが目指されているが，遺産分割の局面では，配偶者に居住のための権利を与えることにより別のメリットをもたらそうとしている。

配偶者居住権が認められることにより，Ｂは建物甲の**所有権**ではなく**配偶者居住権**のみを受け取ることができることとなった。その場合，Ｃは，配偶者居住権の**負担付きの所有権**を受け取ることになる。配偶者居住権を付与されたＢは，建物甲での居住を継続する権利を持つにすぎず，建物甲を売却する権利は持たない。しかも，この権利は永続的なものではなく，終身または一定期間という期限付きの権利である。期限が到来すると，Ｃが建物甲の完全な所有権を取得する。このような内容を持つ配偶者居住権は，必然的に，所有権よりも財産的な価値は低くなる。終身の配偶者居住権の財産的価値は，残された配偶者の年齢により異なることになろう。仮に，Ｂの配偶者居住権の価値が1000万円と評価された場合，Ｂは遺産分割でさらに1000万円を取得することができる。つまり，Ｂは住み慣れた自宅での生活を継続しつつ，さらに1000万円の生活費

も手に入れることが可能となる。このように，「配偶者居住権」という権利を切り出し，配偶者が被相続人所有の建物での居住を継続できるとともに，配偶者居住権の評価額が所有権の評価額より小さい分だけ他の遺産をより多く獲得できるようにすることに，この制度を導入した狙いがある。

② 配偶者居住権の成立

配偶者居住権が成立するには，①被相続人の配偶者が，被相続人の財産に属した建物に相続開始の時に居住していており（以下，配偶者が居住していた建物を「居住建物」とする），かつ，②遺産の分割によって配偶者居住権を取得するものとされたこと，または，③配偶者居住権が遺贈の目的とされたことが必要である（1028条1項）。

①にあるように，配偶者居住権が成立するには，配偶者が居住していた建物は，被相続人の財産に属していたものでなければならない。ただし，被相続人が相続開始の時に居住建物を配偶者以外の者と共有していた場合には，配偶者居住権は成立しない（1028条1項柱書ただし書）。「配偶者以外の者」と共有していた場合に成立しないとあるので，被相続人と配偶者で共有していた場合には，配偶者居住権は成立する。

②の要件については，第**3**節で述べた，遺産分割協議，遺産分割調停，遺産分割審判，いずれの場合によっても配偶者居住権を成立させることができる。ただし，家庭裁判所が遺産分割審判により配偶者居住権を成立させることができる場合は限定されている。すなわち，a) 共同相続人間に配偶者が配偶者居住権を取得することについて合意が成立しているときと，b) 配偶者が家庭裁判所に対して配偶者居住権の取得を希望する旨を申し出た場合において，居住建物の所有者の受ける不利益の程度を考慮してもなお配偶者の生活を維持するためにとくに必要があると認めるときに限られている（1029条）。これは，他の共同相続人が配偶者居住権の成立に反対している場合に，配偶者居住権を成立させることができる場合は限定されていることを意味している（ただし，次にみるように，被相続人に配偶者居住権を成立させる意思がある場合は別である）。

③の要件は，遺贈（→222頁）により，つまり被相続人の意思により，配偶者居住権を成立させることができることを意味している。死因贈与（→WINDOW 11-1）により配偶者居住権を成立させることも可能であると解されている。こ

れに対して，特定財産承継遺言（→225頁）により配偶者居住権を成立させることはできない。その理由は，相続人である配偶者が，配偶者居住権を受け取らない自由に関係する。配偶者居住権を遺贈された場合には，配偶者は，相続を単純承認しつつ，遺贈を放棄することにより（986条），配偶者居住権のみ受け取らず，他の相続財産を相続人として受け取ることが可能である。これに対して，仮に，配偶者居住権を特定財産承継遺言により成立させることができるとすると，後述するように（→225頁）特定財産承継遺言は「相続により」財産を承継させる遺言であるため，配偶者が，配偶者居住権を受け取らないためには相続放棄（938条）をするしかない。これは，配偶者居住権以外の相続財産も一緒に放棄せざるをえないことを意味する。これではあまりにも配偶者の選択の自由を狭めてしまうというのが，特定財産承継遺言により配偶者居住権を成立させることができないこととした理由である。

③ 配偶者居住権の内容

1でみたとおり，配偶者居住権は，被相続人の配偶者が被相続人所有の建物全部について，終身または一定期間の間，無償で使用および収益をすることができる権利である（1028条1項柱書，1030条）。無償の権利のため，配偶者居住権を有する者は，建物の所有者に賃料等を支払う必要はない。ただし，配偶者居住権を取得することは，具体的相続分として遺産分割の際に考慮に入れられる。また，配偶者短期居住権が居住建物に無償で**使用**する権利であった（1037条1項柱書）のに対し，配偶者居住権は無償で**使用および収益**する権利が認められる点にも注意が必要である。

配偶者居住権の存続期間は，原則として**終身**であるが，遺産分割協議，遺産分割審判，遺言に別段の定めがあるときは，その定める期間となる（1030条）。その期間が満了すると，居住建物の所有者が完全な所有権を有することになる。

配偶者は，従前の用法に従い，善良な管理者の注意をもって，居住建物の使用および収益をしなければならない（1032条1項）。配偶者居住権は，譲渡することができない（同条2項）。配偶者のためにとくに認められた権利であるためであり，この権利は一身専属性を有することになる。もっとも，居住建物の所有者に承諾を得れば，第三者に，居住建物の使用または収益をさせることはできる（同条3項）。たとえば，配偶者が居住建物を出て，介護施設に入所するこ

とを希望し，その代わり居住建物は第三者に賃貸したいという場合に，居住建物の所有者の承諾を得れば，そのようなことも可能となる。配偶者が，居住建物の改築や増築を望む場合も，居住建物の所有者の承諾が必要である（同項）。

　居住建物の修繕などの費用負担について，1034条1項は，配偶者が，居住建物の**通常の必要費**を負担すると規定している。通常の必要費の中には，給湯器の修理などの通常の修繕費や居住建物の固定資産税の負担などが含まれる。居住建物に必要な修繕のための費用は配偶者が負担するため，配偶者には，居住建物の使用および収益に必要な修繕をする権利が認められる（1033条1項）。

　この配偶者居住権を第三者に対抗するには，配偶者居住権の**登記**が必要となる（1031条2項が準用する605条）。居住建物の所有者は，配偶者に対して，配偶者居住権の設定の登記を備えさせる義務を負う（1031条1項）。

④ 配偶者居住権の消滅

　配偶者居住権が消滅したとき，配偶者は，居住建物の返還をしなければならない（1035条1項本文）。配偶者の死亡により配偶者居住権が消滅したときは，配偶者の相続人が返還義務を負う。

第5節　相続法と相続税

① 相続税の意義

　相続税は，人が死亡して財産が移転する機会にその財産に課税される租税である。相続税の趣旨，役割としては，さまざまな議論があるものの，一般には，相続税を課すことにより富の再分配を行う役割を果たすといわれている。相続税は，遺産分割の帰結が最終的な課税額に影響する面もあるため，ここでどのような計算方法により相続税が課税されるか，その概観を行うこととする。

② 相続税が課される財産

　相続税が課される財産は，相続または遺贈により取得した財産である（相続税2条）。それに加えて，生命保険金（相続税3条1項1号），退職手当金（同項2号）などについても，みなし相続財産として課税の対象となる。ただし，生命保険金，退職手当金それぞれにつき，一定額まで非課税となる（生命保険金につ

き相続税12条１項５号，退職手当金につき同
項６号）。また，被相続人が死亡する前
３年以内に被相続人から贈与を受けた財
産についても相続税の課税対象となる
（相続税19条）。なお，墓所，霊びょうお
よび祭具については非課税である（相続
税12条１項２号）。

3 相続税の計算法

次のような事例をもとにして，相続税
の基本的な計算の仕方を紹介しよう。

図表10-2　相続税の速算表

区　　分	税　率	控除額
1000万円以下	10%	――
3000万円以下	15%	50万円
5000万円以下	20%	200万円
1億円以下	30%	700万円
2億円以下	40%	1700万円
3億円以下	45%	2700万円
6億円以下	50%	4200万円
6億円超	55%	7200万円

事例　被相続人Aが死亡し，相続人として配偶者B，子CとDがいる。そして，B・C・
Dそれぞれが相続により得た財産を合計した額が１億2000万円で，遺産分割によりB
が１億円，C・Dが1000万円ずつ受け取った。Aには相続開始時に1900万円の債務があ
るとともに，Aの葬式費用に100万円かかり，いずれもBが負担した。

(1)　**課税価格の算定**　　まず，B・C・Dの**課税価格**（課税する物件の価格）を
計算する。課税価格は，各相続人が相続（または遺贈）によって取得した財産の
価額の合計額である（相続税11条の２）が，被相続人の債務で相続開始の際，現
に存するものや，葬式費用は差し引かれる（相続税13条）。そうすると，Bにつ
いては１億円から2000万円を差し引いた8000万円（Bが負担した債務や葬式費用に
ついては，Bについて差し引かれる），C・Dについてはそれぞれ1000万円となる。

(2)　**相続税の総額の算定**　　次に，B・C・Dに課される**相続税の総額**を計
算する。それは次のような仕方で行う。まず，課税価格の合計額１億円から，
基礎控除の金額を差し引く。基礎控除額は，3000万円にプラスして600万円に
相続人数を乗じた数になる（相続税15条１項）。この例では，3000万円に1800万
円をプラスした4800万円となる。よって，１億円から4800万円を引いた5200万
円に対して課税がなされる。これを**課税遺産総額**という。次に，課税遺産総額
をそれぞれの相続人が法定相続分で取得したと仮定し，その金額を基準として
図表10-2にある税率と控除額を適用して税額を算出する。つまり，Bの法定
相続分は２分の１なので，5200万円に２分の１を乗じて2600万円となり，そこ
に税率15％を乗じ，控除額50万円を引いた340万円となる。CおよびDの法定

相続分は4分の1なのでそれぞれ1300万円となり，そこに税率15％を乗じ，控除額50万円を引いた145万円となる。この340万円と145万円の2倍を合計した630万円がB・C・Dに課される相続税の総額となる（相続税16条）。

(3) **各人の相続税額の算定**　　最後に，このようにして算出された相続税の総額をもとに，**各相続人の相続税額**を算出する。それは次のような仕方で行う。まず，相続税の総額を課税価格の割合で按分する。つまり，B・C・Dの課税価格の合計額は1億円でBの課税価格は8000万円なので，630万円に5分の4を乗じた504万円を負担することとなるが，被相続人の配偶者については税額軽減の特則があり，課税価格が1億6000万円以下の場合は非課税となる（相続税19条の2。なお，課税価格が1億6000万円を超えても，法定相続分に相当する金額まで非課税となる）。C・Dについては，それぞれ課税価格が1000万円なので，630万円に10分の1を乗じた63万円が実際に納付する相続税額となる。

なぜ課税価格の総額を法定相続分に基づいて受け取ったと仮定して相続税の総額を算出するかというと，どのような遺産分割を行っても，税額が大きく変わらないようにするためである。ただし，実際には，相続人あるいは受遺者の属性に応じて税額の加算または軽減がなされるので（たとえば，先にみた配偶者の税額の減免），相続税の総額は変動しうることになる。

第 **11** 章

遺言と遺贈

● **本章で学ぶこと**

　本章では遺言および遺言による財産処分である遺贈について学ぶ。遺言は，その効力が発生する死亡時に遺言者が存在しないため，遺言の内容の真実性を確保するために，一定の方式が要求されている。また，遺言者の最終意思を尊重するために，撤回の自由が認められている。さらに，遺言は，単独で行うことができ，遺言を解釈する際に遺言者の真意が探求されている。いずれも遺言が契約とは異なる特徴を示している点である。これらの遺言の特徴を理解したうえで，遺言の効力はどのようなものなのか，とりわけ特定遺贈，包括遺贈，特定財産承継遺言はそれぞれどのような効果が生ずる遺言なのか，遺言の執行に関するルールはいかなるものがあるのかといった問題をみていくことになる。

第1節 遺言の意義

遺言（法律家は「いごん」と読む場合が多いが，「ゆいごん」と読んでも誤りではない）とは，遺言者がその死後に効力を発生させることを目的とする法律行為である。遺言で書いた内容は，どのようなものであれ法的な効力が認められるわけではない。遺言で行うことができる事項は，法律の規定で定められている。これを**法定遺言事項**という。遺言で行うことができる行為のうち主なものとしては，以下のものがある。

- 認知（781条2項）
- 後見人・後見監督人の指定（839条1項・848条）
- 相続人の廃除（893条・894条2項）
- 相続分指定（902条・903条3項）
- 遺産分割方法の指定・分割禁止（908条）
- 遺贈（964条）
- 遺言執行者の指定（1006条）
- 複数の受遺者または同時になされた複数の贈与の受贈者が負う遺留分侵害額請求権の負担割合（1047条1項2号ただし書）
- 一般財団設立の意思表示（一般法人152条2項）
- 信託の設定（信託3条2号）

遺言は，契約とは異なり，単独で行うことができる（このように単独で行うことができる法律行為を「**単独行為**」という）。遺言により自己の財産を無償で与える行為を遺贈という（964条）が，遺贈と贈与の違いは単独行為か契約かという点にある。遺言者Aが自己の所有する不動産甲をBに遺贈するとき，Aは単独で有効な遺贈をすることができ，Aの死亡時に効力が発生する。これに対し，AがBに自己の所有する不動産甲を贈与する場合には，AとBの間で契約をする必要がある。すなわち，AがBに甲を与える意思を表示し，Bが受諾をすることにより，贈与の効力は発生する（549条）。

遺言は，遺言者の死亡により効力が発生する。そうすると，遺言の内容が真実であるかどうかを遺言者が死亡した後に確認することができない。そこで，遺言の内容が真実であることを確認するために，一定の**方式**を要求している

□ WINDOW 11-1　◀◀

死因贈与

　死因贈与とは，贈与者の死亡により効力が発生する贈与のことである。遺贈と死因贈与の違いは，単独行為か契約かという点にあるが，効力が発生するのが財産を処分する者の死亡時点という点では両者は共通している。そこで，死因贈与については，その性質に反しない限り，遺贈に関する規定が準用される（554条）。

　「その性質に反しない限り」遺贈の規定が準用されるにすぎないので，後に見る遺言の方式に関する規定（967条〜984条），遺言能力に関する規定（961条），遺贈の承認・放棄に関する規定（986条〜989条）に関しては準用されない。遺贈の規定の準用が問題となるのは死因贈与の撤回の場面であるが，この点は後述する（→**WINDOW 11-4**）。

（960条）。契約では方式の自由が原則とされているのに対し，遺言では方式が要求されている点にも遺言の特徴がある。もっとも，贈与契約に関しては，書面によらない贈与は解除ができる（550条本文）。すなわち，書面という方式は要求されていないものの，書面によらない契約の拘束力は弱められている。ただし，書面によらない贈与契約でも，履行が終わった部分については解除をすることができない（同条ただし書）。

第2節　遺言の成立

1 能　　力

　遺言には，能力に関する特別な規律が用意されている。有効に契約をするためには，行為能力が要求される（5条・9条・13条・17条）が，遺言に関しては，**行為能力は不要**であり（962条），満15歳に達していればよい（961条）。なぜ行為能力を要求しないかというと，遺言者の最終意思の表示である遺言については，遺言者の真意を尊重することが望ましいためである。ただし，15歳以上の者がなした遺言であっても，遺言時に意思能力を欠いていた場合には無効となる（3条の2）。また，成年被後見人が遺言をするには，事理弁識能力を一時的に回復しているときに医師2人以上の立会いのもとに行う必要がある（973条1項）。

図表 11 - 1　遺言の方式

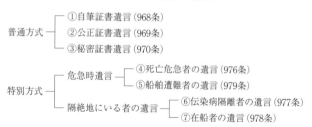

- 普通方式
  - ①自筆証書遺言（968条）
  - ②公正証書遺言（969条）
  - ③秘密証書遺言（970条）
- 特別方式
  - 危急時遺言
    - ④死亡危急者の遺言（976条）
    - ⑤船舶遭難者の遺言（979条）
  - 隔絶地にいる者の遺言
    - ⑥伝染病隔離者の遺言（977条）
    - ⑦在船者の遺言（978条）

2 普通方式の遺言

　遺言には，**図表11-1**にあるように7つの方式がある。死亡の危急に迫った者（976条）など，特別方式の遺言が認められている場合以外は，普通方式の遺言によってしなければならない。すなわち，自筆証書遺言，公正証書遺言，または秘密証書遺言によりしなければならない（967条）。これら3つの普通方式の遺言については，文書の真実性を確保するための仕組みがそれぞれ異なっているため，いずれもメリットとデメリットがあるが，遺言者はこれらの方式を自由に選択することができる。

　(1)　**自筆証書遺言**　　自筆証書によって遺言をするには，遺言者が，遺言書の全文，日付および氏名を自書し，これに印を押さなければならない（968条1項）。この方式には，他の方式と比べると他人の関与が必要とされないので，簡便さがある。また，遺言書の存在を他人に知られずに済むというメリットもある。もっとも，他人により改変，破棄されるおそれがある，遺言書が発見されないおそれがあるなどのデメリットがある。

　この方式は，**自書**により遺言の真実性を確保するものである（ただし，後に述べるとおり，自書の要件については一部緩和されている）。老人性白内障により視力が衰え，また，脳動脈硬化症の後遺症により手がひどく震える遺言者が妻に添え手をしてもらい遺言を作成した事案で，最高裁は，遺言者に自書能力があることを前提に，①遺言者は添え手をした他人から単に筆記を容易にするための支えを借りただけであり，②添え手をした他人の意思が介入した形跡のないことが筆跡のうえで判定できる場合には，自書の要件を満たすと判示している（最判昭62・10・8民集41巻7号1471頁。この事案では，添手の程度が大きく自書とはいえないとしている）。このように本人の筆跡で書かれたことにより遺言の真実性

```
□ WINDOW 11-2
```

自筆証書遺言の保管制度

　本文で述べたとおり，自筆証書遺言には，①他人により改変，破棄されるおそれがある，②遺言書が発見されないおそれがあるといったデメリットがある。このようなリスクを軽減するために，2018（平成30）年に「法務局における遺言書の保管等に関する法律」（以下，「遺言書保管法」とする）が制定され，法務局に自筆証書遺言を保管する制度がもうけられた。

　自筆証書を作成した遺言者は，法務大臣の指定する法務局（「遺言保管所」という）に，遺言書の保管を申請することができる（遺言書保管4条）。遺言者の死亡後に，何人も，遺言保管所に対し，「遺言書保管事実証明書」の交付請求をして，遺言書が保管されているかどうかを調べることができる（同10条）。遺言書が保管されていることが明らかになれば，相続人や受遺者らは，遺言書の内容が登録されている「遺言書情報証明書」の交付請求をしたり（同9条1項），遺言書を保管している遺言書保管所において遺言書を閲覧したりすること（同条3項）により，遺言書の内容を知ることができる。

を確保しようとしているものである以上，自筆証書遺言においては，パソコンやワープロで作成しても自書とは認められないことになる。なお，カーボン紙による複写による記載は，自書にあたる（最判平5・10・19家月46巻4号27頁）。

　自筆証書遺言は，「日付」の自書も要求している。後にみるように，遺言書が複数あり，前の遺言が後の遺言と抵触するときは，後の遺言で前の遺言が撤回されたものとみなされる（1023条）。そうすると，遺言がいつ書かれたものであるかは重要な意味を有する。また，遺言を書いた時点で意思能力があったかどうかを知る手掛かりとして，日付が用いられる場合もある。最高裁は，「昭和41年7月吉日」と記載したのでは，暦上の特定の日を表示するものとはいえないので，日付の記載を欠き無効であると判示している（最判昭54・5・31民集33巻4号445頁）。もっとも，特定可能であれば，「○○歳の誕生日」という記載でも有効であると解されている。また，日付の誤記についても，誤記であることおよび真実の作成の日が遺言証書の記載その他から容易に判明する場合には，遺言の無効をもたらさない（最判昭52・11・21家月30巻4号91頁。昭和48年8月27日を誤って昭和28年8月27日と記入した事例）。

　自筆証書遺言には，押印も要求されている。押印も真実性を確保するための要件であるが，指印でも足りる（最判平元・2・16民集43巻2号45頁）。しかし，花押（記号もしくは符号風の略式のサイン）は印章による押印と同視できないとする

□ WINDOW 11-3 ◀◀

聴覚・言語機能障害者に関する特則

公正証書遺言については，口授，口述，読み聞かせという方式が必要とされているが，それにより聴覚・言語機能障害者が利用できないという問題があった。そこで，1999（平成11）年に，聴覚・言語機能障害者も利用できるようにするために，969条の2が追加された。口がきけない者に関しては，遺言の趣旨を通訳人の通訳により申述をし，または自書して，969条2号に定める口授に代えることができる（969条の2第1項）。遺言者または証人が耳の聞こえない者であるときは，公証人は，筆記した遺言の内容を通訳人の通訳により遺言者または証人に伝えて，969条3号に定める読み聞かせに代えることができる（969条の2第2項）。

（最判平28・6・3民集70巻5号1263頁）。他方で，外国から帰化した者に関しては，遺言書を英文で作成し，署名（サイン）もしたが押印はなされなかった事案で，押印の習慣のない人であったことを理由として遺言を有効としている（最判昭49・12・24民集28巻10号2152頁）。そのような特別な理由がなければ，押印を要求するというのが最高裁の立場である。

以上のように，自筆証書遺言にとって，自書の要件は，遺言者の真意を確保するために不可欠なものであるが，とりわけ高齢者にとっては負担の大きいものでもある。そこで，遺言者の負担を軽減し，自筆証書遺言の利用を促進するため，2018年改正により自書の要件が一部緩和された。すなわち，自筆証書にこれと一体のものとして相続財産の全部または一部の目録を添付する場合には，その目録については，自書することを要しないこととなった（968条2項第1文）。こうして，パソコンにより目録を作成したり，通帳のコピーを添付したりすることが可能となった。この場合，遺言者は，その目録の毎葉（自書によらない記載がその両面にある場合にあっては，その両面）に署名し，印を押さなければならない（同項第2文）。

加除変更をする場合，遺言者が，その場所を指示し，これを変更した旨を付記してとくにこれに署名し，かつ，その変更の場所に印を押さなければならない（968条3項）。自書の要件が緩和された相続財産の目録についても同様である。

(2) **公正証書遺言**　公証人が証書を作成することにより文書の真実性を確保する遺言である。具体的には，次のような方式による（969条）。①証人2人以上の立会いがある，②遺言者が遺言の趣旨を公証人に口授する，③公証人

が，遺言者の口述を筆記し，これを遺言者および証人に読み聞かせ，または閲覧させる，④遺言者および証人が，筆記の正確なことを承認した後，各自これに署名し，印を押す，⑤公証人が，その証書は前各号に掲げる方式に従って作ったものである旨を付記して，これに署名し，印を押す。

この方式には，遺言書の正本が公証人のもとで保管されるので遺言書の偽造，変造，毀損のおそれがないというメリットがあるが，証人の立ち合いが必要なので内容を秘密にできない，費用もかかり手続も煩わしいというデメリットがある。ただし，手続の点に関していえば，公正証書遺言については，秘密証書遺言で要求される遺言の検認が必要とされないという簡便さがある（1004条2項）。なお，自筆証書遺言については，遺言保管所（→WINDOW 11-2）に保管された自筆証書遺言は検認が不要であり（遺言書保管11条），その他の自筆証書遺言は検認が必要である。

(3) 秘密証書遺言　　**秘密証書遺言**は，署名押印，封印と公証人の関与により文書の真実性を確保する遺言である。具体的には，次のような方式による（970条）。①遺言者が，その証書に署名し，印を押す，②遺言者が，その証書を封じ，証書に用いた印章をもってこれに封印する，③遺言者が，公証人1人および証人2人以上の前に封書を提出して，自己の遺言書である旨ならびにその筆者の氏名および住所を申述する，④公証人が，その証書を提出した日付および遺言者の申述を封紙に記載した後，遺言者および証人とともにこれに署名し，印を押す。

この方式には，遺言の内容を秘密にできる，自書が要求されていないので自書能力がなくても遺言を作成できる，偽造，変造，毀損のおそれがないというメリットがあるが，手続が煩わしく費用がかかる，遺言の存在そのものは隠すことができないというデメリットがある。

秘密証書遺言では，証書に署名，押印をなす必要があるが，本文を自書する必要はない。したがって，ワープロやパソコンにより文書を作成することも可能である。ただし，文書を作成した「筆者」の住所・氏名を申述する必要がある（970条3号）。ここでいう筆者とは，現実に筆記した者であり，たとえば遺言者Aが自分でパソコンのワープロソフトを操作できないので，Bに遺言書の内容を筆記してもらったときには，Bが筆者となり，Aが筆者であると申述を

した場合，当該遺言は無効となる（最判平14・9・24家月55巻3号72頁）。

③ 特別方式の遺言

　普通方式の遺言を行うことができない特別の事情があるとき，普通方式の遺言よりも緩和された方式で遺言を作成することができる。これが，**特別方式の遺言**である。特別方式の遺言については，遺言者が普通の方式によって遺言をすることができるようになった時から6か月間生存するときは，その効力を生じない（983条）。すなわち，特別の事情が止んでいる以上，普通方式の遺言をしなければならない。特別方式の遺言には4種類のものがある。

　(1)　**死亡危急者の遺言**　　疾病その他の事由によって**死亡の危急**に迫っている場合に認められる遺言である（976条）。この場合，①証人3人以上の立会いがいること，②証人の1人に遺言の趣旨を口授すること，③その口授を受けた者が，これを筆記して，遺言者および他の証人に読み聞かせ，または閲覧させ，各証人がその筆記の正確なことを承認した後，これに署名し，印を押すことが必要となる（聴覚・言語機能障害者のための特則が置かれている〔976条2項・3項〕）。また，遺言は，遺言の日から20日以内に，証人の1人または利害関係人から家庭裁判所に請求してその確認を得なければならない（976条4項。なお，同条5項も参照）。

　(2)　**船舶遭難者の遺言**　　**船舶が遭難**した場合に，当該船舶中で死亡の危急に迫っている場合に認められる遺言である（979条）。この場合，①遺言者は，証人2人以上の立会いをもって口頭で遺言をすること，②証人が，その趣旨を筆記して，これに署名し，印を押すこと，③証人の1人または利害関係人から遅滞なく家庭裁判所に請求してその確認を得ることが必要となる（言語機能障害者のための特則が置かれている〔979条2項〕）。

　(3)　**伝染病隔離者の遺言**　　**伝染病**のため行政処分によって交通を断たれた場所にある者に認められる遺言である（977条）。この場合，警察官1人および証人1人以上の立会いをもって遺言書を作ることができる。この場合，家庭裁判所の確認は必要とされていない。遺言者，筆者，立会人および証人は，各自遺言書に署名し，印を押さなければならない（980条）。

　(4)　**在船者の遺言**　　**船舶中**にある者に認められた遺言である（978条）。この場合，船長または事務員1人および証人2人以上の立会いをもって遺言書を

作ることができる。伝染病隔離者と同様，遺言者，筆者，立会人および証人は，各自遺言書に署名し，印を押さなければならない（980条）。

④ 共同遺言の禁止

2人以上の者が同一の証書で遺言をすること（共同遺言）は，民法975条によって禁止されている。夫婦であっても例外ではない。2人以上の者が，互いに関連のあるものとして遺言をすると，各自の遺言の自由や**遺言撤回の自由**が制約されるおそれがある。また，一方の遺言が効力を有しないときに，他方の遺言についてどのように処理をするべきかという問題が生じてしまう。これらの点を考慮して，共同遺言が禁止されている。

共同遺言とされるには，同一の証書に複数の遺言者の氏名や遺言内容があるだけでなく，その証書で示された各遺言者の意思表示が相互に関連していることも必要とされる。たとえば，遺言書がB5判の罫紙4枚を綴ったもので，3枚目までは夫A名義の遺言書の形式のもの，4枚目が妻B名義の遺言書の形式のものであり，両者は容易に切り離すことができるものである場合，共同遺言にあたらないとされている（最判平5・10・19家月46巻4号27頁）。同一の証書に夫婦で，①5件の不動産の帰属につき，複数の子に帰属させるとともに，②それらの遺産の相続は父母ともに死亡した後に行うものとし，父が死亡したときは母が全財産を相続するという内容の遺言をし，夫が夫婦双方の氏名を書き，押印をしたという事例において，妻に氏名を自書しない方式の違背があるときでも，民法975条により禁止された共同遺言にあたり，夫の単独遺言として有効とはならない（最判昭56・9・11民集35巻6号1013頁）。昭和56年判決の原審は，①を母の意思表示，②を父の意思表示と解している。①は，②のような形で父の遺産が分配されることを前提としている。したがって，各遺言者の意思表示は相互に関連しており，①が無効となった場合，②の効力を維持すべきかどうかは明らかではない。そこで，②についても無効にしたものと考えられる。

⑤ 証人と立会人

自筆証書以外の遺言においては，いずれも**証人**または**立会人**（証人ではない者が立会人になる場合については973条1項を参照）の存在が必要とされている。これらの者は，遺言書の作成が本人の意思に基づいてなされたものであることを確保する役割を担っている。そこで，遺言の内容に利害関係を持ち，遺言者に影

□ WINDOW 11-4 ◀◀

死因贈与の撤回

死因贈与については，その性質に反しない限り遺贈の規定が準用される（554条）が，遺言の撤回に関する規定が準用されるのかが問題となる。この点，最判昭47・5・25民集26巻4号805頁は，1022条がその方式に関する部分を除いて準用されると判示している。つまり，死因贈与についても，遺贈と同様，贈与者の最終意思を尊重するため，いつでも撤回が可能となる。もっとも，「その方式に関する部分を除いて」とあるので，死因贈与の撤回は，遺言の方式に従う必要はない。

その後の判例には，昭和47年判決の射程を限定するものも現れている。たとえば，最判昭57・4・30民集36巻4号763頁は，生前に受贈者が贈与者に対して送金するという負担付きで贈与者の財産を死因贈与する旨の契約を締結し，受贈者が18年間負担を履行した事案で，贈与者は死因贈与を撤回できないと判示している。

響を与える可能性のある者や，証人や立会人の役割を担うだけの判断能力が備わっていない者は，証人や立会人となることができないこととしている（974条）。具体的には，①未成年者，②推定相続人および受遺者ならびにこれらの配偶者および直系血族，③公証人の配偶者，4親等内の親族，書記および使用人は，遺言の証人または立会人となることができない。

6 遺言の撤回・無効・取消し

（1）**遺言の撤回**　**遺言の撤回**とは，遺言者が遺言の効力発生前に，将来に向かって遺言の効力を失わせることである。民法は，いつでも自分の書いた遺言を撤回することができるという立場を採用している。ただし，撤回もまた遺言の方式に従ってなされることが必要である（1022条）。

いったん成立した法律行為（たとえば，契約）の効力は覆らないのが原則である。つまり，撤回を認めるというのは例外的なことである。なぜ遺言に関して撤回の自由を認めているかというと，**遺言者の最終の意思を尊重**するためである。撤回権の放棄が認められていない（1026条）のも，同様の趣旨による。

どのような場合に撤回が認められるかについて，民法はいくつかの規定を置いている。まず，前の遺言と異なる遺言がなされた場合，新しい遺言の内容が優先しそれと矛盾する前の遺言は撤回したとみなされる（1023条1項）。前の遺言と異なる生前処分（たとえば，売買や贈与）がなされた場合には，前の遺言と矛盾する限りにおいて撤回したとみなされる（同条2項）。さらに，遺言書や遺

贈目的物を故意に破棄した場合にも遺言は撤回したとみなされる（1024条）。

　(2)　**遺言の無効**　遺言が無効となる場合には，民法総則に規定がある法律行為一般の無効原因がある場合のほか，遺言に固有の無効原因がある場合もある。

　法律行為一般の無効原因としては，遺言の内容が公序良俗に反する場合が挙げられる（90条）。錯誤については，2017（平成29）年の改正により効果が無効から取消しに改められた（95条）。その他，民法総則には心裡留保（93条）や虚偽表示（94条）があるが，どちらも遺言のような相手方のいない単独行為を予定するものではないため，適用されない。

　遺言に固有の無効原因としては，遺言が方式に違反しているとき（960条），遺言時に，遺言者に遺言能力がないとき（963条），共同遺言をしたとき（975条）などがある（その他に，966条も参照）。

　(3)　**遺言の取消し**　遺言についても，民法総則に規定がある法律行為一般の取消し原因により，取り消されうる場合がある。たとえば，遺言が錯誤，詐欺，強迫により作成された場合がこれにあたる。なお，第2節①で述べたとおり，遺言には行為能力が不要とされている（962条）点には注意が必要である。

第3節　遺言の効力

① 遺言の解釈

　遺言にどのような効力が生じるかを確定するに際して，**遺言の文言の解釈**が問題となる場合がある。遺言の解釈をする場合と契約の解釈をする場合では，解釈の方法に相違点がある。

　契約の解釈について，たとえばAがBに「例のものをよろしく」と電話で言い，Bがそれに応じた場合，一般的には以下のようなやり方で解釈を行う。当事者の意思が一致している場合には，その一致した意思に従い解釈すべきことになる。当事者の意思が一致しない場合（A・Bが互いに異なる内容を想定していた場合），表示の客観的意味を基準とするべきであるといわれている。その際，たとえばA・Bが属している業界の慣習などを考慮しながら，その事情のもとでの客観的な意味を探ることになる。そうなると，Aの意思とBの意思のいず

れかとは離れた内容が契約の内容とされる可能性がある（Aの意思とは異なる内容の契約に確定した場合，Aは錯誤を主張することになろう）。

遺言の解釈に関して，最判平17・7・22家月58巻1号83頁が遺言の解釈の特徴を示す判断を行っている。この事案では，遺言者Aは，「遺言者は法的に定められたる相続人を以って相続を与える」という遺言を残して死亡した。しかし，Aの戸籍上の子Yは，実際にはAの兄の子であり，この場合Yは「法的に定められた相続人」とはならない。すなわち，「法的に定められた相続人」は，Aの弟たちXらとなる事案であった。しかし最高裁は，「遺言を解釈するに当たっては，(中略)遺言書の文言を形式的に判断するだけでなく，遺言者の真意を探究すべきであ」ると述べ，AはYに遺贈をする趣旨であった可能性を示唆して原審に差し戻している。このように，遺言の解釈においては，一般に，**遺言者の真意が探求**される点に特徴がある。契約の解釈とは異なる特徴を示すのは，遺言は，遺言者の行為のみで法的効果が生じる単独行為であり取引の安全を考慮する必要がないためである。

2 遺　　贈

(1) **包括遺贈と特定遺贈**　　遺言により自己の財産を無償で与える行為を**遺贈**というが，遺贈には特定遺贈と包括遺贈の2種類がある。**特定遺贈**とは，遺贈の対象を具体的に特定するものをいう。対象は，特定物でも不特定物でもよく，また有体物（有形的に存在するもの）でも無体物（債権など）でもよい。特定遺贈がなされた場合，受遺者（遺贈を受ける者）は権利のみを承継する。

包括遺贈とは，目的物を特定せず，相続財産の全部または割合的部分を受遺者に与えるものをいう。包括遺贈がなされた場合，受遺者は権利だけでなく義務も，すなわち積極財産だけでなく消極財産も承継する。

遺贈がある場合に遺贈の義務を負う者を遺贈義務者という。遺贈義務者は，原則として相続人である。遺言執行者（→228頁）がいる場合には，遺贈の履行は遺言執行者のみが行うことができるので（1012条2項），その者が遺贈義務者となる。

(2) **遺贈の承認と放棄**　　法定相続人と同様，受遺者にも遺贈を放棄する自由が認められている。ただし，特定遺贈か，包括遺贈かにより服する規律が異なると解されている。

特定遺贈の場合，遺言者の死亡後，いつでも遺贈の放棄ができる（986条1

項)。遺贈の放棄は，遺言者の死亡の時にさかのぼって効力を生ずる(同条2項)。特定受遺者は，「いつでも」遺贈の放棄ができるが，それでは権利関係が不安定な状態が続くため，遺贈義務者その他の利害関係人は，受遺者に対して，相当の期間を定めて，その期間内に遺贈の承認または放棄をすべき旨の催告をすることができる。その期間内に受遺者が意思表示をしない場合には，遺贈を承認したものとみなされる(987条)。

　包括遺贈については，包括受遺者は相続人と同一の権利と義務を有する(990条)ので，相続の承認・放棄に関する規定(915条以下)が適用されると解されている。したがって，包括遺贈についてはいつでも放棄できるという986条1項の規定は適用されず，915条の熟慮期間内に承認をするか放棄をするかの選択をしないと単純承認をしたものとみなされることになる。

　(3)　**遺贈の効力**　(a)　一般的効力　　**包括受遺者**は，相続人と同一の権利と義務を有する(990条)。そこで，包括受遺者は，債務を相続人と同様に承継するとともに，先にみたように相続の承認と放棄に関する規定の適用を受ける。また，遺産分割についても，包括受遺者は相続人と同様の地位を有する。もっとも，包括受遺者と相続人とでは以下のような相違点もある。第1に，包括受遺者は遺留分を有しない。第2に，包括遺贈については代襲相続が生じない。第3に，包括受遺者は移転登記手続の申請方法も相続人と異なる(相続人でない者が包括受遺者になる場合)が，この点は，後述する。

　(b)　物権的効力と対抗要件　　遺産に含まれる物権，とりわけ不動産は，遺贈によりどのように受遺者に移転するのであろうか。

　特定遺贈については，特定物遺贈と不特定物遺贈を分けて考える必要がある。特定物については，物権変動の原因があれば当然に所有権が移転する(大判大5・11・8民録22輯2078頁)。これに対して，不特定物については，目的物が特定してはじめて物権的効力が生じると解されており，特定前は債権の効力しか生じないとする裁判例がある(東京高判昭23・3・26高民1巻1号78頁)。

　受遺者が遺贈目的物に関する権利取得を第三者に対抗するためには**対抗要件**を備えることが必要である。したがって，遺贈目的物が不動産の場合には登記が必要となる(最判昭39・3・6民集18巻3号437頁)。たとえば，受遺者Aが遺贈目的物である不動産甲について移転登記を備える前に，単独相続人Bが不動産甲

について相続を原因とする所有権移転登記をするとともに，第三者Cに譲渡し，所有権移転登記を備えた場合，Aは遺贈による権利取得をCに主張することができない。昭和39年判決は，遺言者からA，遺言者からBへの二重の権利承継があると考え，両者を対抗関係と捉えている。**相続人以外の者**に対して不動産の特定遺贈がなされた場合，受遺者は遺贈義務者，すなわち相続人または遺言執行者（遺贈義務者については，→222頁）を相手として移転登記手続を行う。この場合，受遺者と遺贈義務者の共同申請により登記を行う。これに対して，**相続人**に対して不動産の特定遺贈がなされた場合，受遺者である相続人が単独で所有権移転登記の申請を行うことができる（不登63条3項）。

　遺言で遺言執行者が指定されていた場合については，注意が必要である。次のような事例を考えてみよう。

　事例　被相続人Aが相続人B・C（ともに相続分2分の1）を残して死亡した。Aは，不動産甲をDに遺贈するとともに，遺言執行者としてEを指定していた。Aはその他の財産も残して死亡したため，遺産分割は終わっていない。甲についての登記がなされていない状態で，Cは，共同相続登記を経由したうえで甲についての自己の持分2分の1をFに譲渡し，移転登記も備えた。

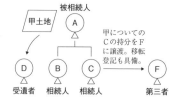

　遺言執行者がいる場合，相続人は，相続財産の処分その他遺言の執行を妨げるべき行為をすることができない（1013条1項）。このため，相続人Cは，甲を譲渡することはできない。それにもかかわらず，上記の事例のように，Cが甲についての自己の持分を譲渡した場合，その行為は無効となる（同条2項本文）。したがって，Dは，Cの持分についても，Fに対して遺贈による所有権取得を登記なくして対抗することができる（最判昭62・4・23民集41巻3号474頁）。もっとも，1013条2項は，「ただし，これをもって善意の第三者に対抗することができない」と規定し，例外を認めている。たとえば，FがC・F間の譲渡の時点で遺言執行者がいることを知らなかったとき，Dは，Fに対して，登記なくしてCの持分についての甲の所有権を主張できない。つまり，Dとしては，CからFへの譲渡がなされる前に，甲についての登記を備えておかなければならない。

　包括遺贈については，受遺者は相続人と同一の地位（990条）を有するので，割合的包括遺贈の場合，つまり遺産の何分の１という形で包括的に遺贈がなされた場合，遺産に属する個々の財産についてその割合分に応じた持分を有する。また，他の相続人や包括受遺者とともに相続開始時に遺産を共有する。そして，遺産分割により遺産に関する権利帰属関係，つまり誰がどの財産を承継するかが確定する（909条）。

　包括遺贈の受遺者が相続人ではない場合，特定遺贈と同様，相続人または遺言執行者と共同で所有権移転登記の申請を行う。包括受遺者が相続人の場合，受遺者である相続人が単独で所有権移転登記の申請を行うことができる（不登63条３項）。

③ 特定財産承継遺言

　特定財産承継遺言とは，遺産の分割の方法の指定として遺産に属する特定の財産を共同相続人の１人または数人に承継させる旨の遺言をいう（1014条２項）。たとえば，遺言者が「財産甲を相続人Ａに相続させる」といった遺言を残した場合には，原則として特定財産承継遺言と扱われることになる。2018年改正前は，「相続させる」旨の遺言と一般に呼ばれていたが，改正により「特定財産承継遺言」という用語が用いられることになった。

　特定財産承継遺言については，①遺贈との違いは何か，②なぜ遺産分割方法の指定でありながら「特定財産承継遺言」という特別の用語が用いられているのかを理解する必要がある。

　遺贈との違いについては，**図表11-2**にあるように，特定財産承継遺言は，あくまでも「相続」による財産承継であるという点に違いがある。「遺贈」ではなく「相続」であるということにより，２つの点で差異が生じる。

　第１に，遺贈の場合，受遺者となりうる者に限定はない。これに対し，「相続」である特定財産承継遺言は，相続人しか名宛人になりえない（この特定財産承継遺言の受益者である名宛人のことを「受益相続人」という）。

　第２に，遺贈を放棄する場合，遺贈の放棄（986条）によることになる。そのため，相続人Ａが遺贈により不動産甲を譲り受けた際に，他の相続財産は欲しいが甲はいらないと考えたとき，遺贈の放棄をしつつ，相続については単純承認をすることができる。これに対して，特定財産承継遺言を放棄する場合，

図表11-2　特定財産承継遺言とその周辺

法律構成	権利承継の形式	遺産分割の必要性
①特定財産承継遺言	相続による承継	遺産分割不要
②特定遺贈	遺贈による承継	遺産分割不要
③遺産分割方法の指定（特定財産承継遺言ではない場合）	相続による承継	遺産分割必要

　特定財産承継遺言は相続による権利承継であるため，相続放棄をしなければならない。そのため，特定財産承継遺言により，不動産甲を譲り受けた受益相続人Bは，「甲はいらないけど他の相続財産だけ受け取りたい」という選択肢はなく，甲も含めてすべての財産について単純承認をして受け取るか，相続放棄をするかの選択肢しかない。

　それでは，特定財産承継遺言は，1014条2項にもあるように遺産分割方法の指定でありながら，なぜ特別の用語が用いられているのか。これは，判例により，それまでの遺産分割方法の指定とは異なる特別の効果が認められたからである。特定財産承継遺言ではない場合，遺産分割方法の指定がなされたとしても，被相続人の死亡後に遺産分割は必要であると解されている。つまり，共同相続人は遺産を共有し，個々の遺産が共同相続人の1人に相続開始時に確定的に帰属したりはしない。これに対して，判例（最判平3・4・19民集45巻4号477頁）は，財産甲を相続人の1人Aに与えるという特定財産承継遺言をした場合，遺産分割をすることなく被相続人死亡時に甲はAに帰属するという効果が生ずることを認めた。この点に，通常の遺産分割方法の指定と，特定財産承継遺言（遺産分割方法の指定の一種ではある）の違いがある。なお，被相続人が財産甲を相続人の1人であるAに「特定遺贈」をした場合，被相続人が死亡すれば当然に所有権が移転し（大判大5・11・8民録22輯2078頁），財産甲は遺産分割を経ることなくAに帰属すると解される。つまり，特定財産承継遺言は，相続による承継でありながら，特定遺贈と同様に遺産分割を経ずに被相続人死亡時に特定の財産を共同相続人の1人に承継させることができるのである。

　最後に，特定財産承継遺言による不動産の権利取得を第三者に対抗できるかという点に関しては，899条の2第1項が適用され，法定相続分を超える部分については，登記を備えなければ，第三者に対抗できない。特定財産承継遺言による不動産の権利移転の登記は，相続を原因とする登記となり，受益相続人

□ WINDOW 11-5

すべての財産を特定の相続人に相続させる遺言

　特定財産承継遺言は,「特定の財産」を特定の相続人に相続させることを内容とするものであったが,「すべての財産」を特定の相続人に相続させることを内容とする遺言は, 包括「遺贈」になるのか, それともこれも遺産分割方法の指定であり,「相続」による承継になるのか。この点, 最判平21・3・24民集63巻3号427頁では, すべての財産を特定の相続人に相続させる遺言がなされた事案で, 遺産分割方法の指定と相続分の指定がなされたことを前提に判決が下されている。つまり,「相続」による承継であることを前提としている。この判決では, このような遺言がなされた場合の相続債務の帰属の仕方も問題とされており,「特段の事情のない限り, 当該相続人に相続債務もすべて相続させる旨の意思が表示されたものと解すべきであり, これにより, 相続人間においては, 当該相続人が指定相続分の割合に応じて相続債務をすべて承継することになると解するのが相当である」と判示している。

　なお, この判決は, WINDOW10-2で紹介した902条の2を2018年改正で新設する際にも参考にされている。また, WINDOW12-2で紹介する遺留分侵害額の算定についても重要な判断をしている。これらのWINDOWも併せて参照して欲しい。

による単独申請で目的不動産の移転登記ができる (不登63条2項)。特定財産承継遺言がなされるとともに遺言執行者が指定された場合, 遺言執行者は, 899条の2第1項に規定する対抗要件を備えるために必要な行為をすることができる (1014条2項)。また, 1013条も適用される (→224頁)。

第4節　遺言の執行

① 遺言の検認

　遺言を内容どおりに執行するためには, 遺言書の内容に改変が加えられないように注意しなければならない。そこで, 遺言書の保管者は, 相続の開始を知った後遅滞なく, 遺言書を家庭裁判所に提出し検認を受けなければならない (1004条1項)。ただし, 公証人により原本が保管されている公正証書遺言と, 遺言保管所に保管された自筆証書遺言については, 検認は不要である (同条2項, 遺言書保管11条)。

　封印のある遺言書は, 家庭裁判所において相続人またはその代理人の立会い

の下で開封することになっている (1004条 3 項)。遺言書の提出を怠り, 検認を経ないで遺言を執行した場合, または家庭裁判所外で封印のある遺言書を開封した場合には, 5 万円以下の過料に処される (1005条)。

検認は, 遺言書の形式, 状態を調査して遺言書の偽造・変造を防止するとともに, その保存を確実にするための手続である。しかし, 検認があったからといって, 遺言書が有効であるとはいえない。検認を受けた遺言書についても, 遺言の効力を争うことは可能である。

検認がなされると, 家庭裁判所の書記官は, 検認調書 (家事211条) を作成し, 当該遺言書を複写し, 検認済みの証印を付した遺言書を申立人に返還する。

② 遺言執行者

遺言者の死亡後, 遺言の内容を履行する義務を負うのは相続人であるのが原則である。しかし, 遺言をした本人ではない相続人は遺言執行に協力的であるとは限らない。そこで, 遺言者は, 遺言執行の実効性を担保するために, **遺言執行者**を指定する, あるいは指定を誰かに任せることができる (1006条)。また, 遺言執行者がいないとき, またはなくなったときは, 家庭裁判所は, 利害関係人の請求により遺言執行者を選任できる (1010条)。

遺言執行者の有する法的地位に関して, 1012条 1 項は, 「遺言執行者は, 遺言の内容を実現するため, 相続財産の管理その他遺言の執行に必要な一切の行為をする権利義務を有する」と規定している。たとえば, 相続人ではない者に不動産の特定遺贈がなされた場合のように, 遺言者の意思と相続人の利益が必ずしも一致しないこともありうるが, そのような場合に, 遺言執行者は, 遺言の内容を実現するために職務を遂行すればいいこととなる。遺贈を行うに際し遺言執行者が指定された場合, 遺贈の履行は, 遺言執行者のみが行うことができる (1012条 2 項)。たとえば, 被相続人Aは, 相続人B・Cを残して死亡したが, 第三者Dに不動産甲を遺贈するとともに遺言執行者Eを指定していたとする。そして, Aの死亡後, B・Cが相続を原因とした所有権移転の共有登記を行った。このような場合, 1012条 2 項に基づき, 第三者Dは, 被告をEとして遺贈義務の履行を求めることになる (最判昭43・5・31民集22巻 5 号1137頁も参照)。そして, Eは, 遺贈義務者として, 甲の登記名義をB・CからDに移すために必要な手続を行わなければならない。

　なお，不動産の特定遺贈がなされた場合に，遺言執行者にどのような権限があるかについては，遺贈の効力の部分ですでに紹介をしている（→224頁。特定財産承継遺言に関する227頁も参照）。

　遺言執行者がなした行為の効力に関して，1015条は「遺言執行者がその権限内において遺言執行者であることを示してした行為は，相続人に対して直接にその効力を生ずる」と規定している。

　以上のように，遺言執行者がいる場合に，相続人の権限が制限されたり，相続人に対して効力が生じたりするため，1007条2項により「遺言執行者は，その任務を開始したときは，遅滞なく，遺言の内容を相続人に通知しなければならない」と規定され，相続人が遺言執行者の存在を知る機会が確保されている。

第**12**章

遺 留 分

●**本章で学ぶこと**

　本章では遺留分について学ぶ。人々は贈与や遺贈により自由に財産を処分することができる。もっとも，贈与や遺贈が贈与者・遺言者の財産の一定の割合を超えた場合には，一定の範囲の相続人は受遺者・受贈者に対して金銭の支払請求権を有することになる。このように，一定の範囲の相続人に贈与者・遺贈者の財産のうち一定割合に相当する財産の取得を確保させる仕組みが遺留分制度である。本章では，①遺留分制度の趣旨はどのようなものなのか，②誰がどれだけの割合で遺留分を有するのか，③遺留分の侵害があるかをどのように算定するのか，④遺留分権利者は誰にどれだけの額の金銭の支払いを請求できるのか（この請求権を遺留分侵害額請求権という），といった問題を中心に学んでいく。

第1節 遺留分の意義

① 遺留分制度の趣旨

第11章でみてきたように，遺言制度により，遺言者は自らの財産を処分する自由が認められている。また，贈与によっても自らの財産を自由に処分することができる。もっとも，贈与や遺贈が贈与者・遺言者の財産の一定の割合を超えた場合には，一定の範囲の相続人は，受遺者・受贈者に対して金銭の支払請求権を有することになる。このように，一定の範囲の相続人に一定額の財産を確保させる仕組みが遺留分制度である。

民法は，兄弟姉妹を除く相続人に一定の割合の遺留分を認め（1042条。遺留分が認められた相続人を**遺留分権利者**という），個々の遺留分権利者は自らの遺留分が侵害された場合金銭の支払請求権を有する（1046条1項）。この請求権を**遺留分侵害額請求権**という。

2018年の相続法改正以前は，遺留分を侵害された遺留分権利者は，遺留分減殺請求権という権利を行使することができた。遺留分減殺請求権の行使により侵害行為の効力は失われ，目的物に対する権利は当然に遺留分権利者に移ることとされていた（最判昭41・7・14民集20巻6号1183頁）。

これに対して，2018年改正では，遺留分権を行使しても，金銭債権が生ずるにすぎないこととした。このような見直しを行った理由として，次の2点が指摘されている。第1に，改正前において，遺留分減殺請求権を行使した結果，遺贈または贈与の目的財産は受遺者または受贈者と遺留分権利者との共有になることが多かったが，それに伴い不都合が生じたり，紛争が生じたりすることが問題となっていた。第2に，遺留分制度は，明治民法時代には家産の維持が目的とされていたのに対し，現代では遺留分権利者の生活保障や遺産の形成に貢献した遺留分権利者の潜在的持分の清算等が目的とされており，必ずしも物権的効果を生じさせる必然性がないといえる。

遺言による財産処分の自由を認めつつ，遺言者の近親者に一定の権利を留保する仕組みは他の国でもみられるが，その目的には国により時代により差異があるといわれている。さまざまな国，時代における遺留分制度の趣旨，つまり

□ WINDOW 12-1 ◀◀

直系尊属の遺留分

　2018年改正を準備する段階で法務省が公表した相続法改正中間試案 (2016 (平成28) 年 6 月21日) では，その後注の部分で「遺留分権利者の範囲 (旧1028条) に関し，直系尊属には遺留分を認めないものとする考え方があるが，その当否については，なお検討を要する」と述べられている。このような議論が提起された背後には，明治民法の時代において，遺留分制度は家産の維持を目的とする制度であったが，現行民法下では遺留分権利者の生活保障などを目的とする制度になっているという認識がある。このような遺留分制度に対する認識の変化に基づいて，必ずしも尊属に被相続人の財産を確保させる必然性はないという考えが提示されている。もっとも，最終的にはこの点に関する立法提案は見送られることとなった。

　この制度を正当化する根拠は，大きく 3 つの考え方にまとめることができる。第 1 は，遺言者に自らの死後も近親者に対して一種の扶養義務を負わせるという考え方である。この考え方は，遺留分権利者に金銭的な権利を与えるという制度と整合的である。第 2 は，血縁者，とりわけ子に相続財産を保持させるという考え方である。たとえば，代々受け継がれた農地を子に受け継がせるために遺留分制度はあるという考え方も成り立つ。この考え方によれば，遺留分権利者に相続財産そのものを取り戻させる権利を与える必要がある。第 3 は，相続人として子が複数いる場合に，子の間の平等を保持するという考え方である。つまり，遺留分は過度に不平等な財産処分を禁ずる意味を持つことになる。

　2018年改正後の遺留分制度では，上記の第 2 の考え方が後退し，第 1 の考え方が強調されているようにみえるが，第 1 の考え方のみで説明できるのかは，意見の分かれるところである。さらには，現代において遺留分制度が本当に必要なのかも問題となっている。今後も遺留分制度の存在意義は問われることになろう。

② 遺留分権利者の範囲と割合

　1042条は，遺留分権利者は誰であるのか，そしていかなる割合の権利を有するのかを示している。

　遺留分権利者は，兄弟姉妹を除く相続人，すなわち配偶者，子，直系尊属である。「相続人」である必要があるので，たとえば，被相続人が子と父を残して死亡した場合，子は相続人となり遺留分も有するが，父は子が相続人となる

場合には相続人とはならないので遺留分権利者ではない。また，相続放棄をした者，相続欠格・廃除により相続資格を失った者も相続人ではないので，遺留分権利者ではない。

遺留分の割合については，配偶者か子が相続人に含まれる場合には2分の1であり，直系尊属のみが相続人の場合は3分の1である。この割合は，相続財産の中に占める遺留分の割合を示すものであり，遺留分権利者全員が全体としてこれだけの割合を持つことになる。そして，個々の遺留分権利者が持つ遺留分の割合は，そこから各自の法定相続分の割合を乗じた割合となる（1042条2項）。たとえば，相続人として配偶者と2人の子がいる場合，3人が全体として相続財産の2分の1の遺留分を持つが，配偶者の法定相続分は2分の1なので配偶者の遺留分は4分の1となる。同じように計算をすると，2人の子はそれぞれ8分の1ずつの遺留分を持つことになる。

遺留分は，放棄をすることができるが，相続開始前の放棄については家庭裁判所の許可を要する（1049条1項）。共同相続人の1人が遺留分を放棄した場合，他の各共同相続人の遺留分の割合に影響を及ぼさない（同条2項）。

第2節　遺留分の算定

① 遺留分算定の全体像

遺留分の算定方法を知るには，算定方法の全体像をまず理解することが望ましい。1042条1項・2項により個々の遺留分権利者が有する遺留分の割合が示されている。この遺留分は，各遺留分権利者が遺留分侵害額請求権（1046条1項）を行使することにより実現される。各遺留分権利者が遺留分侵害額請求権を行使するか否かは自由であり，遺留分は個人の権利としての性質を有する。そこで，個々の相続人が遺留分を侵害されているかが問題となる。個々人の遺留分侵害の有無，そして侵害がある場合に侵害額を算定する方法は，1046条2項に示されている。1046条2項の規定の意味を，**図表12-1**を用いながら説明することとする。

図表12-1①にあるように，各人の遺留分の額（1046条2項柱書の「1042条の規

図表12－1　遺留分の算定

①遺留分侵害の有無の判断の仕方

各人の遺留分の額 ＞ 各人が相続によって得た財産の額 ＋ 特別受益の額 － 各人が被相続人から承継する債務の額

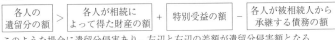

このような場合に遺留分侵害あり。左辺と右辺の差額が遺留分侵害額となる

②各人の遺留分の額の算定

各人の遺留分の額 ＝ 遺留分を算定するための財産の価額 × 各人の遺留分の割合

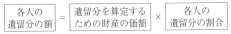

③遺留分を算定するための財産の価額の算定

遺留分を算定するための財産の価額 ＝ 被相続人が相続開始時に有した財産の価額 ＋ 贈与の価額 － 債務の全額

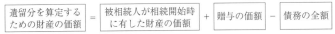

定による遺留分」がこれにあたる）が，各人が相続によって得た財産の額（1046条2項2号）に特別受益の額（同項1号）を加え，各人が被相続人から承継する債務の額（同項3号）を引いた額よりも大きければ，その差額分だけ遺留分の侵害があることになる。たとえば，被相続人が財産のほとんどを相続人以外の第三者に遺贈してしまった場合，遺留分の侵害が起こりうることになる。なお，「各人が相続によって得た財産の額」は，特別受益を考慮した相続分に応じて取得すべき遺産の価額（寄与分による修正は考慮しない）である（同条2項1号）。「各人が被相続人から承継する債務の額」は，被相続人が相続開始の時において有した債務のうち，899条の規定により遺留分権利者が承継する債務の額である。899条は，「各共同相続人は，その相続分に応じて被相続人の権利義務を承継する」と規定しているが，ここでの相続分は法定相続分（遺言による相続分の指定があるときには指定相続分）である。つまり，被相続人が相続開始の時において有した債務の額に法定相続分（あるいは指定相続分）をかけた額が「各人が被相続人から承継する債務の額」となる。

最終的に行いたいのは①の計算であるが，①の計算を行うには，②で示した各人の遺留分の額の算定が必要となる。各人の遺留分の額は，遺留分を算定するための財産の価額（1043条1項）に各人の遺留分の割合を乗じた額となる。

さらに，②の計算を行うには，③で示した遺留分を算定するための財産の価額の算定が必要となる。遺留分を算定するための財産の価額は，被相続人が相続開始時に有した財産の価額に贈与の価額（後述するとおり，どの贈与についてこ

☐ **WINDOW 12-2** ◀◀

すべての財産を特定の相続人に相続させる遺言がなされた場合の遺留分侵害額の算定

　WINDOW 11-5でも紹介した最判平21・3・24民集63巻3号427頁は，すべての財産を特定の相続人に相続させる遺言がなされた場合，「相続人のうちの1人に対して財産全部を相続させる旨の遺言がされ，当該相続人が相続債務もすべて承継したと解される場合，遺留分の侵害額の算定においては，遺留分権利者の法定相続分に応じた相続債務の額を遺留分の額に加算することは許されない」と解している。

　具体例をもとに考えてみよう。被相続人Aが積極財産2000万円と消極財産1000万円を残して死亡した。相続人は，配偶者Bと子Cの2人である。Aは，Bに全財産を相続させる旨の遺言をした。このような遺言がなされた場合，特段の事情のない限り，Bが1000万円の相続債務をすべて負担すると解することになる（WINDOW 11-5）。図表12-1で計算すると，③遺留分を算定するための財産の価額が1000万円，②Cの遺留分額が250万円というのは，本文の例と同様である。①各遺留分権利者の遺留分が侵害されたか否か，されたとしていくらかについては，Cが相続により受け取った財産は0円，特別受益も0円，被相続人から承継する債務の額も0円となり，①の右側の辺は0円となるため，Cの遺留分侵害額は250万円となる。

の計算に加えるかがさらに問題となる）を加え，債務の全額を控除した額となる（同項）。

　要するに，①各遺留分権利者の遺留分が侵害されたか否か，されたとしていくらかを算定するには，まず③**遺留分を算定するための財産の価額**を確定して，そのうえで②**各人の遺留分額**を算定する必要がある。

　具体例を示しておこう。被相続人Aが積極財産2000万円と消極財産1000万円を残して死亡した。相続人は，配偶者Bと子Cの2人である。B・Cに特別受益はなかったが，AはDに対して1000万円遺贈していた。

　このような場合，③遺留分を算定するための財産の価額は，積極財産2000万円から債務1000万円を控除した1000万円となる。②BとCの遺留分額は，1000万円に各人の遺留分の割合4分の1を乗じた250万円ずつとなる。①各遺留分権利者の遺留分が侵害されたか否か，されたとしていくらかについては，積極財産のうち遺贈された1000万円を除いた残りの1000万円については，特別受益を考慮した相続分としてBとCは500万円ずつ権利を有する（B・Cとも特別受益がないため）が，BとCは，相続により500万円ずつ相続債務を負うべきことになる（500万円は，Aの消極財産1000万円にB・Cそれぞれの法定相続分をかけた額であ

る）。したがって，ＢもＣも特別受益を考慮した相続分は500万円ずつであるがいずれも500万円の相続債務を負っているので①の右側の額はＢもＣも０円となる。つまり，ＢもＣも250万円ずつ遺留分が侵害されていることになる。

2 遺留分を算定するための財産の価額

　遺留分を算定するための財産の価額について，1043条１項は，「被相続人が相続開始の時において有した財産の価額にその贈与した財産の価額を加えた額から債務の全額を控除した額」とすると規定する。**1**で示した例では，相続開始時にＡは2000万円の積極財産を残していたが，贈与した財産はなかった。そして1000万円の債務を負っていたので，遺留分を算定するための財産額は1000万円となる。遺留分を算定するための財産の評価基準時は，1043条１項にある通り相続開始時である。

3 算定の対象となる贈与

　1で示した例では，被相続人Ａは贈与をしていない例であったが，贈与が算定の対象となるかについて，大きく分けて４つのルールがある。

　第１に，1044条１項前段は，「贈与は，相続開始前の１年間にしたものに限り，前条の規定によりその価額を算入する」と規定する。相続開始前の１年間にした贈与というのは，契約締結時を基準に考える。つまり，贈与契約自体は相続開始１年半前に締結されたが，その履行は相続開始半年前だった場合，この贈与は遺留分を算定するための財産には加えられないことになる（ただし，以下に述べる３つのルールにより遺留分を算定するための財産に加えられる場合はある）。

　第２に，当事者双方が遺留分権利者に損害を加えることを知って贈与をしたときは，１年前の日より前にしたものについても，遺留分算定の対象となる（1044条１項後段）。

　第３に，相続人に対する贈与について，1044条３項は，相続開始前の10年間にされたものに限り，その価額を，遺留分を算定するための財産の価額に算入することとしている。ここでいう贈与は，特別受益の対象となる贈与，すなわち「婚姻若しくは養子縁組のため又は生計の資本として受けた贈与」に限られる（同項）。相続人に贈与がなされたときに，1044条１項が示す原則よりも長期間の贈与を，遺留分を算定するための財産の価額に算入させている。そうすることにより，贈与がなされなかった他の相続人の遺留分の額は増加することに

なる。もっとも，あまりに長期間の贈与を，遺留分を算定するための財産の価額に算入させることにも問題がある。たとえば，相続人の1人に何十年も前に生前贈与があった場合に遺留分を算定するための財産に加えられると，とりわけ相続人でない受贈者や受遺者にとっては，自らの知りえない贈与の存在により遺留分の額が大きく変わることになる。このように，相続人ではない受贈者・受遺者にとって予期しえないような遺留分の額になることを防ぐため，相続開始前の10年間という制限を設けている。

　第4に，負担付贈与がなされた場合には，贈与の目的の価額から負担の価額を控除した額が，遺留分を算定するための財産の価額に算入される（1045条1項）。たとえば，被相続人Aが，相続開始半年前に，相続人以外の者Bに対してAが負う1000万円の金銭債務を引き受けてもらう代わりに3000万円相当の不動産を贈与し，相続開始前にBが1000万円の金銭債務を弁済した場合，3000万円から1000万円を差し引いた2000万円が遺留分を算定するための財産の価額に算入される。さらに，1045条2項は，「不相当な対価をもってした有償行為は，当事者双方が遺留分権利者に損害を加えることを知ってしたものに限り，当該対価を負担の価額とする負担付贈与とみなす」と規定している。たとえば，2000万円の家屋を100万円で売却した場合，同項の要件を満たせば1900万円が遺留分を算定するための財産の価額に算入される。

第3節　遺留分侵害額請求権

① 遺留分侵害額請求権の法的性質

　遺留分を侵害する内容の贈与・遺贈は，無効となるわけではない。自らの遺留分を侵害された個々の遺留分権利者は，遺留分侵害額に相当する金銭の支払請求権を有することとなる（1046条1項）。この請求権を**遺留分侵害額請求権**という。

　個々の遺留分権利者が，遺留分侵害額を請求する意思表示をすることにより，遺留分の侵害額に相当する金銭債権が発生することになる。このようにして発生した金銭の支払いを求める権利が遺留分侵害額請求権である。この権利

は，取消権や解除権と同様，一方的な意思表示により法律関係の変動を生じさせる形成権である。

2 遺留分侵害額請求権の請求権者

請求権者は，遺留分を侵害された遺留分権利者とその承継人である（1046条1項）。承継人には，包括承継人（遺留分権利者の相続人や包括受遺者）と特定承継人（たとえば遺留分侵害額請求権を遺留分権利者から譲り受けた者）が含まれる。遺留分を侵害された者が複数いる場合，遺留分侵害額請求は各自が行うことになる。請求を行わないという選択も可能である。

遺留分権利者の債権者は，遺留分権利者が遺留分侵害額請求権を行使しない場合に，遺留分権利者に代位して請求権を行使できるか。債権者代位権は，債権者が自己の債権を保全するため，債務者に代わって債務者に属する権利を行使する権利である（423条）。423条1項ただし書は，債権者は，「債務者の一身に専属する権利」を代位行使することはできないとしているため，遺留分侵害額請求権が「債務者の一身に専属する権利」といえるかが問題となる。この点，2018年改正前の遺留分減殺請求権が問題になった事案ではあるが，最判平13・11・22民集55巻6号1033頁は，「遺留分減殺請求権は，遺留分権利者が，これを第三者に譲渡するなど，権利行使の確定的意思を有することを外部に表明したと認められる特段の事情がある場合を除き，債権者代位の目的とすることができないと解するのが相当である」と判示している。その理由として複数の点を述べているが，遺留分を回復するかどうかは，遺留分権利者の自律的決定に委ねられているという点を強調している。2018年改正を経ても，遺留分侵害額請求権は遺留分権利者の自律的決定に委ねられていることを考慮すると，改正後も平成13年判決と同様の結論になるように思われる。すなわち，原則として，遺留分権利者の債権者は，遺留分侵害額請求権を代位行使することはできないが，例外的に，たとえば遺留分権利者が遺留分侵害額請求権を第三者に譲渡して，権利行使する確定的意思を表明した場合には，その譲受人の債権者は遺留分侵害額請求権を代位行使することができることとなろう。

3 請求の相手方および相手方の負担額

（1）**請求の相手方**　受遺者（特定財産承継遺言の受益相続人・相続分指定を受けた者を含む。以下同じ），受贈者が請求の相手方となる（1046条1項）。しかし，

実際に請求の相手方になるかどうかは，個々の受遺者・受贈者に負担額があるかどうかによる。

(2) **相手方の負担額** 遺留分侵害額請求の対象となる贈与や遺贈が1つの場合には問題が生じない。複数ある場合に，誰がどれだけの額を負担するかが定められている。まず，受遺者と受贈者があるときは，受遺者が先に負担する（1047条1項1号）。その際，各受遺者，各受贈者が負担する限度額は，遺贈または贈与の目的の価額が限度となる（1047条1項柱書）。ただし，受遺者または受贈者が相続人である場合には，遺贈または贈与の目的の価額から遺留分として当該相続人が受けるべき価額を控除した額となる（1047条1項柱書かっこ書）。つまり，受遺者・受贈者たる相続人も，自らの遺留分を確保することができる。

たとえば受遺者1人と受贈者1人がいる場合，遺留分侵害を受けた遺留分権利者は，まず受遺者に対して，遺留分侵害額請求権を行使する。当該受遺者がその負担額を全額支払ったとしてもなお遺留分の侵害がある場合には，遺留分権利者は，受贈者に対しても遺留分侵害額請求権を行使できる。

受遺者が複数あるときには，それぞれの受遺者は，その目的の価額の割合に応じて遺留分侵害額を負担する（1047条1項2号本文）。ただし，遺言者がその遺言に別段の意思表示をしたときには，その意思に従う（同号ただし書）。受贈者が複数あるときは，後の贈与に係る受贈者から順次前の贈与に係る受贈者が負担する（同項3号）。複数の贈与が同時になされたものであるときには，それぞれの受贈者は，その目的の価額の割合に応じて負担する（同項2号）。

(3) **受遺者・受贈者に対する相当の期限の許与** 遺留分権利者が，遺留分侵害額請求権を行使すると，受遺者・受贈者は金銭債務を負うことになるが，受遺者・受贈者が直ちには金銭を準備できないこともある。具体的には，不動産の遺贈を受けた受遺者が，十分な金銭を直ちに準備できないこともありうる。そこで，1047条5項は，受遺者または受贈者の請求により，裁判所は金銭債務の全部または一部の支払いにつき相当の期限を許与することができることとしている。

④ 遺留分侵害額の算定における債務の取扱い

遺留分侵害額の算定の原則は第2節①で述べたとおりであるが，受遺者・受贈者が，遺留分権利者の承継する被相続人の債務（このような債務を相続債務

という）を代わりに弁済した場合（このように債務者以外の者が債務を弁済することを「第三者弁済」という）に，受遺者・受贈者は，その代わりに支払った事実を遺留分侵害額の算定に反映させることができるという例外ルールがある。

　具体例で考えてみよう。被相続人Aが積極財産2000万円と消極財産1000万円を残して死亡した。相続人は，配偶者Bと子Cの２人である。B・Cに特別受益はなかったが，AはDに対して1000万円を遺贈していた。Dは，相続開始後，相続債務1000万円のうち500万円をB・Cに代わって弁済した（B・Cそれぞれ500万円ずつ債務を負っていたが，B・Cそれぞれの債務のうちDは250万円ずつ弁済したこととする）。

　この例は，第２節１で紹介した具体例と，DがB・Cに代わって相続債務を弁済した点以外は同様である。したがって，原則のルールでいえば，B・Cには，250万円ずつの遺留分侵害があり，それぞれDに対して250万円の遺留分侵害額請求権を有することになる。もっとも，Dは，B・Cそれぞれの相続債務について，250万円ずつ第三者弁済を行っている。このような場合に，1047条３項前段は，受遺者または受贈者は，遺留分権利者が承継した債務について弁済その他の債務を消滅させる行為をしたときは，消滅した債務の額の限度において，遺留分権利者に対する意思表示によって遺留分侵害額請求権により負担する金銭債務を消滅させることができることとしている。したがって，B・CがそれぞれDに対して遺留分侵害額請求をしてきた場合に，Dが金銭債務消滅の意思表示をすると，Bに対して250万円分，Cに対して250万円分の債務が消滅し，結局Dは，Bに対してもCに対しても金銭債務を負担しないこととなる。

　Dがこの金銭債務消滅の意思表示をしなければ，B・Cの債務を代わりに弁済している以上，代わりに弁済した分だけB・Cに支払いを請求できる（これを「求償権」という）のだが，金銭債務消滅の意思表示をした場合には，この求償権は，消滅した債務の額の限度で消滅することになる（1047条３項後段）。

５ 遺留分侵害額請求権の期間制限

　遺留分侵害額請求権は，遺留分権利者が，相続の開始および遺留分を侵害する贈与または遺贈があったことを知った時から１年間行使しないときは，時効によって消滅する（1048条前段）。相続開始の時から10年を経過したときも同様である（同条後段）。もっとも，10年の期間制限については，除斥期間，すなわ

ちその期間内に権利を行使しないと，その後は一切権利行使ができなくなる期間であると解されている。

参考文献ガイド

■基本書・体系書

星野英一『家族法』(放送大学教育振興会，1994年)

　家族法の基本的な構造・意義について学ぶところが多い。

深谷松男『現代家族法〔第4版〕』(青林書院，2001年)

　成年後見など家族法の現代的な課題が重点的に論じられている。

有地亨『新版家族法概論〔補訂版〕』(法律文化社，2005年)

　家族の基礎理論や立法時の議論，比較法的考察など豊富な内容。

大村敦志『家族法〔第3版〕』(有斐閣，2010年)

　民法の解説を越えて，広い意味での家族法を論じる新世代の家族法。

二宮周平『家族法〔第5版〕』(新世社，2019年)

　事実婚，婚外子，子の権利，家庭内暴力，遺言能力など家族法をわかりやすく説く。

窪田充見『家族法—民法を学ぶ〔第4版〕』(有斐閣，2019年)

　ユーモアあふれる語り口にのせて，家族法の新しい学びかたを説いている。

常岡史子『家族法』(新世社，2020年)

　近年の法改正の趣旨，従来の判例・学説との連続性と刷新性も学ぶことができる。

中川高男『親族・相続法講義〔新版〕』(ミネルヴァ書房，1995年)

　身分行為論などの論述に研究の深さを感じさせる。

内田貴『民法IV親族・相続〔補訂版〕』(東京大学出版会，2004年)

　精密な解釈論を系統立って展開した体系書。

中川善之助編『親族法』(青林書院，1960年)

　歴史的，人類学的，比較法的研究など親族法の古典的体系書。

我妻栄『親族法』(有斐閣，1961年)

　親族法の解釈学的研究を深化させ，判例にも多大な影響を与えた。

久貴忠彦『民法学全集9 親族法』(日本評論社，1984年)

　戸籍先例にも丁寧にめくばりしている。重厚な体系書。

鈴木禄弥『親族法講義』(創文社，1988年)，同『相続法講義〔改訂版〕』(創文社，1996年)

　多くの設例と計算式などを用いて具体的な理解に導く。

太田武男『親族法概説』(有斐閣，1990年)，同『相続法概説』(一粒社，1997年)

　学説・判例・戸籍先例を多く取り入れ，参考文献の指示も豊富。

泉久雄『親族法』(有斐閣，1997年)

　中川（善）学説の承継発展をめざす1990年代を代表する体系書。

中川善之助・泉久雄『相続法〔第4版〕』(有斐閣，2000年)

　相続法を研究する際の基本書。内容は高度だが挑戦してみよう。

伊藤昌司『相続法』(有斐閣，2002年)

　相続法の新しい地平をひらくチャレンジングな体系書。

潮見佳男『詳解相続法〔第2版〕』(弘文堂，2022年)

　具体的事例を通して相続法における理論的な考え方を示す。

■ 注釈書・判例解説・演習

青山道夫・中川善之助ほか編『新版注釈民法(21)〜(28)』(有斐閣，1989〜2013年)，二宮周平編『新注釈民法(17)』(有斐閣，2017年)，潮見佳男編『新注釈民法(19)』(有斐閣，2019年)

　最も詳細な注釈書。大学院生，専門家向け。

大村敦志『民法読解　親族編』(有斐閣，2015年)

　注釈にとどまらず過去から現在への変遷を読み解き，将来の家族法を提示する。

松川正毅・窪田充見編『新基本法コンメンタール　親族〔第2版〕』(日本評論社，2019年)，同『新基本法コンメンタール 相続』(日本評論社，2016年)

　学説・判例の状況を端的に把握することができる比較的コンパクトな注釈書。

能見善久・加藤新太郎編『論点体系判例民法10（親族）〔第3版〕』(第一法規，2019年)，同『論点体系判例民法11（相続）〔第3版〕』(第一法規，2019年)

　多数の判例をカバーし，各条文に関わる論点が整理された注釈書。

二宮周平・潮見佳男編『新・判例ハンドブック 親族・相続』(日本評論社，2014年)

　重要判例の要点を押さえ，本格的な学習への橋渡しとなる。

青竹美佳・金子敬明・幡野弘樹『START UP民法⑤ 親族・相続判例30！』(有斐閣，2017年)

　最重要判例を題材に，初心者も判例の読み方を丁寧に学ぶことができる。

松本恒雄・潮見佳男・羽生香織編『判例プラクティス民法Ⅲ　親族・相続〔第2版〕』(信山社，2020年)

　重要判例が網羅的に収録されており，判例法理の体系的な理解に役立つ。

大村敦志・沖野眞已編『民法判例百選Ⅲ 親族・相続〔第3版〕』(有斐閣，2023年)

　学習の手引きとなる判例解説。重要判例をチェックしておこう。

山畠正男・泉久雄編『新演習法律学講座6 演習民法（親族）』『新演習法律学講座7 演

習民法（相続）』（青林書院，1985年）

　学理的・実務的な基本的問題につき，根本的な検討を加える。

棚村政行・水野紀子・潮見佳男編『Law Practice民法Ⅲ　親族・相続編〔第2版〕』
（商事法務，2022年）

　具体的事例を通じて必要な基本的知識と問題解決に至る思考過程を丁寧に追う。

■　研究書・論文集

星野英一編集代表『民法講座 第7巻（親族・相続）』（有斐閣，1984年）

　重要論点につき学説を法学史的に探究し，将来を示唆する。

川井健ほか編『講座・現代家族法 第1巻〜第6巻』（日本評論社，1991〜1992年）

　家族法全般にわたり問題の所在を把握するにはまずこれから。

唄孝一・石川稔編『家族と医療——その法学的考察』（弘文堂，1995年）

　人工生殖（生殖補助医療）など医療技術の進歩が家族法に与える影響を論じる。

利谷信義編『現代家族法学』（法律文化社，1006年）

　家族の法システムをトータルに把握・解明しようと試みる。

米倉明『家族法の研究』（新青出版，1999年）

　反対説に対する攻撃・批判・論駁を顕著とする論理的展開方法を学ぶのに好適。

中田裕康編『家族法改正——婚姻・親子関係を中心に』（有斐閣，2010年）

　婚姻・親子関係のテーマを中心に条文の具体的な改正案を示す。

棚村政行・小川富之編集代表『家族法の理論と実務 中川淳先生傘寿記念論集』（日
本加除出版，2011年）

　家族法の現状と課題を探る論文集。

二宮周平編集代表『現代家族法講座 第1巻〜第5巻』（日本評論社，2020〜2021年）

　家族の多様化も視野に入れ，課題を整理して今後の方向性を提起する論文集。

滝沢聿代『選択的夫婦別氏制——これまでとこれから』（三省堂，2016年）

　1996年民法改正要綱の重要な残された課題の1つについて，多角的に考察する。

二宮周平『事実婚の現代的課題』（日本評論社，1990年）

　古典的内縁法理を発展させ，現代的事実婚の中立的保護を論じる。

浦本寛雄『破綻主義離婚法の研究——日本離婚法思想の展開』（有斐閣，1993年）

　精神病離婚を中心に，破綻主義離婚法の成立と展開を論じる。

米倉明『特別養子制度の研究』（新青出版，1998年）

　特別養子制度創設に最も貢献したお一人である制度推進論者からの論争の書。

樋口範雄『親子と法——日米比較の試み』(弘文堂，1988年)

　日米の法の違いをもとに，法の視点で親と子の関係を問い直す。

石川稔『家族法における子どもの権利——その生成と展開』(日本評論社，1995年)

　子どもの権利条約など，家族法における子どもの権利を論じる。

許末惠『親権と監護——民法第766条，第818条及び第819条の成立』(日本評論社，2016年)

　民法766条・818条・819条の成立経緯を，規定の変遷を追って紐解く研究書。

二宮周平・渡辺惺之編『子どもと離婚——合意解決と履行の支援』(信山社，2016年)

　離婚紛争の合意による解決と子の利益ついて，最新の調査をもとに論じる。

山口亮子『日米親権法の比較研究』(日本加除出版，2020年)

　アメリカ親権法の制度や判例の変遷を検討し，わが国の議論への示唆を与える。

米倉明『信託法・成年後見の研究』(新青出版，1998年)

　信託法ならびに成年後見制度創設への貴重な示唆を与えた研究書。

法政大学大原社会問題研究所・菅富美枝編著『成年後見制度の新たなグランド・デザイン』(法政大学出版局，2013年)

　意思決定とその支援に関する課題を指摘し，諸外国の法制度から示唆を導く。

田山輝明編『成年後見——現状の課題と展望』(日本加除出版，2014年)

　後見をめぐる主要な問題を法的・実務的観点から考察する論文集。

新井誠『成年後見制度の生成と展開』(有斐閣，2021年)

　成年後見制度の成り立ち，法改正から比較法研究までをカバーし，提言を行う。

水野紀子編『相続法の立法的課題』(有斐閣，2016年)

　相続法における諸問題を立法論的観点を含めて検討する論文集。

大村敦志監修『相続法制の比較研究』(商事法務，2020年)

　配偶者の権利を含めて，諸外国の相続法制の概要を解説する比較法資料。

久貴忠彦編集代表『遺言と遺留分〔第3版〕1巻・2巻』(日本評論社，2020～2022年)

　研究者と実務家がそれぞれの視角から論点・課題について考察する論文集。

青竹美佳『遺留分制度の機能と基礎原理』(法律文化社，2021年)

　比較法的検討を通して，現代における遺留分制度の機能と正当化根拠を考察する。

判例索引

大　審　院

最高裁判所

下級裁判所

事項索引

αブックス

新プリメール民法5 家族法〔第3版〕

2018年5月10日　初　版第1刷発行
2020年3月30日　第2版第1刷発行
2023年4月10日　第3版第1刷発行

著　者　　床谷文雄・神谷　遊・稲垣朋子
　　　　　小川　惠・幡野弘樹

発行者　　畑　　光

発行所　　株式会社 法律文化社

〒603-8053
京都市北区上賀茂岩ヶ垣内町71
電話 075(791)7131　FAX 075(721)8400
https://www.hou-bun.com/

印刷：中村印刷㈱／製本：㈲坂井製本所
装幀：白沢　正

ISBN 978-4-589-04265-1

©2023　F. Tokotani, Y. Kamitani, T. Inagaki, K. Ogawa,
H. Hatano Printed in Japan

乱丁など不良本がありましたら，ご連絡下さい。送料小社負担にて
お取り替えいたします。
本書についてのご意見・ご感想は，小社ウェブサイト，トップページの
「読者カード」にてお聞かせ下さい。

新プリメール民法 （全5巻）

はじめて民法を学ぶ人のために,
読みやすさ・わかりやすさを追求した好評シリーズ。

中田邦博・後藤元伸・鹿野菜穂子 著
新プリメール民法 1 　民法入門・総則〔第3版〕
A 5 判・360頁・3080円

今村与一・張 洋介・鄭 芙蓉・中谷 崇・髙橋智也 著
新プリメール民法 2 　物権・担保物権法〔第2版〕
A 5 判・312頁・2970円

松岡久和・山田 希・田中 洋・福田健太郎・多治川卓朗 著
新プリメール民法 3 　債権総論〔第2版〕
A 5 判・288頁・2970円

青野博之・谷本圭子・久保宏之・下村正明 著
新プリメール民法 4 　債権各論〔第2版〕
A 5 判・260頁・2860円

床谷文雄・神谷 遊・稲垣朋子・小川 恵・幡野弘樹 著
新プリメール民法 5 　家族法〔第3版〕
A 5 判・272頁・2750円

―――法律文化社―――
表示価格は消費税10%を含んだ価格です